Chirurgien devenu psychothérapeute, Thierry Janssen est l'auteur de plusieurs livres consacrés à une approche globale de l'être humain, au développement de ce que l'on appelle la « médecine intégrative » et à une vision plus spirituelle de la société. Ses ouvrages – *Le Travail d'une vie* (2001), *Vivre en paix* (2003), *La Solution intérieure* (2006), *La maladie a-t-elle un sens ?* (2008), *Le Défi positif* (2011) et *Confidences d'un homme en quête de cohérence* (2012) – rencontrent un succès grandissant auprès du public. Considéré comme un guide ou un ami spirituel par beaucoup, il est le fondateur de l'École de la Présence thérapeutique, à Bruxelles.
En 2018, *Écouter le silence à l'intérieur* a paru aux éditions de l'Iconoclaste.

ÉVOLUTION
Des livres pour vous faciliter la vie !

Isabelle HUOT & Catherine SENÉCAL
Cessez de manger vos émotions
Brisez le cycle de la compulsion alimentaire

Patrick LEMOINE
Rêves, transes et autres états modifiés de conscience
Soigner son moi secret

Thomas ERIKSON
Tous des idiots ?
Apprenez à communiquer avec ceux qui vous entourent

David KWONG
Captiver et convaincre
7 principes qui changent tout

Fabrice MIDAL
Ne vous laissez plus jamais faire
L'art de triompher des emmerdes

Hazel GALE
Vaincre l'autosabotage
Comprendre et se débarrasser de ses phobies, addictions, sentiment de ne pas être à la hauteur…

Nicole BORDELEAU
Comment mieux respirer
Découvrez comment un souffle profond peut tout changer

Thierry JANSSEN
Écouter le silence à l'intérieur
Itinéraire spirituel pour s'éveiller à l'essentiel

Thierry JANSSEN
Le Travail d'une vie
Quand psychologie et spiritualité donnent un sens à notre existence

Thierry JANSSEN
Vivre en paix
Comment transformer la peur en amour

Le Travail d'une vie

DU MÊME AUTEUR
CHEZ POCKET

LA SOLUTION INTÉRIEURE
VIVRE LE CANCER DU SEIN… AUTREMENT
LA MALADIE A-T-ELLE UN SENS ?
LE DÉFI POSITIF
CONFIDENCES
D'UN HOMME EN QUÊTE DE COHÉRENCE
LE TRAVAIL D'UNE VIE
ÉCOUTER LE SILENCE À L'INTÉRIEUR
VIVRE EN PAIX

Thierry Janssen

Le Travail d'une vie

Quand psychologie et spiritualité
donnent un sens à notre existence

ROBERT LAFFONT

Pocket, une marque d'Univers Poche,
est un éditeur qui s'engage pour la préservation
de l'environnement et qui utilise du papier fabriqué
à partir de bois provenant de forêts
gérées de manière responsable.

Le Code de la propriété intellectuelle n'autorisant, aux termes de l'article L. 122-5, 2° et 3° a, d'une part, que les « copies ou reproductions strictement réservées à l'usage privé du copiste et non destinées à une utilisation collective » et, d'autre part, que les analyses et les courtes citations dans un but d'exemple et d'illustration, « toute représentation ou reproduction intégrale ou partielle faite sans le consentement de l'auteur ou de ses ayants droit ou ayants cause est illicite » (art. L. 122-4).
Cette représentation ou reproduction, par quelque procédé que ce soit, constituerait donc une contrefaçon, sanctionnée par les articles L. 335-2 et suivants du Code de la propriété intellectuelle.

© Éditions Robert Laffont S.A., Paris, 2001
ISBN 978-2-266-30075-9
Dépôt légal : avril 2020

*Je dédie ce livre à mes parents,
Colette et Georges Janssen, pour le passé,
à François Marcq, pour le présent,
à tous ceux qui m'ont fait confiance, pour le futur.*

*Puisse ce livre apporter les repères et le courage
nécessaires à ceux qui s'engagent sur le chemin
difficile de l'unification d'eux-mêmes et du monde.
Avec beaucoup d'amour.*

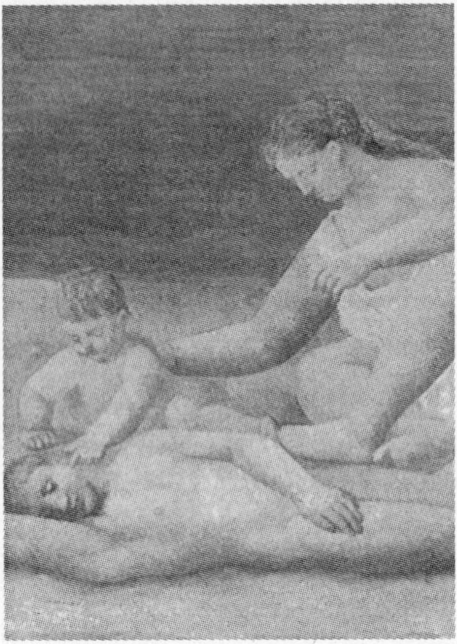

Tout ce qui ne parvient pas à la conscience revient sous la forme de destin.

Carl Gustav Jung

Depuis cinquante ans, la psychologie réintègre les démons dans l'homme. Tel est le bilan sérieux de la psychanalyse. La tâche du prochain siècle, en face de la plus terrible menace qu'ait connue l'humanité, va être d'y réintégrer les dieux.

André Malraux

L'homme doit seulement découvrir qu'il est solidaire de tout le reste.
« Celui qui cueille une fleur dérange une étoile », écrivait un poète anglais. Il n'y a que les poètes pour oser dire des choses pareilles. Eh bien, soyons poètes !

Théodore Monod

Avant-propos

J'ai longtemps hésité à écrire le livre que vous tenez entre vos mains. Une voix intérieure me demandait sans cesse qui je croyais être pour oser proposer un modèle de la conscience humaine à mes congénères. Sévère, cette voix me rappelait que ce que j'avais à dire n'était pas nouveau et que d'autres, avant moi, l'avaient certainement exprimé avec suffisamment d'intelligence et de clarté.

J'étais tiraillé entre le désir profond de communiquer la beauté que j'avais découverte dans la vie et l'inhibition engendrée par le jugement que je portais sur ma démarche. Puis, un jour, alors que j'assistais à une conférence du dalaï-lama, une inconnue m'a ouvert les yeux en posant une question au célèbre orateur. Quelques secondes auparavant, j'avais levé la main afin d'obtenir un micro et pouvoir prendre la parole. Dans l'instant, les muscles de mon corps s'étaient raidis, les battements de mon cœur s'étaient emballés et mon estomac s'était contracté de manière violente. Allais-je avoir l'audace de dévoiler à plus d'un millier de personnes l'objet de mes préoccupations ? Allais-je être capable de révéler mon ignorance ? Allais-je oser montrer qui j'étais ?

Un trac intense m'envahit et, lorsqu'une hôtesse s'approcha de moi, je n'avais plus du tout envie de formuler la moindre question. De toute façon, celle que je comptais poser me paraissait, finalement, totalement dénuée d'intérêt. Je baissai donc la main et, à mon grand soulagement, l'hôtesse tendit le micro à une jeune femme blonde qui s'était manifestée en même temps que moi. Stupéfait, je l'entendis poser exactement la même question que celle qui hantait mes pensées. Les mots étaient, certes, différents, mais le sens était identique. Un frisson me parcourut le dos. Je n'étais donc pas seul. Il y avait au moins une autre personne dans l'assemblée qui partageait ma préoccupation. Et la réponse du dalaï-lama illumina la pénombre de mon interrogation. Une réponse que je n'aurais jamais obtenue si cette inconnue n'avait eu le courage de s'exposer et de dire, à travers son doute, qui elle était. Je me tournai alors vers mon voisin, qui me murmura à l'oreille que lui aussi avait envisagé de poser la même question.

J'en conclus qu'il y a toujours intérêt à exprimer tout haut ce que l'on pense tout bas, pour soi mais aussi pour ceux qui n'osent pas dire leur vérité ou qui, simplement, n'ont pas encore clarifié leurs interrogations. Car nous avons tous, sans doute, à un moment ou l'autre de nos existences, les mêmes préoccupations. Voilà pourquoi j'ai décidé d'entreprendre la rédaction du *Travail d'une vie*.

Ce livre est le fruit d'un long voyage à travers les méandres obscurs de moi-même et des autres. Je n'aurais jamais pu l'écrire si, un jour, je n'avais osé faire confiance à la vie en acceptant d'expérimenter d'autres réalités que celle, étroite, dans laquelle je m'étais enfermé depuis très longtemps.

Mon enfance a été marquée par une passion précoce pour l'Égypte ancienne et une interrogation pressante à propos du lien entre les différentes religions qui opposent les êtres humains. Confronté à la mort d'un ami proche, j'ai consacré mon adolescence à une enquête mystique qui m'a plongé dans l'univers des philosophies orientales. J'étais à l'écoute de mes intuitions profondes et je voyais le monde comme une unité exprimée dans la multiplicité. Désireux de comprendre et d'aider mes congénères, j'ai alors décidé d'entreprendre des études médicales. Très vite, celles-ci m'ont amené à abandonner ma vision intuitive et subtile du monde au profit d'une pensée rationnelle et codifiée. J'ai sacrifié le rêve à la performance. Je suis devenu le chirurgien que je souhaitais devenir. Jusqu'au jour où, n'en pouvant plus de construire ma vie sur les bases d'une vision mécaniste de l'être humain, j'ai choisi de quitter ma carrière hospitalière. Ce choix m'a précipité au cœur d'une autre dimension de mon existence, immensément plus vaste, infiniment plus confiante, intensément plus joyeuse. Après quelques mois occupés à un poste de direction dans une société de mode italienne – le temps de me prouver que je pouvais vivre en dehors des limites que je m'étais imposées jusqu'alors et de prendre conscience que rien ne changerait véritablement dans ma vie si je ne changeais pas moi-même –, à l'encontre de toute prudence financière, j'ai écouté mon aspiration profonde et j'ai consacré deux années à la lecture et à la méditation. Deux années durant lesquelles j'ai réappris à toucher les arbres, à sentir le parfum des fleurs et à respirer au plus profond de mon être. Deux années qui, sans l'avoir décidé, simplement en suivant la guidance de mes voix intimes, m'ont reconduit vers ma vocation de soin et d'enseignement dans une perspective, cette fois, en parfait accord avec l'être fluide et spirituel qui sommeillait en moi depuis toujours.

J'étais sorti de ma torpeur. J'avais accepté d'affronter mes peurs et de ressentir mes émotions. Je m'étais réveillé et je portais un regard aimant sur moi-même et sur le monde. C'est alors que plusieurs personnes ont commencé à me demander de les assister dans leur démarche psychologique et spirituelle[1]. Réticent au début, j'ai progressivement accepté de consacrer une partie de mon temps à cette activité. Celle-ci m'a ouvert les yeux sur des horizons de moi-même dont je ne soupçonnais même pas l'existence. Car aider les autres, c'est s'aider soi-même. Apprendre à aimer l'autre, c'est apprendre à s'aimer soi-même.

Lorsque j'étais plongé dans l'obscurité angoissante où le sens de l'existence ressemble à un fantasme qui ne sera jamais assouvi, certains livres m'ont offert les clés avec lesquelles j'ai ouvert les portes de ma prison. Dans chacun des témoignages rapportés dans ces ouvrages, j'ai reconnu une part de moi-même et de ma souffrance. Comme si nous étions tous les miroirs les uns des autres. Je n'hésiterai donc pas à illustrer mon propos de témoignages issus de ma propre vie ou de la vie de ceux que j'ai accompagnés dans leur pérégrination à travers l'empilement infini des couches de la conscience. Ainsi, j'espère pouvoir partager avec vous

---

1. Il est important de préciser d'emblée que, dans mon propos, la spiritualité n'a aucune connotation religieuse. Pour moi, être spirituel implique d'être conscient de ses peurs et de ses défenses, de reconnaître et d'accepter ses sentiments et, par conséquent, de vivre dans le respect, la sollicitude et la compassion pour soi et pour les autres. Ainsi, la spiritualité nous aide à définir le sens de nos expériences et le but que nous souhaitons donner à notre vie.

l'immense beauté que j'ai découverte en chacun de nous, cachée derrière nos peurs, nos jugements et nos doutes.

Rien de ce qui est exprimé ici n'est nouveau, sans doute parce que l'être humain ne peut pas inventer, mais simplement interpréter ce qui est déjà depuis toujours et qui sera pour toujours.

Tout ce qui est écrit ici est le résumé de mon expérience de la conscience humaine. Si elle est partagée par de nombreux êtres humains, sous d'autres formes, avec d'autres mots, cette vision de la vie n'a probablement pas encore été envisagée par beaucoup d'autres. Puisse ce livre s'adresser surtout à ceux-là et leur donner l'envie d'aborder une hypothèse, pour eux encore non explorée, qui, bien qu'il ne s'agisse pas d'une vérité universelle et définitivement établie, est néanmoins une réalité dans l'expérience de certains. Une fois le champ de leur conscience élargi, ils pourront choisir, peut-être, de nouvelles options de vie.

Depuis les origines l'homme traduit son expérience du monde et de lui-même par des idées qu'il rassemble sous forme de croyances. C'est sur la base de ces croyances qu'il poursuit son expérience, réorganise ses pensées et, finalement, formule de nouvelles croyances. Il ne devrait cependant jamais oublier qu'il ne s'agit que de croyances. De modèles d'expériences. De visions de la vie. « Savoir que l'on croit plutôt que croire que l'on sait » serait alors la devise de l'homme humble et honnête, curieux et courageux, qui accepterait de vivre une aventure incertaine dont il serait le créateur ouvert à une inspiration sans cesse renouvelée.

Mon travail est consacré à l'exploration de la conscience. Ma recherche puise sa matière au sein d'un large éventail de cultures et de religions à tous les âges de l'humanité. Car pourquoi penser que la perception d'eux-mêmes qu'avaient les hommes il y a trois mille ans est moins valable que celle de l'homme contemporain ? Pourquoi imaginer que les théories des peuples technologiquement sophistiqués décrivent mieux les fondements de notre conscience que les intuitions de nos ancêtres que nous qualifions volontiers de primitifs ? Seules les formes de l'expérience humaine semblent avoir changé. Comme si les prétextes pour apprendre le sens de l'existence étaient sans cesse réinventés. Ainsi, j'ai étudié la pensée antique de l'Égypte, de la Grèce, de la Chine et de l'Inde, la parole des maîtres des hauts plateaux himalayens ainsi que celle des sages des tribus indiennes de l'Amérique du Nord, les préceptes des grandes religions monothéistes, les textes de la philosophie occidentale, les travaux de Sigmund Freud, de Carl Gustav Jung, de Wilhelm Reich et de leurs successeurs et, enfin, la vision syncrétique d'un nouveau mouvement de pensée d'où semble émerger ce qui sera peut-être la croyance unifiée de l'humanité future.

Ma réflexion à propos des énergies séparatrice et unificatrice de la conscience humaine est inspirée, entre autres, des traditions de l'Ayurveda, du yoga et du tao, des théories de Carl Gustav Jung et des enseignements d'Eva Broch Pierrakos[1] remarquablement interprétés par Susan Thesenga.

1. Eva Broch Pierrakos enseigna de 1955 à 1979, l'année de sa mort. Le matériel de ses enseignements constitue la base du Pathwork, une approche psychothérapeutique et spirituelle enseignée et pratiquée dans plusieurs centres aux États-Unis, en Europe et en Amérique du Sud.

Mes connaissances à propos de nos défenses psychiques et des différents profils de personnalité qui en découlent sont essentiellement puisées dans les travaux d'Alexander Lowen et de John Pierrakos ainsi que dans les enseignements de Barbara Ann Brennan[1].

Vous trouverez à la fin de cet ouvrage plusieurs références bibliographiques, cependant, volontairement, je n'ai pas envisagé ce texte comme un essai truffé de citations célèbres ou de comparaisons érudites, mais plutôt comme une source de réflexion pour ceux qui éprouvent le désir de partir à la découverte d'eux-mêmes et des autres. Chacun y trouvera l'occasion d'organiser ses pensées et d'élaborer une nouvelle vision de soi, des autres et du monde dont nous sommes et que nous sommes.

Certaines notions vous paraîtront évidentes, voire simplistes, d'autres nouvelles et dignes d'intérêt, d'autres enfin absolument incompréhensibles ou dénuées de sens. Ne retenez que celles qui vous parlent et, peut-être, plus tard, revenez à celles qui vous semblent étrangères. Ce qui est exposé ici ne s'adresse pas seulement à votre intellect, mais surtout à votre cœur afin de vous permettre de vous souvenir des évidences que, comme moi, vous aviez peut-être oubliées.

Vous verrez, rien n'est compliqué mais tout est complexe, la complexité n'étant que la répétition de

---

1. Physicienne et psychothérapeute de formation, Barbara Ann Brennan a développé une approche originale et globale de l'être humain décrit à travers la corrélation entre l'observation du champ énergétique (l'aura), la psychologie et les troubles physiques d'un individu. Son enseignement, fondé sur le développement d'un « haut sens de perception », est dispensé au sein de la Barbara Brennan School of Healing, une école reconnue officiellement aux États-Unis, à Miami, en Floride.

principes simples, à différents niveaux de l'existence. La vie est donc facile à comprendre, à condition de l'expérimenter dans ses principes simples. Ce sont ces principes que je vous propose de découvrir.

Issu d'une culture occidentale par ma naissance européenne et scientifique par ma formation médicale et chirurgicale, j'ai construit cet ouvrage sur les bases rationnelles de l'Occident tout en veillant à y intégrer les puissantes intuitions de l'Orient. Il s'agit d'un dialogue entre la raison et l'intuition, entre notre cerveau gauche et notre cerveau droit, entre le conscient et l'inconscient, d'un discours harmonieux pour l'élaboration d'un modèle de la conscience humaine. C'est un outil de travail que je remets dans vos mains comme je l'ai fait pour ces hommes et ces femmes, tous infiniment merveilleux, que j'ai rencontrés à l'occasion de ma pratique d'accompagnement psychologique et spirituel, une approche fondée sur l'observation et l'acceptation sans jugement de nous-mêmes, sur la compréhension du sens de qui nous sommes et, par conséquent, sur la possibilité de transformer notre intention d'être séparés en un projet d'être unis, à l'intérieur et à l'extérieur de nous. La psychologie et la spiritualité, l'analyse et le sens, voilà une façon de retrouver son unité et, de là, l'unité du monde. Je l'ai expérimenté de manière prodigieuse dans ma propre vie, je l'ai vu expérimenter de façon parfois fulgurante dans la vie des autres.

Je vous souhaite d'en faire votre propre expérience. Le travail de votre vie.

1
ET SI LA VIE ÉTAIT UNE PULSATION…

La vie est un mystère que notre pensée analytique tente désespérément d'élucider. De l'infiniment petit à l'infiniment grand, au travers de nos microscopes et de nos télescopes, nous sommes parvenus à décrire un grand nombre de ses composants. Nous connaissons la structure de l'atome et nous disséquons les chromosomes assez finement pour manipuler la matière et, parfois même, l'esprit, mais nous ne savons rien du comment et du pourquoi de tout ce que nous observons. D'où vient l'impulsion vitale, sans cesse renouvelée ? Quelle est sa nature ? Comment fonctionne-t-elle ? Pourquoi ? Voilà les questions que l'être humain se pose inlassablement au travers de ses recherches métaphysiques ou scientifiques, simplement parce que son niveau de conscience lui permet de sortir de lui-même et de se regarder en train de vivre. En train de faire l'expérience de la vie.

Le seul moyen de répondre aux questions qui nous hantent est, sans doute, de retourner au niveau de l'expérience et de sentir, de pressentir la nature de celle-ci.

La physique nous a appris que la matière, donc la vie, est énergie et que l'énergie est vibration.

La métaphysique nous enseigne que la conscience est énergie. La conscience serait donc vibration. Et l'énergie étant conscience et la conscience étant énergie, la vie est donc conscience. La vie serait donc vibration. Une pulsation.

Voilà sans doute ce que nous apprend notre expérience de la vie.

Palpez un instant votre poignet et sentez… la pulsation du sang qui circule dans votre artère radiale. Posez la main sur votre poitrine et sentez… les battements de votre cœur qui chasse le sang dans vos artères. Fermez les yeux, ouvrez la bouche et écoutez… le souffle de votre respiration. Imaginez vos poumons qui se dilatent puis se vident avant de se dilater et de se vider encore et encore. Songez à votre journée… ce matin vous étiez en pleine forme puis, sans raison apparente, vous vous êtes senti fatigué, voire déprimé et, heureusement, quelques heures plus tard vous avez récupéré votre tonus du matin. Regardez votre vie… il y a eu des moments de bonheur où tout vous semblait possible et des périodes de doute où vous vous enfonciez dans une nuit noire d'où vous pensiez ne plus jamais pouvoir émerger. Et pourtant. Comme le jour après la nuit et la nuit avant le jour, comme l'été après l'hiver et l'hiver avant l'été, comme les feuilles mortes sur les arbres en automne et les fleurs au printemps, le mouvement ne s'interrompt jamais.

Même sous la lentille du microscope nous pouvons observer les contractions et les dilatations des microtubules cellulaires. Et au travers de la lunette du télescope nous devinons l'explosion du big bang et la contraction de l'Univers. Extension et repli. Dilatation et compression. Expansion et contraction. Inspiration et expiration. Systole et diastole. Voilà ce que nous pouvons appréhender de la force vitale. Une formidable pulsation qui, comme un emboîtement de poupées russes, se manifeste de l'infiniment grand à l'infiniment petit, dans des rythmes de fréquences différentes et des cycles de périodes variables. Le chaos et l'ordre. Le trouble et l'harmonie. Une gigantesque expérience de séparation et d'union, ininterrompue. Comme si la rencontre de deux forces opposées était la condition inévitable à la création permanente de l'Univers. Songez aux forces négatives et positives de l'électricité ou à la rencontre de l'énergie féminine et de l'énergie masculine qui a présidé à votre conception et à votre naissance. Le spasme orgasmique n'est-il pas, lui aussi, le lieu d'expression de la force vitale ? Et le plaisir qui le constitue, sa substance ?

Et l'homme, dans tout cela ? Un objet dans l'Univers, parmi les autres objets de l'Univers, constitué de la même matière, soumis aux mêmes lois, ne lui en déplaise. Une expression de la force vitale. Une pulsation ou plutôt un ensemble de pulsations, une expérience de séparation et d'union.

Voilà la base de l'approche que je vous propose. Une façon d'appréhender qui nous sommes, à tous les niveaux de notre être spirituel, mental, émotionnel et physique.

Union et séparation, les deux pôles du moteur de la vie. Les deux composantes énergétiques du pouls vital. Nos deux composantes énergétiques, les deux polarités de notre conscience. Comme s'il y avait en nous deux individus, deux projets différents, l'un qui sépare, l'autre qui unit. C'est sans doute la condition de création de notre vie. En tout cas, nous allons le découvrir ensemble, c'est une réalité psychologique pour l'être humain.

2
LA NÉCESSITÉ D'UN MODÈLE

Tout est croyance

Aux prises avec les forces opposées qui existent en lui, l'être humain a toujours pressenti qu'une meilleure connaissance de lui-même lui permettrait de vivre ses conflits internes d'une manière plus harmonieuse. C'est ainsi qu'il a, au fil de ses croyances, élargi le champ de la vision qu'il avait de lui-même et, de là, des autres, du monde et enfin de l'Univers. Les outils d'analyse qu'il a développés à l'aide de son intelligence lui ont permis de vérifier ses intuitions, mais jamais de les dépasser.

Chacune des révolutions de sa pensée fut l'aboutissement d'une évolution au cœur de laquelle son intuition, en tant qu'expérience directe du mystère de la vie, l'a incité à poursuivre sa quête de compréhension. Sont nés ainsi les mythes et les légendes, les dieux et les religions, les sagesses et les philosophies, les sciences, dont la toute-puissante psychologie, qui transforment, lentement mais sûrement, notre conception de nous-mêmes et du monde qui nous entoure.

Chacune de ces tentatives de compréhension fut l'occasion d'expérimenter tantôt l'énergie de la séparation, tantôt celle de l'union, car l'homme, dans toutes ses créations, n'échappe pas aux lois de la création. Prenez l'exemple du message chrétien qui, qu'on le veuille ou non, a puissamment imprégné notre culture occidentale. Au départ, la parole des Évangiles est une expression de l'énergie d'union, un message d'unité. Or l'histoire des religions occidentales est empreinte d'énergie séparatrice, génératrice de tentatives de domination, de luttes de pouvoir et d'insoutenables malheurs. Déçu par ses religions, l'homme occidental a cru trouver des réponses à sa quête au sein des raisonnements cartésiens de sa science. Hélas, là non plus il n'a pas pu assouvir sa soif d'harmonie. Il a dès lors porté son regard du côté de l'Orient, là où la vision unitaire du monde des sages et des philosophes semblait plus profondément imprégner la vie au quotidien.

Construite sur une vision mécaniste de l'être humain et sur la croyance de la séparation du corps et de l'âme, la psychologie occidentale nous a tout d'abord proposé, sous l'impulsion de Sigmund Freud, une idée morcelée de l'être humain. Celle-ci eut le mérite d'initier l'exploration de notre dimension inconsciente, cependant, elle refusait de nous voir dissous dans l'immense unité de l'Univers. C'est précisément l'approche que, imprégnés de la compréhension orientale du monde, Carl Gustav Jung et Wilhelm Reich ont osé proposer à leurs contemporains.

Aujourd'hui, ayant dépassé le débat des théoriciens de la psychologie moderne, l'homme occidental médite sur les préceptes du bouddhisme et s'inspire du message des traditions primitives jadis reléguées au rayon des curiosités anthropologiques. Petit à petit il découvre les avantages et les inconvénients des deux pôles de l'expérience et, inévitablement, il s'engage sur un chemin médian. De l'approche occidentale, il rejette le côté réducteur et séparateur, tandis qu'il apprécie la valeur des structures qui permettent d'imprimer ses découvertes dans la réalité matérielle. De la conception orientale, il retient l'ouverture et l'unité, mais il se méfie de la tendance au détachement et à la désincarnation, qui lui semble, pour le moment en tout cas, trop éloignée de la réalité du monde physique.

« Une corde trop tendue finit par casser, une corde trop lâche ne produit aucun son », telle fut la révélation de la voie du milieu du Bouddha. Tels sont les risques des distorsions de la conception du monde qui entraînent l'exclusion de ceux qui ne sont pas capables de rester sur le chemin médian – le truand sans vergogne, voué au culte de la matière, ne dort-il pas souvent en prison, tandis que l'illuminé, coupé des réalités quotidiennes, ne risque-t-il pas de finir ses jours dans une institution psychiatrique ?

Les croyances vivent parfois avec assez de vigueur pour que l'on se considère autorisé à tuer en leur nom. Les croyances meurent, car l'homme, dans sa recherche de vérité, finit toujours par les remplacer par d'autres croyances. C'est pourquoi nous avons besoin de modèles. Pour penser, expérimenter et évoluer. Car évoluer, c'est apprendre. Apprendre, c'est expérimenter. Expérimenter, c'est vivre.

Un bon modèle de la conscience humaine doit être simple et énoncé clairement. Simple parce que, la physique des fractals est en train de nous le démontrer, rien n'est compliqué. Tout est complexe, la complexité étant la multiplication de principes simples au sein des différents aspects de la vie. Énoncé clairement, parce que chacun devrait pouvoir avoir accès à l'outil essentiel d'une vie qu'est la compréhension de soi et des autres.

La simplicité du modèle, une fois appliqué aux diverses manifestations complexes de l'activité humaine, que ce soit sur le plan individuel ou collectif, devrait apporter la preuve de sa validité.

Un bon modèle devrait tenir compte du pouvoir des mots. En effet, ceux-ci, répétés de génération en génération, véhiculent dans l'inconscient collectif des connotations parfois fort éloignées du sens qu'ils ont pour mission d'exprimer.

Vous rencontrerez dans ce livre un vocabulaire inhabituel, voire nouveau, désignant des notions qui vous seront peut-être familières pour les avoir découvertes dans d'autres ouvrages sous d'autres appellations. Vous comprendrez la nécessité d'un nouveau vocabulaire lorsque vous découvrirez à quel point l'approche que je vous propose est fondée sur le non-jugement. Ainsi, par exemple, il vous semblera sans doute, comme il m'a semblé, plus juste de parler de Séparateur et d'Unificateur que de Moi inférieur et de Moi supérieur, compte tenu de l'implication négative ou positive des mots « inférieur » et « supérieur ».

Par ailleurs, j'utiliserai très rarement les mots « thérapie », « malade » ou « patient ». En effet, dans notre société en quête de perfection, ces mots sous-entendent qu'il existe une normalité, or je n'arrive pas à considérer qu'il y ait des âmes humaines qui seraient normales et d'autres anormales. Je considère qu'il y a des histoires, toutes uniques, présentant le même intérêt puisqu'elles sont le résultat de notre expérience de la vie et des occasions de découvrir l'essence de notre véritable nature.

Le modèle de la conscience humaine que je vais vous exposer à présent est sans doute proche de l'évolution actuelle de notre vision du monde. Après tout, il n'est que la réflexion d'un homme d'aujourd'hui livrée à ses contemporains. Nul doute qu'il sera remplacé par d'autres modèles. Cependant, pour l'avoir expérimenté et avoir vu d'autres l'expérimenter avec succès, je peux affirmer qu'il s'agit d'une partie de la réalité immuable.

Un outil de travail

L'une de nos plus grandes peurs est de nous retrouver seuls et, pourtant, si vous prenez le temps de fermer les yeux et d'écouter le silence, très vite, vous vous apercevrez qu'il existe plusieurs personnes à l'intérieur de ce que vous croyez être vous. C'est une évidence : nous sommes beaucoup plus vastes et complexes que nous ne l'imaginons.

Si vous pensez à un problème qui empoisonne votre existence, vous entendrez bien vite la voix des différentes personnes en vous exprimer l'énergie qui les anime. Il n'est pas toujours facile de les discerner et de les individualiser car elles parlent souvent en même temps et ont tendance a créer un brouhaha intérieur absolument aliénant. Cependant, avec un peu d'habitude, on parvient à identifier quatre personnes en nous, les quatre composantes de notre modèle de la conscience[1]. Je vous expose ce modèle brièvement ici.

---

1. Vous trouverez des notions très semblables dans les enseignements d'Eva Broch Pierrakos, rapportés, notamment, dans le livre de Susan Thesenga *The Undefended Self. Living the Pathwork of Spiritual Wholeness*, Del Mar Pathwork Press, 1994. Au lieu de la notion de Moi inférieur, j'ai développé celle de Séparateur et, à la notion de Moi supérieur, je préfère celle d'Unificateur. Le Masque se rapproche de l'idée de *persona* proposée par Carl Gustav Jung.

Nous aurons l'occasion de le découvrir dans ses détails tout au long de ce livre.

Le Masque

La première personne que nous entendrons est bien souvent le Masque. Son discours se résume à : « Je suis parfait, irréprochable, au-dessus de tout soupçon. Je maîtrise, je suis serein et j'aime. Si quelque chose ne va pas, c'est la faute des autres. » Le Masque est la personne que nous pensons devoir être pour exister, être reconnu et être aimé dans le monde. Son rôle est de cacher les intentions de son créateur : le Séparateur en nous. Il nie toute la négativité des intentions de ce dernier.

Le Séparateur

Le Séparateur reste caché derrière le Masque qu'il a créé pour ne pas devoir avouer son intention d'être différent, plus puissant, en défense contre un monde qu'il considère hostile et à conquérir puisqu'il est séparé de lui. Tout ce qu'il ne voudra pas ou ne pourra pas montrer, le Séparateur le jettera dans son Sac à déchets, cet inconscient qui contient tant de nos défauts inavouables mais aussi tant de qualités que, dans notre quête de pouvoir et de reconnaissance, nous avons jugées inappropriées. Lorsqu'il s'exprime, le Séparateur tient des propos teintés non seulement de volonté égoïste et de fierté, mais aussi de peurs intenses. À l'inverse du Masque, il ne ment pas, ses intentions sont claires : être meilleur en vue de dominer tout ce qui lui paraît être en dehors de lui afin de reconstituer une unité perdue. Son but est d'éviter les douleurs et les frustrations, quitte à se couper de ses émotions et de ses sensations. Pour lui, progresser dans l'existence est synonyme d'accroître son confort. Paradoxalement, nous le verrons, il finira par créer exactement le contraire.

L'Unificateur

L'unité que recherche le Séparateur, l'Unificateur en nous la sait immortelle et omniprésente, malgré l'expérience de la dualité que nous faisons au sein du monde physique. C'est à cause d'une fausse conception du monde – une vision séparée – que le Séparateur, d'expérience en expérience, vit la séparation et la souffrance. À l'opposé, l'Unificateur, cette autre polarité du pouls de la vie, expérimente le monde comme un tout dont nous sommes indissociables et voit l'autre comme le même. Lorsqu'il dit : « Je t'aime », il ne s'agit pas d'un amour partiel – « Je t'aime pour que tu m'aimes » –, comme le Séparateur l'exprimera à travers son Masque, mais bien de l'Amour, qui sous-entend un : « Je t'aime parce que je m'aime. Je te respecte parce que je me respecte, puisque nous sommes les mêmes. »

L'Observateur

Angoissé à l'idée de perdre le contrôle sur le monde extérieur, caché derrière son Masque et soucieux de garder son Sac à déchets bien fermé, le Séparateur empêche l'Unificateur de s'exprimer. Il finit même par se taire, lui aussi, laissant au seul Masque le soin d'exister dans le monde. Nous n'expérimentons alors que de la difficulté, du combat, de la défense et de la souffrance. Nous, c'est-à-dire notre Masque, nions toute une partie de nous-mêmes, tout un pan de l'expérience du pouls vital. Nous sommes séparés de nous-mêmes et des autres. Nous sommes privés du flux de la vie qui, lorsqu'il coule en nous, nous procure cette sensation que nous appelons le bonheur. Jusqu'au jour où l'Unificateur en nous trouve assez d'énergie pour envoyer son émissaire à la surface de notre conscience. Cette quatrième personne, je la nomme l'Observateur, cet ami – le meilleur que nous puissions avoir – que nous devrions installer sur notre épaule afin de le laisser exprimer ses deux qualités : tout voir et ne rien juger. C'est le seul moyen de dissoudre l'épaisseur du Masque, de laisser le Séparateur exprimer sa peur et sa colère et finalement de transformer cette énergie de séparation en une énergie d'union. Ainsi la pulsation vitale peut-elle à nouveau reprendre ses battements : s'expanser et se contracter, se séparer et s'unir, dans un mouvement incessant qui, d'expérience en expérience, nous permet de transformer toujours plus d'énergie de séparation en énergie d'union, simplement en augmentant notre niveau de conscience, en permettant à l'Observateur de faire son travail, psychologique et spirituel, le travail de nos vies.

Et l'Ego ?

Vous constaterez tout au long de ce livre que je n'utiliserai pas le mot « Ego ». En effet, j'ai souvent remarqué que ce mot sous-entendait, dans l'esprit de ceux qui l'utilisaient, une connotation négative et un jugement : « C'est la faute à son Ego… », « Il a trop d'Ego pour accepter que… », « C'est encore un problème d'Ego ». Pourtant, l'Ego n'est rien d'autre que nous devenus adultes, cette personnalité que nous avons développée depuis l'enfance et qui s'identifie très souvent à notre Masque. Plus tard, au cours de notre travail psychologique et spirituel, l'Ego sera amené à s'identifier à l'Observateur et à faire la distinction entre un « petit Ego », qui n'est autre que notre Masque (cette vision étriquée de nous-mêmes), et l'Ego adulte, cette personne qui, ayant appris à ne plus (trop) craindre les peurs de son enfance, cherchera à devenir l'expression équilibrée et sans cesse renouvelée du Séparateur et de l'Unificateur en nous. L'Ego n'est donc pas quelque chose d'extérieur à nous. C'est nous. Il n'est pas non plus quelque chose d'entièrement négatif ou de totalement positif. Il est le résultat du dialogue entre le Masque, le Séparateur et l'Unificateur en nous. Étant en transformation perpétuelle, l'Ego n'est qu'une réalité éphémère. Il est une expression individuelle, dans l'instant, de la force vitale.

Faire preuve de discernement (le travail de Rosa)

À présent que nous avons fait connaissance avec les différentes voix qui s'expriment à l'intérieur de nous, tentons de les discerner avec Rosa, une jeune femme de trente-cinq ans qui, au cours d'une conversation, me confia que, depuis quelques semaines, elle vivait une situation professionnelle très inconfortable. Pourquoi ? Tout simplement à cause d'un nouveau collègue de bureau qui pensait avoir tout compris du fonctionnement de l'entreprise, alors qu'il venait à peine d'y être engagé, et qui essayait de se faire valoir auprès de la hiérarchie en écrasant les autres. Rosa ne comprenait pas comment cet homme osait se comporter de la sorte, d'autant plus que, alors qu'elle travaillait dans l'entreprise depuis plus de dix ans, elle-même n'avait pas encore totalement cerné tous les rouages de son milieu professionnel. De plus, elle ne supportait pas que l'on s'attaque aux plus faibles. Ainsi, le comportement de son nouveau collègue de bureau lui était intolérable et elle commençait à réagir agressivement à son égard, ce qui, m'affirma-t-elle, n'était pas dans ses habitudes. Lorsque l'on examine la vie de Rosa, on se rend compte qu'elle a tout sacrifié à son travail. Perfectionniste, elle avait su se faire apprécier par ses supérieurs tant son contrôle des situations difficiles était efficace et irréprochable.

Travaillant à l'aide du modèle de la conscience que je viens de vous exposer, je demandai à Rosa d'essayer d'identifier qui parlait en elle lorsqu'elle me décrivait cette situation conflictuelle. Elle me répondit qu'il s'agissait assurément de l'Unificateur, car il lui semblait évident qu'elle ne souhaitait que le bien des autres employés et qu'elle ne pouvait pas permettre à son nouveau collègue de contrôler leur bureau et d'y imposer sa loi. Je lui demandai alors de se rappeler le temps où elle avait commencé à travailler dans son entreprise. En réponse, Rosa se mit à évoquer des souvenirs absolument idylliques. Tout le monde l'avait appréciée dès son arrivée, quelques mois plus tard, son chef lui avait confié des responsabilités importantes malgré le fait qu'elle était nouvelle et, aujourd'hui, il lui paraissait certain qu'elle était devenue indispensable au bon fonctionnement de son entreprise. Sans s'en rendre compte, Rosa me décrivait une situation très semblable à celle de son nouveau collègue de bureau. Lorsqu'elle s'en aperçut, grâce à un travail d'observation dans le détail et sans jugement, elle put accepter que la personne en elle qui blâmait son nouveau collègue était son Masque. Je lui assurai d'ailleurs que, chaque fois que nous blâmons quelqu'un ou quelque chose, c'est notre Masque qui s'exprime. Toujours !

Grâce à son Observateur, Rosa a pu comprendre que son Masque de « gentille employée soucieuse de protéger ses collègues » ne faisait que cacher les intentions du Séparateur en elle, celui qui, anxieux de ne plus être apprécié par la hiérarchie, cherchait à éliminer tous les obstacles potentiels à sa reconnaissance. Et ce nouveau collègue en était bien un puisque, une fois le Masque tombé et le Séparateur révélé, l'Unificateur a pu lui montrer combien elle ressemblait à cet homme. Nous avons beaucoup ri, car, en voyant tout et en ne jugeant rien, l'Observateur nous permet de comprendre l'ironie de nos comportements avec beaucoup d'humour.

Ainsi, Rosa a pu entreprendre un travail d'acceptation de toutes ses polarités et la transformation de la séparation en union tant à l'intérieur qu'à l'extérieur d'elle-même. Son collègue de bureau est désormais un miroir dans lequel elle peut observer tout ce qu'elle refusait d'admettre de l'énergie séparatrice qui vit en elle, comme en nous tous. En admettant l'existence de son Séparateur au lieu de le refouler et de le cacher, elle permet enfin à son énergie unificatrice de s'exprimer. Séparer et unifier. Inspirer et expirer. La pulsation de la vie peut à nouveau se déployer dans l'existence de Rosa, jusqu'au prochain blocage, lorsqu'un nouvel inconfort lui indiquera qu'elle oublie de respirer.

3

LA DÉCOUVERTE DU MONDE DE LA DUALITÉ

Quitter le monde de l'unité

Parce que nous vivons dans une dimension matérielle et physique, notre expérience de la conscience est conditionnée par le fait que tout autour de nous semble avoir une forme séparée et une existence indépendante. Pourtant, conformément au pressentiment de la mystique, la physique et la biologie nous apprennent qu'il s'agit d'une illusion. Rien n'est véritablement séparé, tout est, au contraire, intimement relié.

Il est intéressant de constater que, depuis quelques décennies, la pensée occidentale se prépare à expérimenter cette réalité. L'apparition du mouvement hippie et le militantisme écologique furent sans doute les prémices de cette prise de conscience, et l'on peut imaginer que les applications des progrès de la science dans notre vie quotidienne – notamment dans les domaines de la génétique et des communications – aideront l'être humain à redéfinir sa place non plus en dehors du monde mais bien au cœur du monde, totalement interdépendant des autres objets de l'Univers. Car la réalité est beaucoup plus vaste que nous ne sommes capables de l'imaginer.

Peut-être la découverte du phénomène holographique, qui nous enseigne que l'information de tout est dans tout, nous ouvrira-t-elle davantage les yeux sur la magie de l'Univers, comme un enfant qui grandit finit par quitter le monde de ses peurs pour explorer de nouveaux territoires[1].

1. Schématiquement, l'hologramme est un phénomène physique que l'on peut provoquer à l'aide d'une lumière pure et cohérente (produite par un laser), d'un jeu de miroirs, d'un objet et d'une émulsion photosensible. Le rayon de lumière est divisé en deux rayons à l'aide des miroirs. Un des rayons est projeté sur l'émulsion photosensible tandis que l'autre éclaire d'abord l'objet avant d'atteindre l'émulsion photosensible. Lorsqu'on éclaire l'émulsion photosensible à l'aide d'un troisième rayon lumineux, l'objet est reconstitué dans l'espace, virtuel, en trois dimensions, devant l'émulsion photosensible. Ce phénomène est déjà extraordinaire en soi mais il ne s'arrête pas là. En effet, si l'on découpe l'émulsion photosensible en petits morceaux et que l'on éclaire un de ces morceaux à l'aide d'un rayon lumineux, on obtient toujours l'objet, virtuel, reconstitué dans son entièreté en trois dimensions dans l'espace. Seule la définition de l'objet est moins précise que lorsque l'entièreté de l'émulsion holographique est éclairée. Incroyable, n'est-ce pas ? On peut ainsi découper le morceau d'émulsion holographique en plus petits morceaux, chacun de ces morceaux suffisant à reconstituer l'entièreté de l'objet en trois dimensions dans l'espace. Et ce à l'infini. L'information de tout l'objet est donc contenue dans chaque point de l'émulsion holographique. Ce phénomène révolutionne la pensée scientifique. On peut le comparer à ce qui se passe au niveau de notre corps. En effet, l'ADN de chacune de nos cellules contient l'information nécessaire pour reconstituer l'ensemble de notre corps. Ainsi, même si chaque cellule n'exprime qu'une partie de cette information, l'information de tout notre corps est contenue dans la moindre de ses extrémités. Pour plus de renseignements, je vous recommande le livre de Michael Talbot, *L'Univers est un hologramme*, Paris, Pocket, 1994.

L'enfant, c'est précisément de lui que nous devons parler si nous voulons comprendre qui nous sommes. Enfant, nous l'avons tous été et pourtant nous semblons tous l'avoir oublié. Progressivement, au fil des ans, le développement de notre mental – cet intellect dont nous sommes si fiers –, influencé par notre culture, nous a éloignés de l'expérience sensorielle et émotionnelle qui était notre réalité aux premiers âges de la vie. Nous n'étions alors que perceptions, sensations et émotions.

Fermez les yeux et rappelez-vous. Il fait chaud, une température idéale, celle de votre corps. Vous flottez dans un univers sans relief, sans rudesse, dans l'instant, seconde après seconde ; il n'y a ni passé ni futur. Vous ne connaissez jamais la faim, car instantanément vous êtes nourri par un cordon de sang. Du sang qui pulse au rythme des battements sourds de…, d'où vient ce bruit ? De l'intérieur ? De l'extérieur ? Et les mouvements du liquide qui vous entoure ? À moins que vous ne soyez ce liquide vous aussi…, mais ces mouvements, alors ? Inspirations, expirations. Il semble exister deux sortes de battements, certains lointains, d'autres proches. Et toujours ces inspirations et ces expirations. Êtes-vous seul ? Où êtes-vous ? Au milieu de nulle part ? En dehors de l'espace et du temps ? Plus tout à fait. Des sons étranges semblent provenir de…, sans doute de l'extérieur. C'est une voix. Un peu aiguë. Parfois elle semble douce, parfois menaçante. Vous ressentez alors un malaise dans tout ce que vous êtes. Mais qu'êtes-vous ?

C'est étrange car il semble exister une autre voix, plus grave. Seulement à certains moments. Curieusement, ces moments semblent eux aussi soumis à un rythme. Comme les battements sourds et les mouvements du liquide… Oui, vous commencez à en être persuadé, le liquide est autour de vous. Donc, vous êtes à l'intérieur du liquide. Il y a bien un intérieur et un extérieur. Il y a aussi de la lumière, très faible, différente de l'obscurité. Et les voix que vous entendez semblent varier en fonction de cette luminosité. Mais où êtes-vous alors ? Vous vous endormez, serein, car, de toute manière, là où vous êtes, il ne peut rien vous arriver. Vous vivez ici et maintenant. Vous vivez dans l'unité…, enfin, déjà plus tout à fait. Mais ce n'est pas grave, vous vivez.

Une pression semble s'exercer depuis l'extérieur, à moins que cela ne vienne de l'intérieur. Non, il s'agit bien de l'extérieur. Ce n'est pas agréable du tout. Vous vous sentez comprimé contre quelque chose de dur. De plus en plus fortement. À l'extérieur il y a des voix, plus nombreuses que d'habitude. La voix douce qui vous accompagne habituellement crie, elle hurle, même. Vous ressentez une nouvelle émotion, rien à voir avec l'impression que vous aviez d'être menacé. Tout votre être se raidit et les battements que vous entendez s'accélèrent. Vous avez peur. La compression augmente. Vous avez mal. Vous ne flottez plus, vous glissez. Soudain vous ressentez une pression à l'endroit où vous entendez. Un contact rugueux. Une traction. Il fait froid. C'est affreux. C'est angoissant. Où êtes-vous ? Êtes-vous seulement encore en vie ? Vous criez, vous hurlez, vous respirez. Inspiration, expiration. Expansion, contraction. Tout va bien, vous vivez.

Il est sans doute heureux que nous ayons balayé de la surface de notre conscience l'expérience traumatisante qu'est la naissance. Ce passage du monde de l'unité dans le monde de la dualité est pourtant, avec la mort, la seule expérience à laquelle nous ne puissions pas échapper, puisque nous sommes vivants.

À peine expulsés du ventre de notre mère, notre expérience de l'intérieur et de l'extérieur se précise. Il y a moi et ce qui n'est pas moi. Il y a moi et il y a toi. Toi, l'autre chose, la partie qui me manque pour retrouver cet état d'être absolument merveilleux qu'était la vie dans l'univers amniotique. Cet état d'unité qui nous semble, soudain, perdu à jamais.

Nous sommes désormais entièrement ouverts sur le monde, à la recherche de notre unité. Nous ne sommes alors que perceptions et nous percevons énormément de choses. C'est chaud, c'est froid. C'est doux, c'est rugueux. C'est lumineux, c'est sombre. « J'aime », « Je n'aime pas ». Nous aimons ce qui nous procure la sensation d'unité, l'harmonie. Nous détestons le chaos.

Nous pouvons lire dans les pensées des formes qui nous entourent. Nous ressentons leurs angoisses et leurs joies. Nous expérimentons leur bienveillance ou leur colère. C'est presque comme si leurs intentions et leurs émotions étaient les nôtres. Mais sommes-nous réellement séparés ? À moins que nous ne soyons les mêmes.

Nous avons faim, une sensation inconnue et désagréable. Nous n'aimons pas. Nous avons à nouveau peur. La voix douce et légèrement aiguë…, où est la voix douce et légèrement aiguë ? Sommes-nous réellement séparés d'elle ? Après tout, extérieur et intérieur, qu'est-ce que cela veut dire ? Nous avons faim. Allons-nous mourir ? Nous pleurons. La voix arrive, nous ressentons une chaleur semblable à la nôtre, quelque chose de ferme dans la bouche puis un liquide chaud, comme le liquide dans lequel nous flottions. C'est bon et cela calme notre faim.

Nous avons retrouvé notre unité. Grâce à la voix douce et aiguë. Elle n'est probablement pas si séparée de nous que nous le craignions. Nous pouvons nous endormir. Sereins, enfin !

Le problème est que, nous l'avons déjà expérimenté lorsque nous flottions au sein du liquide chaud, tout semble soumis à des rythmes et à des cycles. Tout va et vient. Même la faim. Nous avons encore faim, alors nous pleurons à nouveau. Mais cette fois la voix douce et aiguë tarde à venir. Serions-nous abandonnés ? Allons-nous survivre ? Nous pleurons plus fort. La voix douce et aiguë revient…, enfin ! Nous concluons donc qu'il suffit de pleurer fort pour retrouver notre unité.

Progressivement, en même temps que nous découvrons les limites de ce que nous expérimentons comme notre corps physique, nous apprenons à identifier les contours des objets qui nous entourent. En particulier ces objets qui parlent et qui nous ressemblent. Et, chaque fois que la faim ou un autre inconfort nous rappelle que nous avons quitté notre état d'unité, nous nous manifestons afin d'obtenir de l'extérieur ce qui nous manque. Nous pleurons, ce qui semble très bien fonctionner jusqu'au jour où, malgré nos cris, personne ne vient. Faut-il pleurer plus fort ? Cela ne semble rien donner. L'extérieur aurait-il décidé de nous échapper ? Serions-nous définitivement séparés de cette source qui nous paraît être la seule solution à notre désarroi ? Nous sentons alors la colère monter en nous. Nous hurlons et nous gesticulons dans tous les sens. La forme à la voix douce, qui se fait appeler maman, arrive…, nous sommes sauvés, il suffisait donc d'être en colère. Nous décidons qu'à l'avenir nous manifesterons notre rage si l'extérieur oubliait de répondre à nos appels. Nous pleurons et crions donc souvent, trop souvent pour que nos parents nous prennent au sérieux. Alors, puisqu'ils semblent résister à notre volonté, nous adoptons une autre stratégie. Nous sourions et nous constatons que cela ne fonctionne pas si mal.

Ainsi, d'expérience en expérience, nous élaborons des tactiques de domination, nous inventons une série de masques qui nous serviront à obtenir ce qui nous est le plus précieux : notre unité perdue, la condition de notre survie dans un monde où tout nous semble séparé.

La définition du plaisir et la naissance du jugement

Au cours de nos expériences du premier âge, nous réagissons par des cris et des pleurs aux sensations non plaisantes – c'est-à-dire celles qui nous éloignent de l'état d'unité – comme la faim, l'humidité, le froid ou la douleur. Au contraire, tout ce qui nous apporte une sensation de bien-être et nous rappelle notre état d'unité provoque en nous des gazouillis et des sourires.

Ce que nous appelons l'instinct constitue un ensemble de stratégies destinées à reproduire les expériences qui participent à notre survie et à éviter les situations entraînant privation ou douleur.

Nos parents ou les autres adultes qui prennent soin de nous représentent des formes idéales puisqu'ils nous apparaissent comme les décideurs omnipotents de la possibilité de notre retour à l'état d'unité, de véritables dieux qui détiennent les clés du paradis perdu.

Peu à peu, nous définissons ce qui nous apporte du plaisir ou non, ce qui nous paraît bon ou mal pour nous-mêmes. Cependant, au contact de nos parents et du milieu socioculturel dans lequel nous évoluons, nous apprenons à répondre à certains codes comportementaux. Notre souci de rester en contact avec le monde extérieur nous pousse souvent à renier certaines de nos attentes. La notion de bien et de mal n'est dès lors plus aussi claire. Nous acceptons de juger nos propres sensations et nos émotions intimes, quitte à oublier nos aspirations les plus profondes au profit d'une image idéalisée de ce que nous pensons devoir être pour continuer à être acceptés par les autres. Nos parents, les dieux.

Ainsi, à mesure que nos facultés mentales se sont développées, nous avons quitté le monde de la perception pure, où nos sensations et nos émotions nous servaient de guides, pour entrer dans le monde du jugement où il nous a fallu apprendre à accepter certaines idées et à en rejeter d'autres. Nous ne nous définissons donc plus seulement d'un point du vue physique ou émotionnel, mais aussi selon les critères de notre mental. Tout ce que nous avons jugé inacceptable de montrer, de ressentir ou même de penser, nous l'avons enfoui dans le Sac à déchets de notre inconscient[1].

---

1. Le terme de Sac à déchets est emprunté à Robert Bly, poète et penseur américain. On peut comparer cette notion à ce que Carl Gustav Jung appelait l'ombre, la partie de l'individu refoulée par souci d'adaptation. Comme le souligne Jean Monbourquette dans son livre *Apprivoiser son ombre. Le côté mal aimé de soi*, Outremont, Québec, Bayard Editions/Novalis, 1997, il est important de faire la distinction entre la conception de l'inconscient de Freud, de Nietzsche et de Jung et de constater qu'un même mot possède des implications philosophiques

La création du Masque
et le remplissage du Sac à déchets

Le paradoxe de ce drame, c'est que nous avons cru devoir activer notre énergie séparatrice afin de créer de l'unité. La vie nous est dès lors apparue comme un combat où nous devions à tout prix contrôler le monde extérieur que nous expérimentions comme différent, hostile et séparé de nous. Comme s'il nous était apparu plus facile, voire plus naturel, de recourir aux lois de la séparation étant donné la nature duelle du monde que nous découvrions.

Hélas, sans nous en rendre compte, à chacune de nos conquêtes, nous nous sommes séparés davantage des autres et de nous-mêmes. Nous avons perdu le contact avec la polarité unificatrice de notre être et, plus grave encore, nous avons même fini par oublier notre polarité séparatrice au profit de l'image de nous-mêmes que nous voulons imposer au monde avec ce Masque incapable d'authenticité.

---

très différentes. En effet, pour Freud, l'inconscient est un monde de forces chaotiques qui, sous l'effet instinctuel de la libido, menace d'envahir le conscient. L'inconscient est donc considéré comme quelque chose de négatif contre lequel le conscient doit se protéger en développant sa rationalité. Nietzsche définit également l'inconscient comme un univers chaotique et irrationnel mais il rejette la vision négative que Freud en a. Il recommande, au contraire, de favoriser la spontanéité du surhomme et du sous-homme qui l'habitent. Cette idée fut exploitée et déformée par l'idéologie fasciste. Jung se démarque des positions extrêmes de Freud et de Nietzsche et voit dans l'inconscient un ensemble de forces opposées et complémentaires en constante recherche d'harmonisation. Cette idée se rapproche de la vision taoïste de l'Univers qui résulte de l'harmonie entre les polarités fondamentales yin et yang.

Dans le Sac à déchets de notre inconscient nous avons parfois enfoui des aspects très positifs de nous-mêmes, mais peu nous importait pourvu que nous fussions acceptés par le monde extérieur. Nous avons commis là une véritable trahison envers qui nous sommes réellement. Nous avons cru obtenir ce que nous pensons être l'amour des autres, sans nous rendre compte que nous n'avons pas été capables de nous aimer nous-mêmes, entièrement, pour tout ce que nous sommes, dans la beauté de notre imperfection.

Oublier l'enfant en soi (le travail d'Henri)

Pour illustrer la trahison dont nous venons de parler, j'aimerais vous raconter l'histoire d'Henri, un homme de cinquante-deux ans qui vient me voir à la suite d'un délire psychotique qu'il a présenté un an auparavant. Je choisis volontairement un exemple extrême afin de vous montrer à quel point nous pouvons renier qui nous sommes dans le but de plaire à ceux qui nous entourent. Cependant, au risque de vous décevoir, vous constaterez, plus loin dans votre lecture, que personne, absolument personne, n'échappe aux mécanismes décrits ci-dessous.

Henri est un acteur de théâtre, célibataire, homosexuel et souffrant du sida depuis plusieurs années. Quelques semaines avant d'être interpellé en train de délirer dans un parc public de la ville où il habitait, il avait entrepris la rédaction d'un roman qui racontait l'histoire d'un jeune garçon obligé de faire ses études dans un pensionnat où il était abusé sexuellement par un de ses professeurs. Dans son délire, Henri s'était pris pour le président des États-Unis d'Amérique et, dans un anglais irréprochable, alors qu'il ne parlait cette langue qu'assez approximativement, il avait refait le monde avant de se prendre pour le pape Jean-Paul II et, finalement, de s'accuser de pédophilie. Une enquête judiciaire avait permis de vérifier son innocence concernant les crimes dont il s'accusait, néanmoins, Henri persista dans ses affirmations et se mit à agresser verbalement les membres de sa compagnie théâtrale. Il fallut donc l'interner dans une institution psychiatrique où il fut traité de manière médicamenteuse avant d'être pris en charge par un psychanalyste.

Après huit mois de psychanalyse intensive, Henri restait terrifié par l'idée de pouvoir sombrer à nouveau dans un délire psychotique. Il ne comprenait pas pourquoi il avait perdu le contrôle de sa vie et il regrettait le temps où, acteur au théâtre, il bénéficiait d'une image brillante et sans tache. Pourtant, il se rappelait les reproches que, dans son délire, il avait adressés à ses collègues et il avouait être de plus en plus souvent en désaccord avec eux, simplement parce que ceux-ci ne voyaient pas les choses à sa manière et n'entendaient pas se soumettre à sa volonté.

D'emblée, Henri m'apparut comme un séducteur, obsédé par le désir de contrôler les êtres qui l'entouraient. Il me confia d'ailleurs avoir eu des rapports sexuels avec la mère, le père et le frère de l'un de ses amants. Un fait le troublait particulièrement : pourquoi avait-il entamé l'écriture d'un roman racontant l'histoire d'un enfant abusé sexuellement, lui qui, dans son délire, s'était accusé de pédophilie ? Tout cela lui paraissait absolument incohérent.

Je lui demandai alors qui avait été violé dans son enfance et il me répondit violemment que je n'avais « pas le droit de dire cela ». Je n'avais rien dit. J'avais simplement posé une question à laquelle il me répondit lors de notre entrevue suivante. L'enfant qui avait été abandonné par sa mère et abusé par son professeur, c'était lui, Henri, à l'âge de quatre ans. Alors qu'il se remémorait les détails de cette horrible enfance, au cours de laquelle sa sœur aînée avait subi le même sort que lui, Henri restait sceptique sur l'authenticité de ses souvenirs. Plusieurs fois, il se rétracta et s'accusa de mythomanie.

Je demandai à Henri s'il éprouvait de la haine à l'égard de son professeur, qui lui enfonçait des tubes dans l'anus, ou de la colère vis-à-vis de sa mère, qui, bien qu'elle ne pût ignorer les violences physiques dont ses enfants étaient l'objet tant les stigmates de celles-ci étaient visibles, les ramenait, lui et sa sœur, tous les dimanches soir au pensionnat avant de reprendre sa vie avec son amant. Sa réponse fut très claire : non, il n'éprouvait ni haine ni colère ! Il pensait que sa mère avait eu ses raisons et que son professeur avait sans doute lui-même beaucoup souffert pour être capable de faire souffrir un enfant sans remords. Le visage d'Henri était figé, il souriait discrètement, l'air absolument serein.

Je lui proposai alors une série de psychodrames dans lesquels, tour à tour, j'incarnais son père, sa mère et son professeur.

Progressivement, il accepta de contacter l'enfant qui sommeillait en lui. Étape par étape, il osa laisser tomber son Masque d'amour et de sérénité et il découvrit, enfin, la rage et le mépris qu'il éprouvait depuis toujours pour ceux qui l'avaient trahi durant son enfance, émotions absolument normales qu'il avait préféré enfouir dans le Sac à déchets de son inconscient plutôt que de salir l'image parfaite qu'il voulait garder de ses parents et du monde des adultes, les adultes, ses pourvoyeurs d'unité.

Terrifié à l'idée de perdre l'amour, même imparfait, des adultes, l'enfant en lui en avait conclu que s'il avait souffert c'était certainement à cause de lui-même. Il se sentait sale et honteux des sévices sexuels dont il avait été l'objet, il se considérait responsable et, plutôt que de l'avouer à quiconque, il avait préféré garder son secret caché dans la partie inconsciente de sa mémoire. Par la suite, devenu adolescent puis adulte, Henri avait développé des stratégies habiles et efficaces en vue de contrôler les autres car l'enfant en lui, toujours hanté par le drame qu'il avait vécu, avait décidé de ne plus jamais être abusé. Ainsi, il avait trahi plutôt que d'être trahi. Il avait séduit plutôt que d'être séduit. Il s'était fait aimer plutôt que d'aimer. Son métier d'acteur, il ne l'avait pas choisi par hasard. Il avait joué de nombreux rôles dans sa vie, jamais le sien. L'ironie de ce stratagème était que, finalement, il avait tout de même été trahi, par lui-même.

Une fois son Masque dissous par le regard perspicace et sans jugement de son Observateur, Henri put enfin laisser s'exprimer le Séparateur en lui, cet enfant rempli de colère et de haine. Alors, seulement, il commença à voir ses parents comme ils avaient réellement été, et, quelques mois plus tard, lorsqu'il déclarait aimer sa mère, ce n'était plus de l'amour de son Masque dont il s'agissait, mais bien de celui, infiniment plus profond et inconditionnel, de l'Unificateur en lui.

Henri a été capable de se réconcilier avec toutes les parties de lui-même, il s'aime comme il est et comme il a été, il peut donc aimer les autres comme ils sont et comme ils ont été. L'enfant blessé qui a dirigé toute sa vie n'a plus de raison de se défendre. Henri est devenu ce que bien peu d'entre nous sont capables de devenir : un enfant qui n'a plus peur, un véritable adulte.

J'ignore ce qu'Henri fera du restant de sa vie, mais je ne me tracasse pas pour lui car, après avoir tenté d'exercer le pouvoir en dehors de lui, il a retrouvé le seul vrai pouvoir, celui que l'on a sur soi.

Nos conclusions erronées

Enfants, nous avons tiré toute une série de conclusions à propos de la vie. Ainsi, à partir d'expériences ponctuelles, nous avons établi des généralisations qui deviennent les lentilles au travers desquelles nous regardons la vie.

L'enfant qui expérimente une situation pour la première fois n'a rien pour comparer son expérience au passé. Il conclut que ce qui lui arrive est la manière dont tout arrive toujours et pour tout le monde.

Enfants, nous voyions nos parents comme des êtres parfaits, des sortes de dieux destinés à nous protéger du chaos que nous découvrions dans le monde physique. Le confort qu'ils nous procuraient était synonyme d'unité et constituait la preuve de leur amour. Cette confusion entre amour et confort nous a rapidement conduits à la déception car, inévitablement, nos parents n'ont pas pu répondre à toutes nos attentes. Dès lors, nous avons été amenés à conclure à l'imperfection de leur amour. Or nous avions besoin de croire à la perfection de nos parents car celle-ci constituait une garantie contre notre anéantissement dans le chaos du monde de la dualité. Ainsi, plutôt que d'abandonner l'image parfaite de nos parents-dieux, nous avons souvent préféré nous considérer responsables et coupables de notre insatisfaction.

L'histoire d'Henri, abusé sexuellement dans son enfance, illustre très bien ce mécanisme qui conduit à l'élaboration de croyances du genre : « Je ne le mérite pas, je dois être puni ou abandonné. » Nous entrevoyons là l'origine de nos comportements autodestructeurs.

La majorité de nos expériences du premier âge étant vécue dans la peur de l'anéantissement, la plupart de nos conclusions à propos du monde que nous découvrons seront négatives. Nos attentes aussi. En effet, pourquoi imaginer, quand on n'a pas d'élément pouvant nous rassurer, que, la prochaine fois, dans une situation similaire, notre expérience serait différente ?

Hélas, nos attentes négatives face aux événements de la vie nous entraînent souvent à ignorer ce qui ne correspond pas à notre idée préconçue du déroulement de ceux-ci et nous prédisposent à attirer à nous ce qui rentre dans le cadre de notre vision négative. Cela peut vous paraître incroyable, mais donnez-vous le temps d'y réfléchir. Vous constaterez que, même devenus adultes, nous continuons, à force de craindre le pire, à créer des expériences négatives qui confirment nos attentes négatives. D'expérience négative en expérience négative, nous renforçons notre vision négative du monde et nous nous enfonçons dans un cercle vicieux négatif duquel il nous est très difficile de sortir. Ce mécanisme est constamment à l'œuvre dans notre vie, à un point tel que, lorsque nous nous donnons la peine d'y réfléchir, nous découvrons qu'un grand nombre de nos choix portent sur des objets, des situations ou des êtres qui nous permettent de confirmer nos attentes négatives.

Nos cercles vicieux négatifs
(le travail de Bernard)

Arrêtons-nous quelques instants sur l'histoire de Bernard. À la suite d'un infarctus du myocarde, cet homme, âgé de cinquante-cinq ans, a décidé de venir me voir pour refléchir au sens de sa vie.

Chef d'entreprise performant, Bernard avait mené une lutte permanente. Jamais satisfait, il avait fait du dépassement de soi sa devise. Son corps lui ayant adressé un signal d'alarme, conscient de la nécessité de changer son mode de fonctionnement, Bernard me déclara que malheureusement cela lui paraissait impossible. Il considérait que ses responsabilités et, surtout, l'incompétence de ses collaborateurs l'empêchaient de lever le pied. Dès qu'il relâchait la pression, le travail n'était pas effectué correctement et dans les délais requis. Son contrôle devait être permanent, sinon, son entreprise irait droit à la faillite.

Je demandai alors à Bernard de me décrire ses collaborateurs. Celui-ci me répondit que ses employés étaient des enfants qui attendaient d'être nourris et manquaient totalement d'initiative, des incapables qui profitaient de ses compétences et de la prospérité de son entreprise. Vous remarquerez en passant que le ton adopté par Bernard est celui du blâme, nous pouvons donc en conclure que ces propos sont tenus par son Masque.

Lorsque l'on s'intéresse à l'enfance de Bernard, on découvre qu'il a été élevé par un père militaire pour qui l'effort et le travail représentaient les deux valeurs essentielles de l'être humain. À l'âge de sept ans, Bernard avait offert un dessin à son père et avait entendu celui-ci lui dire que ce n'était « pas mal » mais qu'il devrait « apprendre à respecter les proportions et que les couleurs choisies ne collaient pas avec celles de la réalité ». Son père, toujours soucieux de fournir une éducation parfaite à son fils, lui proposa de suivre des cours de dessin car il avait « besoin de perfectionnement ». Bernard se souvenait parfaitement de l'épisode et, dans un premier temps, il justifia et excusa totalement l'attitude de son père.

Après quelques heures de conversation, où il continuait à blâmer ses collaborateurs et à excuser son père, Bernard finit par accepter que la réaction de ce dernier l'avait profondément meurtri. Cela lui permit de découvrir que l'une de ses conclusions erronées à propos du monde était qu'il fallait toujours faire mieux, que rien n'était jamais assez parfait. Voilà qui expliquait les attitudes professionnelles combatives de Bernard. Des attitudes efficaces puisqu'elles lui avaient permis de réussir parfaitement, conformément à la nécessité de sa croyance.

Poursuivant l'évocation de son enfance, Bernard m'expliqua que son père avait eu de nombreuses maîtresses et que celui-ci avait fini par abandonner sa mère, alors qu'il avait à peine dix ans. Bernard avait ressenti le départ de son père comme une trahison, une de plus puisque ce dernier avait toujours trahi sa mère, comme le faisait aussi le père de son meilleur ami. Tous les hommes sont des traîtres, on ne peut jamais leur faire confiance, on ne peut compter que sur soi-même. C'était une autre conclusion erronée sur laquelle Bernard avait bâti sa vie professionnelle et affective.

Justifié par sa peur de la trahison, son besoin de contrôle sur les autres s'était ajouté à son souci permanent de perfection et à son idéal de combat. Toute son énergie avait été consacrée à exercer le pouvoir à l'extérieur de lui. Il en avait oublié d'exercer du pouvoir à l'intérieur, il s'était négligé au profit de sa cause. Une cause qu'il avait fondée sur ses conclusions erronées à propos de la vie.

À la fin de son travail psychologique et spirituel, Bernard était capable de reconnaître sa responsabilité dans tout ce qui lui était arrivé au cours de sa vie. Il comprenait qu'il n'avait pas choisi son métier par hasard, celui-ci lui ayant permis de prouver qu'il était capable de se dépasser dans l'effort. L'expansion qu'avait atteinte son entreprise l'avait obligé à s'engager dans des responsabilités de plus en plus lourdes, ce qui avait renforcé sa conviction que la vie n'était que travail. Il était conscient du fait qu'il avait eu les collaborateurs qu'il avait cherchés : des hommes capables d'accepter sa domination et son contrôle permanent, par conséquent, des hommes peu enclins à prendre des initiatives. Le fait qu'il les avait engagés ne tenait donc pas du hasard. Bernard et ses collaborateurs s'étaient « reconnus », chacun en fonction de leurs conclusions erronées à propos de la vie, lui la voyant comme un champ de bataille où le danger de trahison était permanent, eux la considérant, sans doute, comme un lieu peu sécurisant où il fallait remettre son pouvoir à autrui pour survivre.

Le travail de Bernard nous montre à quel point nous sommes les créateurs de notre vie et combien notre pouvoir sur celle-ci est plus important que nous ne l'imaginons, à condition d'abandonner les croyances de l'enfant qui vit en nous.

Nos conclusions erronées nous enferment dans une vision étroite du monde. Sans nous en rendre compte nous nous imposons des limites, décidant à l'avance de ce qui est possible ou de ce qui ne l'est pas, prévoyant les conséquences avant même d'avoir pu en être les témoins.

Tant que nous voyons le monde comme dangereux et hostile, nous n'avons pas d'autre choix que celui de nous défendre et de contrôler. Nous sommes obligés de nous cacher derrière un masque et de partir au combat.

Nos trois masques

Le Masque est donc notre adaptation au monde, notre volonté de vivre selon une image idéalisée de nous-mêmes. Il représente le carcan étroit de notre idée de la perfection, une idée que nous avons construite au contact du monde duel sans permettre à l'Unificateur en nous d'expérimenter une autre réalité, celle d'un monde unifié malgré les apparences.

Si nous acceptons d'observer les masques que nous utilisons dans notre vie, nous en reconnaîtrons trois types principaux[1]. Une analyse systématique de ceux-ci vous aidera, sans doute, à mieux les détecter avant de les reconnaître comme une partie de vous, une partie seulement, qui cache ce que vous êtes réellement : un Séparateur fier, égoïste et apeuré, et un Unificateur maître de son véritable pouvoir, capable d'aimer entièrement et donc serein.

L'amour, le pouvoir et la sérénité. Ce sont ces trois qualités de l'Unificateur que notre Masque va choisir d'afficher de manière inauthentique afin de séduire et contrôler le monde extérieur.

---

1. La distinction de trois types de masque est à la base du travail proposé par le Pathwork et exposé dans le livre de Susan Thesenga, *The Undefended Self*, *op. cit.*

Le Masque de l'amour

Nous avons développé notre Masque de l'amour sur la conclusion erronée qu'il nous faut être aimés à n'importe quel prix, notre survie dans le monde duel en dépendant. Dès lors, nous ne connaissons la sécurité que lorsque nous sommes reconnus et appréciés par les autres. Notre estime de nous-mêmes dépend de l'amour que les autres nous portent.

Nous recherchons un amour protecteur, quitte à créer de la culpabilité chez les autres afin qu'ils acceptent de nous prendre en charge. Nous sommes prêts à tout pour obtenir cet amour. Nous remettons notre pouvoir à l'autre. Nous devenons totalement dépendants de lui. C'est le prix à payer pour qu'il réponde à notre attente et que, à son tour, il devienne dépendant de nous. « Je t'aime pour que tu m'aimes. »

Lorsque, par hasard, l'autre tente de nous échapper, nous avons le beau rôle en lui rappelant notre « immense amour », notre grandeur d'âme et notre supériorité de cœur. Déçus, nous revivons alors la frayeur de l'enfant qui ne peut vivre sans protection. Nous confirmons donc notre conclusion erronée selon laquelle on ne peut vivre sans amour. C'est sans doute vrai, me direz-vous. Certes, cependant, il ne s'agit pas de cet amour-possession, mais plutôt d'un amour désintéressé et respectueux.

Ainsi, le Masque de l'amour a tendance à vivre dans l'amertume et le ressentiment, car il y a toujours quelqu'un qui nous échappe un jour. Il finit par se considérer comme l'une des rares bonnes personnes dans le monde et sa supériorité morale ne fera, pour lui, aucun doute. Les tribunaux sont remplis de ces Masques d'amour qui, une fois qu'ils savent le combat de la possession perdu, comme tous nos masques, blâment l'autre qu'ils ont pourtant tellement aimé. L'amour et la haine, deux sentiments si proches dont la tragédie grecque et, aujourd'hui, les procès de divorce nous ont appris qu'ils n'étaient que les armes du Masque de l'amour.

L'amour authentique emprunte un autre chemin, celui de la reconnaissance et de la prise de responsabilité de nos ressentiments et de notre colère qui conduit à la découverte de nos véritables besoins et de nos limites. Mais nous en reparlerons.

Le Masque du pouvoir

Notre Masque du pouvoir s'est construit sur notre conclusion erronée selon laquelle la vie est un combat et les autres des ennemis. Notre sécurité repose, dès lors, sur notre capacité à dominer toutes les situations de la vie. Notre force, notre indépendance, notre compétence et, même, notre agressivité déterminent l'estime que nous avons de nous-mêmes.

Nous affichons une parfaite maîtrise de la vie, quitte à nier nos faiblesses et nos besoins. Nous n'accordons pas d'importance à l'amour des autres et aux véritables contacts avec eux. Nous ne sommes préoccupés que par la compétition et la victoire car de toute façon « il n'y a pas le choix, c'est ainsi qu'est le monde ! ».

Lorsque, par hasard, nous sommes confrontés à l'échec, nous revivons l'angoisse de l'enfant en nous et nous expérimentons une honte immense. Nous ne pouvons admettre qu'il est impossible de surpasser tout le monde et de contrôler la terre entière. Alors, selon la bonne habitude de nos masques, le Masque du pouvoir blâme les autres et le monde en oubliant que le monde n'est pas en dehors de nous mais bien le reflet de qui nous sommes, c'est-à-dire, bien souvent, une création de nos masques. Désespéré, le Masque du pouvoir tente de compenser ses échecs en se battant encore plus fort, sans jamais prendre le temps de s'interroger sur la valeur de sa vision du monde. Sans jamais prendre conscience qu'il existe d'autres réalités et donc d'autres moyens de survivre.

Le Masque de la sérénité

Comme le Masque de l'amour et le Masque du pouvoir, le Masque de la sérénité est né de l'une de nos conclusions erronées à propos de la vie. Cette fois, il ne s'agit plus de la nécessité absolue d'être aimé pour survivre ou, au contraire, du besoin de tout dominer sans se préoccuper des autres, mais plutôt de la croyance selon laquelle les dangers et les problèmes disparaissent si l'on parvient à les ignorer. Notre sécurité et l'estime que nous avons de nous-mêmes dépendent, dès lors, de notre capacité à nous élever au-dessus des difficultés de notre condition humaine.

Nous montrons de la sérénité et du détachement. Il ne s'agit en fait que d'une fuite. Nous sommes incapables de nous engager et tout nous est indifférent. Nous exprimons du mépris à l'égard des autres – « les simples mortels » – qui combattent même si « cela ne sert à rien ». Notre détachement est synonyme de cynisme, il n'a rien de spirituel.

Si nous choisissons d'afficher le Masque de la sérénité, c'est souvent parce que nous n'obtenons pas ce que nous recherchons à l'aide du Masque de l'amour ou du Masque du pouvoir. Notre incapacité à entrer en contact avec le monde extérieur nous incite à nous replier sur nous-mêmes afin de cacher notre désespoir et notre angoisse. Nous préférons fuir plutôt que de vivre démasqués. D'ailleurs, nous ne connaissons pas d'autre expérience de la vie. Nous n'entrevoyons pas d'autre choix, il faut nous défendre et le meilleur moyen d'y parvenir est de porter un masque. Nous n'avons pas encore osé nous engager sur le chemin de l'observation de soi, celui qui conduit, étape par étape, à la possibilité d'un contact avec soi-même et, de là, avec les autres.

Nos idéaux contradictoires

Puisque nous avons appris à vivre masqués une grande partie du temps, notre personnalité est principalement définie, et donc reconnue, au travers des masques que nous portons.

Chacun de nos masques s'identifie à une image idéalisée de nous-mêmes que nous voulons véhiculer dans le monde. Du fait que nous utilisons plusieurs masques, nous sommes parfois troublés et souvent perçus par les autres comme une personnalité incohérente, étant donné les images contradictoires que nous affichons.

Ainsi, le Masque de l'amour refuse toute indépendance et fonde son discours sur la douceur et l'échange d'affection, tandis que le Masque du pouvoir nie tout besoin d'amour et n'utilise que la force pour parvenir à ses fins et, pour couronner le tout, le Masque de la sérénité, méprisant, choisit de rester au-dessus de la mêlée, évitant de s'engager dans la bataille de l'amour ou du pouvoir.

Lors de mes conversations psycho-spirituelles, j'ai rencontré beaucoup de gens en proie à leurs idéaux contradictoires. Ils avaient compartimenté leur vie et portaient, par exemple, le Masque du pouvoir dans leur milieu professionnel et le Masque de l'amour dans leurs relations intimes. Ainsi, je me souviens de certaines femmes soumises à la gent masculine dans leur vie amoureuse tout en entretenant une compétition féroce avec les autres femmes, ou d'un homme soumis à sa maîtresse jusque dans ses jeux sexuels, et terriblement dominateur envers les autres hommes.

4

LA CRÉATION DU MONDE DE L'UNITÉ

L'utopie du Séparateur

Nous l'avons vu, le grand paradoxe de notre condition humaine est que nous tentons de retrouver notre unité en utilisant les lois de la séparation. Comme si notre expérience du pouls de la vie nous obligeait inéluctablement à passer de la polarité unifiée de l'énergie de notre conscience à la polarité séparée de celle-ci.

Psychologiquement, l'énergie séparatrice qui nous habite s'exprime sous la forme de la fierté, de l'égoïsme et de la peur. Fiers, nous pensons être différents et meilleurs que les autres. Soumis à notre volonté égoïste, nous voulons tout et tout de suite. Apeurés, nous ne pouvons pas faire confiance, nous cherchons à nous protéger et nous justifions aussi bien les défenses de notre orgueil que celles de notre égoïsme.

Lorsque nous nous identifions uniquement au Séparateur en nous, « non ! » est notre réponse au monde. Nous préférons nous réfugier derrière notre négativité plutôt que de risquer d'affronter les peurs primitives de notre enfance.

Alors que notre Masque, qui tente de cacher les intentions du Séparateur, n'est qu'une image de nous-mêmes figée, inauthentique et sans vie, le Séparateur est une expression de la force vitale en nous, l'une des deux polarités du pouls de la vie. L'énergie du Séparateur est aussi puissante que celle de l'Unificateur, seule son intention est différente. Elle représente l'autre aspect de la vie.

Effrayante, voire dangereuse, cette énergie nous fascine et excite notre curiosité. Nous l'expérimentons à la fois comme repoussante et attirante. Songez aux contes terrifiants que les enfants aiment entendre, à l'audience nombreuse des journaux télévisés qui ne relatent pourtant que des actes de la cruauté humaine, aux feuilletons télévisés où les protagonistes se trahissent et s'entre-tuent, ou encore au succès des journaux à sensation où la vie tourmentée de certaines célébrités est étalée sous nos yeux avides d'apprivoiser l'énergie de la séparation, cette énergie que nous croyons susceptible de nous donner le pouvoir sur la vie et, ainsi, de nous permettre le retour à l'état d'unité.

L'énergie du Séparateur en nous est activée, dès notre naissance, à l'occasion des expériences négatives que nous faisons au contact de nos parents et des adultes qui prennent soin de nous. Le but du Séparateur est d'éviter toute frustration et toute douleur. Cependant, nous l'avons vu, en voulant éviter ces expériences, nous créons encore plus de séparation. Nous nous condamnons à vivre la séparation qui engendre un inconfort émotionnel, mental et parfois même physique.

Pourtant, nous percevons aisément la différence entre la fluidité chaude et joyeuse de l'énergie unificatrice et la rigidité triste et glacée de l'énergie séparatrice. Hélas, prisonniers de nos conclusions erronées et de nos croyances dualistes à propos du monde, nous ne pouvons nous empêcher de vivre masqués, dirigés par notre énergie séparatrice, privés de l'accès à l'harmonie.

Écouter notre inconfort (le travail de Marie)

Prenons le cas de Marie, une femme de quarante-huit ans, que j'ai rencontrée lors d'un dîner au cours duquel elle m'expliqua qu'elle était paralysée des membres inférieurs depuis qu'elle avait quitté son amant. Mère de cinq enfants issus d'un premier mariage, Marie avait divorcé de son mari, un brillant industriel, quelques années auparavant, espérant échapper à l'emprise de cet homme dominateur. Par la suite, elle avait rencontré un autre homme, lui aussi homme d'affaires prospère, et elle en était tombée amoureuse au point d'accepter de devenir sa maîtresse cachée. Persuadée d'avoir rencontré quelqu'un de très différent de son ex-mari, Marie déchanta rapidement lorsqu'elle se rendit compte que, malgré des différences notoires, les deux hommes présentaient le même caractère égocentrique et dominateur. À peine avait-elle quitté son amant, Marie était tombée malade et, même si l'on avait évoqué la possibilité d'une maladie virale, aucun médecin ne s'expliquait réellement la paralysie dont elle souffrait.

Lorsque j'observai Marie, il me parut évident qu'elle était elle-même une femme de pouvoir et qu'elle avait perdu tout contact avec ses émotions pour se réfugier en permanence dans les raisonnements de son mental. Je lui demandai alors quand elle comptait commencer à donner de la tendresse à son corps. Ce fut le début de nos conversations.

Au cours de son travail, Marie évoqua son père, un chef d'entreprise, qui était mort lorsqu'elle avait six ans. Elle se souvint parfaitement de l'angoisse qu'elle avait ressentie à la disparition de cet homme qui représentait la sécurité pour toute sa famille. Elle n'imaginait pas sa mère, une femme à la santé fragile, assumer le rôle de son père. Elle avait donc décidé qu'elle serait l'homme de la famille et elle dépensa toute l'énergie de sa jeunesse à se construire une personnalité capable de contrôle et d'efficacité, un parfait Masque du pouvoir. N'en pouvant plus de porter ce masque, à l'âge de vingt ans, Marie quitta sa famille pour se marier avec un homme qui, elle n'en n'avait pas conscience à l'époque, incarnait l'image de son père regretté. Elle allait enfin pouvoir se reposer. C'était sans compter sur la conclusion erronée de la vie dont elle ne s'était pas débarrassée. « Le monde est insécurité, la vie est une lutte, il faut à tout prix la contrôler ! » Certes, en se mariant, elle avait baissé la garde et abandonné son Masque du pouvoir. Mais sa vision du monde n'avait pas changé. Fatiguée, elle avait endossé le Masque de l'amour, prête à abandonner son indépendance et son pouvoir à un homme qui, lui-même caché derrière un Masque du pouvoir, assurerait sa défense dans le monde hostile. Malheureusement, son mari, trop égocentrique, n'avait pas répondu aux attentes du Masque d'amour de Marie. Après avoir essayé le rôle de l'épouse soumise en quête de protection, elle avait repris son Masque du pouvoir afin d'assurer elle-même la sécurité dont elle avait besoin. Vingt ans et cinq enfants plus tard, déçue, Marie demanda le divorce. N'ayant pas augmenté sa conscience de qui elle était réellement, Marie tenta une nouvelle fois l'expérience du Masque de l'amour avec son amant, un homme qui, lui aussi, affichait le Masque du pouvoir. Même histoire, mêmes acteurs, même conclusion. Marie finit par reprendre son Masque du pouvoir et quitter son amant, qui, lui aussi, avait été incapable de répondre aux attentes de son Masque d'amour.

L'inconfort psychique et émotionnel de son mariage et de son divorce n'avait pas suffi à ouvrir les yeux de Marie, qui se réfugiait dans son mental pour trouver les justifications nécessaires à ses défenses et à ses masques. Cette fois, l'inconfort gagna son corps physique. Enfin, elle décida de s'arrêter un instant pour comprendre et commencer à transformer sa vie.

Curieusement, quelques mois après le début de son travail, Marie entama une relation amoureuse avec un homme qu'elle connaissait pourtant depuis longtemps mais qu'elle n'avait jamais réellement regardé. Ce dernier n'avait rien de commun avec les autres hommes de sa vie. Il était douceur et tendresse, la tendresse dont elle avait si grandement besoin. La clé de sa guérison psychique et physique.

Il n'est pas certain que Marie récupère complètement de sa maladie neurologique cependant, comme je l'ai souvent observé, les séquelles inscrites jusque dans le plan physique de notre conscience sont parfois utiles à nous rappeler que nous devons nous respecter et ne plus jamais nous trahir[1].

---

1. Ce phénomène est également décrit par Caroline Myss dans son livre *Anatomie de l'esprit*, Outremont, Québec, Arianes Éditions, 1998.

Notre idée du bonheur

À force de rechercher notre unité en croyant devoir rester séparés du monde qui nous entoure, nous avons rempli le Sac à déchets de notre inconscient de tout ce que nous avons jugé inapproprié à notre survie, et notre Masque nous empêche d'entrer en contact avec l'essentiel de nous-mêmes et donc des autres. Nous vivons à la superficie de nous-mêmes, comme des automates, conditionnés par l'idée préconçue de qui nous sommes, ou plutôt de qui nous voulons être. Nos expériences, dont nous définissons le cadre à l'avance, se répètent de manière similaire. Nous rencontrons toujours les mêmes difficultés et nous avons beau blâmer les autres (ce que fait très bien notre Masque), rien ne change. Alors nous décidons de tout remettre en question. Nous voulons changer de vie car celle que nous nous sommes créée jusqu'alors nous paraît synonyme de malheur. De manière absolument logique, puisque les autres sont responsables de notre malheur, nous les quittons. Nous divorçons, nous changeons de travail. Nous voulons être heureux. Hélas, dans notre remise en question, nous avons oublié le plus important : nous. Et tout recommence comme avant. Nous perdons espoir car tout semble rigidifié et définitivement voué à l'échec dans nos vies. Nous sommes malheureux.

Depuis le premier jour de notre vie, nous avons cru que le contrôle que nous exercerions sur le monde nous apporterait le bonheur. Le bonheur : la quête de notre vie. Cet état de bien-être absolu, cette sensation d'infinie puissance créatrice qui nous habitait lorsque nous flottions dans le liquide chaud du ventre de notre mère. Cet état du « tout possible ici et maintenant », où même les frontières de notre corps physique nous paraissaient inexistantes. Cet état en dehors de l'espace et du temps.

À présent que nous avons conquis le monde extérieur, au prix de notre véritable identité, nous sommes forcés d'admettre que nous avons échoué. Nous contrôlons et nous possédons bien plus qu'il ne nous est nécessaire. Nous ne connaissons ni la faim, ni le froid. Nous sommes entourés d'objets et de gens supposés nous apporter toute la sécurité dont nous avons toujours rêvé. Et, malgré tout cela, nous n'avons toujours pas retrouvé l'état d'unité, au contraire. Tout nous paraît éloigné et figé. Nous ne ressentons plus l'impulsion du flux créateur, ni dans nos émotions, ni dans notre mental, ni dans notre corps physique. L'inconfort s'est installé à tous les niveaux de notre être. Nous sommes tristes et, après les troubles dits psychosomatiques, c'est la maladie physique qui nous guette.

La perte de l'estime du « faux soi »

La prise de conscience de notre incapacité à créer du bonheur dans nos vies nous conduit à la perte de l'estime de nous-mêmes. Ainsi, notre inaptitude à nous procurer ce dont nous avons besoin est à l'origine de nos états dépressifs. Nous nous jugeons, et tout jugement augmente notre inconfort. Nous tentons, dès lors, d'échapper à notre souffrance mais nous doutons de pouvoir y parvenir. Nous avons peur et cette peur nous précipite dans un état de séparation extrême puisque, cette fois, nous sommes morcelés, séparés jusqu'à l'intérieur de ce que nous croyons être nous, c'est-à-dire notre Masque.

Il est à noter que la dépression constitue une défense de notre Masque, qui refuse de dévoiler les intentions du Séparateur qui l'a créé. En effet, ne pouvant plus blâmer les autres de son malheur, prisonnier de la haute opinion qu'il a de lui, le Masque préfère s'accuser lui-même plutôt que d'admettre l'imperfection du Séparateur.

C'est exactement ce qui, de manière dramatique, pousse certaines personnes à se donner la mort plutôt que d'avouer leur imperfection, leur échec et les intentions négatives qui motivaient leur entreprise. C'est sur ce principe que certaines cultures ont été jusqu'à promouvoir des codes d'honneur valorisant le suicide comme prix à payer de l'échec. Ainsi le perfectionnisme de notre Masque et le maintien de l'estime de soi peuvent-ils se révéler plus importants que notre propre survie. N'est-ce pas aberrant ?

Je devrais, en fait, parler ici de la perte de l'estime du « faux soi » puisque cette estime de soi est construite sur une image idéalisée, fausse et irréelle.

Cette estime du « faux soi » est celle que nous perdons en même temps que les illusions de notre Masque. Elle repose donc sur notre capacité à obtenir l'amour des autres (Masque de l'amour), notre pouvoir de domination et de contrôle (Masque du pouvoir) et notre capacité à nous élever au-dessus des difficultés de notre condition humaine (Masque de la sérénité).

La véritable estime de soi ne peut exister avant que nous ayons permis à notre Observateur de pénétrer notre Masque. Alors seulement nous pouvons contempler et accepter notre véritable et complète identité : le Séparateur et l'Unificateur en nous, les deux énergies du pouls vital qui nous anime et dont nous sommes une expression dans le monde.

La perte de l'estime du « faux soi » fragilise le Masque. Cela facilitera le travail de l'Observateur, qui en examinera objectivement tous les aspects sans les juger. Le début de la guérison psychique et spirituelle aura alors commencé.

Ce processus de déstabilisation du Masque peut survenir de manière violente et souvent dramatique lors d'une crise de vie comme celle que beaucoup d'entre nous expérimentent vers l'âge de quarante à cinquante ans (bien que, avec l'accélération de nos rythmes de vie, on rencontre de plus en plus de crises de ce type chez des personnes plus jeunes). Il peut aussi se produire de manière beaucoup plus discrète, presque anodine, tout au long de nos vies quotidiennes à l'occasion d'expériences de frustration, pour autant que nous ayons, un jour, réalisé que nous n'étions pas seulement un bloc de conscience limité à l'identité de notre Masque.

Tandis que notre Masque est déstabilisé, nous ressentons un angoissant sentiment de perte de notre identité. Il ne s'agit en fait que de la chute, depuis son piédestal branlant, de ce Masque qui essaie d'être celui qu'il n'est pas et qu'il ne sera jamais. Cette perte de notre identité restreinte est la condition de l'accès à notre identité véritable, beaucoup plus authentique, infiniment plus vaste et inimaginablement plus belle, car imparfaite.

Au moment où j'écris ces lignes, j'admire les sommets de montagnes vert et gris qui se découpent sur un ciel bleu parsemé de gros nuages blancs. Si vous vous donnez la peine de fermer les yeux, vous verrez, vous aussi, ce paysage fait d'arêtes pointues, de lignes brisées et de courbes irrégulières. C'est magnifique. C'est la perfection de l'imperfection. Nous sommes comme ce paysage. Seul notre Masque tente de nous faire croire le contraire. Lorsque vous contemplerez cet imposteur, vous serez consterné de voir comme il est lisse et triste. Il est tout sauf la vie.

Au fil des années, d'expérience inconfortable en expérience inconfortable, sans nous en apercevoir, nous préparons les conditions de notre apprentissage du retour à l'unification de nous-mêmes. Nous créons nos crises. Comme si nous étions à la fois le maître et l'élève. Les situations que nous créons sont la classe où nous nous donnons notre leçon et l'inconfort est la sonnette d'alarme qui nous demande de gagner la classe pour suivre notre enseignement.

Notre Masque affaibli, nous pressentons que le véritable bonheur se trouve ailleurs et s'obtient autrement. Nous sommes alors disposés à écouter la voix de l'Unificateur en nous et celui-ci peut, enfin, envoyer son émissaire, l'Observateur, travailler à la surface de notre conscience.

À chacun sa réalité

Lorsque nous nous engageons sur le chemin de la réunification de nous-mêmes, notre inconscient – ce lieu où nous avons enfoui tout ce qui nous semblait inutile pour survivre dans le monde de la dualité – nous adresse des messages à la surface de notre conscience de manière parfois très subtile.

Ainsi, il nous arrive de reconnaître des signes dans les objets ou les événements de notre vie quotidienne, comme si nous donnions un sens à notre environnement dans le but de réorganiser nos pensées, nos croyances et donc notre conception de nous-mêmes et de la vie.

Dans cet état d'esprit, il nous semble que le hasard n'existe pas. Les coïncidences prennent une signification, l'enchaînement des événements semble répondre à une intention précise, le phénomène de la synchronicité envahit nos vies[1].

Si nous examinons les signes qui nous accompagnent sur notre route, nous constatons qu'ils participent à notre projet. À moins que ce ne soit notre projet qui se nourrisse de ces signes pour se rassurer, se fortifier et finalement se concrétiser. Comme si, ayant accepté d'abandonner une vision ancienne de nous et du monde, nous ouvrions les yeux sur des objets ou des gens qui constituent le paysage de la nouvelle vision que nous commençons à élaborer. Comme si nous sélectionnions certains constituants de notre environnement et pas d'autres afin de les placer

---

[1]. Beaucoup de gens ont tendance à attribuer une origine divine ou magique aux coïncidences de leur vie. Le fait de reconnaître un sens à un événement leur suffit à faire de cet événement un signe venant de l'extérieur. Personnellement, je crois que, le sens naissant dans notre pensée, le signe provient de l'intérieur de nous-mêmes et nous révèle notre projet le plus intime. Cette explication me paraît ne rien enlever à la magie de la vie, magie dont nous sommes et que nous sommes. Par ailleurs, les phénomènes de synchronicité étant souvent liés à des périodes de transformation, il se peut que la libération d'énergie psychique influence le monde physique et entraîne des attractions et des résonances entre la restructuration interne d'un individu et les événements extérieurs. À ceux qui souhaiteraient approfondir le sujet de la synchronicité, je recommande, outre l'excellent livre de David Peat, *Synchronicité. Le pont entre l'esprit et la matière*, Le Rocher/Le Mail, Monaco, 1988, la lecture du texte de Carl Gustav Jung, *Synchronicity. A Causal Connecting Principle*, Princeton, Princeton University Press, Princeton/Bollingen, Paperback Edition, 1973, ainsi que celle du livre de Robert Hopcke, *Il n'y a pas de hasard*, Paris, Robert Laffont, coll. « Réponses », 2000.

dans notre nouveau paysage et de faire prendre corps à la réalité que nous acceptons d'expérimenter. Ainsi, pour les uns, un événement particulier aura un sens et conditionnera la suite de leur vie alors que, pour les autres, il n'aura pas la moindre importance et donc n'influencera aucunement le cours de leur réalité.

Il m'arrive de rencontrer, lors des conversations psycho-spirituelles, des couples sur le point de se séparer. Lorsqu'ils me parlent de leur vie, chaque fois, je ne peux m'empêcher d'écarquiller les yeux, ébahi de constater que deux êtres humains qui ont vécu de nombreuses années ensemble, dans le même pays, dans la même ville, sous le même toit, entourés des mêmes amis et ayant conçu les mêmes enfants, peuvent raconter deux histoires complètement différentes, voire diamétralement opposées. À chacun sa réalité.

Il est troublant de se rendre compte que nous créons notre réalité en acceptant de reconnaître dans le monde ce qui permet de confirmer l'existence de cette réalité. Comme si toutes les réalités existaient simultanément. C'est nous qui choisissons d'en expérimenter une. C'est nous qui décidons des limites de notre expérience. Car tout est possible.

Dans cette perspective, notre inconscient, au travers des sens qu'il nous donne à reconnaître dans le monde, nous invite à développer toujours plus de conscience, donc toujours plus de réalité.

L'aventure de Christophe Colomb représente une jolie métaphore des limites dans lesquelles nous enfermons notre réalité. En effet, le marin génois était convaincu de la sphéricité de la Terre. Il en avait déduit pouvoir rallier les Indes en naviguant vers l'ouest. Personne ne le croyait. Tout le monde lui conseillait de suivre la route classique qui longeait les côtes de l'Afrique. Cependant, il osa suivre son intuition et expérimenter sa croyance. Au bout de son voyage, il débarqua sur une terre inexplorée. Il n'avait pas rejoint les côtes des Indes, il avait abordé une nouvelle contrée. En cabotant le long des côtes africaines, il n'aurait jamais élargi le champ de sa connaissance. En acceptant de faire confiance à sa conviction, il avait exploré bien plus qu'il n'aurait pu l'imaginer, il avait découvert une terre inconnue, un nouveau continent. Cela lui avait permis de déclarer : « On ne va jamais aussi loin que lorsqu'on ne sait pas où l'on va. »

Accepter de partir à l'aventure dans notre propre vie, c'est admettre que tout est croyance et faire taire la peur de ne plus pouvoir exister en dehors de l'image que nous avons de nous-mêmes et du monde. C'est la condition pour que nous puissions, nous aussi, découvrir une terre inconnue. Ce continent-là porterait notre propre nom. Comme l'enfant est obligé de le faire dès le premier jour de sa vie, nous devrions explorer le monde sans avoir besoin de points de repère et de références. Car les points de repère et les références fixent le cadre de notre exploration. Ils nous projettent dans des attentes et, nous l'avons vu, nos attentes créent des cercles vicieux d'où il est très difficile de sortir pour poursuivre notre exploration sans frontières. Cela nécessite d'expérimenter le monde dans l'instant, en restant disponible et ouvert à ce que la vie nous propose seconde après seconde. Sans fixation par rapport au passé, sans attente par rapport au futur. Nous n'avons jamais appris à le faire et, pourtant, nous tenons là le secret de notre véritable bonheur.

Les messages de notre inconscient
(le rêve de Béatrice)

Souvent, au cours de notre travail de réunification de nous-mêmes, notre inconscient se manifeste au cours de notre sommeil, sous les formes métaphoriques du rêve. Il utilise sans doute ce langage symbolique afin de ne pas nous troubler de manière trop violente car le sage en nous sait qu'il nous faut parfois du temps pour abandonner nos croyances et nos illusions. C'est un travail délicat et profond. Mais lorsque le processus est enclenché, quelle que soit sa vitesse, on ne peut l'arrêter.

Béatrice est une femme de quarante-cinq ans, mariée et mère de trois enfants, qui vient me voir car sa vie sociale, bien que très remplie, lui semble très pauvre et elle souffre d'un manque de contact véritable avec son mari, sa famille et ses amis. Elle se sent prisonnière de son image de parfaite épouse et de parfaite mère et elle n'ose plus dire qui elle est vraiment. Simplement parce que, me dit-elle, elle ne sait plus qui elle est. Elle ressent une immense culpabilité et un insupportable sentiment de nullité. Comme vous le constatez, au moment où je la rencontre, le Masque de Béatrice est déjà déstabilisé et elle commence à douter de son identité. Ne parvenant plus à jouer avec conviction le rôle que son Masque a tenu durant des années, elle a peur de ne plus pouvoir obtenir (« mériter », me dit-elle) l'amour de son mari, l'affection de sa famille et la reconnaissance de ses amis. Incapable de se procurer ce dont elle a besoin, elle se juge et elle perd l'estime d'elle-même. Elle est déprimée. Elle n'a pas encore découvert le Séparateur et l'Unificateur en elle.

Quelques jours après notre première conversation, Béatrice fit un rêve étrange dans lequel elle se voyait marchant dans la boue, sous une pluie battante, en train de suivre une procession funéraire. Devant elle, juste derrière la charrette qui transportait le cercueil, elle reconnut un couple d'amis que, dans la réalité, elle appréciait énormément. Elle me décrivit ce couple d'amis en précisant que la femme était une personne très fine, perspicace et psychanalyste de profession et que l'homme était un homme d'affaires impressionnant au premier abord, mais, contrairement aux apparences, très ouvert et compréhensif. Soudain, une voix s'éleva depuis le cercueil devant eux et s'exclama en désignant le couple de ses amis : « Ce sont des assassins ! » Béatrice se rappelait avoir été troublée par ce cri et elle ne comprenait pas pourquoi ce couple d'amis, qu'elle aimait beaucoup, était accusé d'assassinat. Elle s'était sentie coupable d'avoir rêvé une telle absurdité. Mais la voix se manifesta à nouveau, de manière plus violente. « Ce sont mes assassins ! » précisa-t-elle, toujours en désignant le couple d'amis. Le cortège funéraire arriva alors au bord d'une fosse au fond de laquelle on descendit le cercueil. Il y avait une pluie diluvienne, et des torrents de boue coulaient au fond du trou. La voix s'écria une nouvelle fois : « Ce sont mes assassins, ils m'ont tué ! » Ne pouvant se résigner à admettre la culpabilité de ses amis, Béatrice sauta par-dessus la fosse et, comme par enchantement, elle se retrouva au sommet d'une crête ensoleillée. Elle entendit alors une musique qui montait depuis le fond de la vallée. Les fifres et les tambours l'invitaient à une immense fête. Elle dévala la pente au milieu des fleurs et des papillons et elle se réveilla de très bonne humeur bien que profondément ébranlée par son rêve.

Lors de notre conversation, Béatrice découvrit la beauté et la pertinence du message que son inconscient lui avait adressé. La voix qui criait depuis le cercueil n'était autre que celle de son Masque. Il était mort, assassiné par ce couple dont Béatrice disait que la femme possédait la qualité d'analyser les choses avec finesse et que l'homme était ouvert et compatissant. « Tout voir et ne rien juger », la devise de l'Observateur en nous, celui qui permet la dissolution de notre Masque, l'assassin de notre fausse identité. Ainsi, lorsque Béatrice avait décidé de sauter pardessus le trou où gisait son Masque sans vie, symboliquement, elle avait accepté d'élargir le champ de sa réalité. Elle ne croyait plus à la vision du monde que son Masque lui imposait. Elle ne voulait plus écouter les conclusions erronées que le Séparateur en elle avait tirées à propos de la vie. Elle était prête à rejoindre la fête joyeuse organisée par l'Unificateur. Elle voulait participer à la danse de la vie.

Le travail de l'Observateur

L'Observateur est cette partie de notre conscience, évoluée et mature, qui peut nous aider à retrouver notre unité à l'aide des lois du monde de l'unité, une sorte d'émanation de l'Unificateur en nous qui aurait pour tâche d'accepter toutes les parties de nous-mêmes et de les porter à la surface de la conscience. Quand je parle de toutes les parties de nous-mêmes, j'y inclus non seulement les aspects que nous avons refoulés et enfouis dans le Sac à déchets de notre inconscient mais aussi le Masque, le Séparateur et l'Unificateur qui, tant qu'ils n'ont pas été observés et acceptés dans leur entièreté, restent des parties de nous-mêmes ignorées et inconscientes.

L'Observateur est donc notre meilleur ami, celui qui voit tout et ne juge rien. Comme un témoin bienveillant de nos contradictions intimes, il possède les qualités de l'objectivité et du détachement ainsi que celles de l'amour et de la compassion. Il ne fait aucune différence entre le bien et le mal car il accueille tout ce qui est dans la conscience. Il vit dans le présent, posant sans cesse la question : « Que se passe-t-il, ici et maintenant ? »

Tout voir
(le travail de l'honnêteté totale avec soi)

Réalisant que notre Masque est incapable de nous conduire à l'expérience de l'unité, donc au bonheur, nous laissons l'Observateur commencer son travail. Celui-ci aura pour tâche de démasquer la négativité cachée derrière les prétendues qualités de notre image idéalisée. Ainsi, l'amour affiché par le Masque de l'amour est en réalité soumission et dépendance, le pouvoir affiché par le Masque du pouvoir n'est que de l'agression et du contrôle, le détachement affiché par le Masque de la sérénité se révèle être une fuite inavouée.

Les fausses qualités de nos masques sont en fait l'expression des caractéristiques du Séparateur : l'amour-soumission-dépendance du Masque de l'amour exprime la peur du Séparateur, le pouvoir-agression-contrôle du Masque du pouvoir révèle la volonté égoïste du Séparateur et le détachement du Masque de la sérénité cache la fierté et l'orgueil du Séparateur.

Observant cela, nous risquons de connaître le vertige, tant, tout à coup, nous nous révélons bien plus vastes et complexes que nous ne l'avions imaginé.

La conscience humaine prend soudain l'aspect d'un oignon dont, vous le découvrirez plus loin, nous n'avons pas fini de peler les couches. Pourtant, ce travail d'observation est indispensable si nous voulons changer nos comportements car il nous est impossible de transformer une partie de nous-mêmes sans l'avoir regardée, comprise et acceptée.

On me dit souvent qu'il paraît contradictoire de vouloir transformer un aspect de nous-mêmes alors qu'il nous faut l'accepter. Cependant, acceptation n'est pas synonyme d'auto-indulgence. Accepter ne veut pas dire intégrer et promouvoir. Accepter signifie, tout simplement, ne pas juger négativement. Car si nous jugeons négativement nous aurons tendance à éliminer, refouler et cacher. Et comment pourrions-nous transformer quelque chose dont nous nierions l'existence ?

Ne rien juger
(le travail de l'acceptation totale de soi)

Le jugement est l'occupation favorite de notre Séparateur. Pour lui, tout doit être classé en gratifiant ou non gratifiant, plaisant ou non plaisant, bon ou mauvais, bien ou mal. Le standard de référence de ce juge sans appel n'est autre que le Masque qu'il a créé, notre image idéalisée et irréaliste que nous véhiculons dans le monde afin d'obtenir des autres notre retour à l'état d'unité. Comme nous l'avons vu, juger n'est pas observer puisque, en jugeant qui nous sommes, nous nions notre négativité. Et notre négativité est précisément l'objet du travail de transformation que nous avons entrepris.

Les jugements négatifs que nous pouvons avoir à propos de ce que nous observons ne sont que les voix du Séparateur en nous, ces voix parentales intériorisées depuis notre tout jeune âge. Celles-ci nous rappellent les lois rigides et les codes autoritaires du monde de la séparation. « Tu devrais », « Tu dois », « Il faut », « Qui crois-tu être ? », « Il aurait fallu ». Ces voix parentales intériorisées nous figent dans une structure mentale destinée à nous aider à perpétuer notre image idéalisée de nous-mêmes et, de là, notre vision dualiste du monde. Cette vision que nos parents, tant qu'ils n'ont pas eux-mêmes permis à leur Observateur de faire son travail, continuent à nous présenter comme la seule et unique possible.

Ne pas porter de jugement ne signifie pas que nous devions nous interdire toute opinion sur les faits que nous observons. Ainsi, en observant l'intention – unificatrice ou séparatrice – cachée derrière nos pensées ou nos actions, nous ressentirons rapidement la nature de l'énergie qui coule en nous. Tantôt nous serons plongés dans un état fluide et joyeux, tantôt nous expérimenterons une sensation froide et figée. Il ne nous restera plus qu'à choisir.

Détecter notre perfectionnisme

La première étape du travail de l'Observateur devrait être d'observer le perfectionnisme qui nous motive. Notre perfectionnisme n'est rien d'autre que la volonté qu'a notre Masque de maintenir l'image idéalisée qu'il représente.

Au cours de notre travail psychologique et spirituel, nous nous surprendrons plus d'une fois en train de nous juger. Si nous avons développé un Observateur efficace, celui-ci parviendra vite à détecter cet auto-jugement. Il nous arrivera peut-être de douter de notre capacité à réussir notre travail de réunification de nous-mêmes, il nous arrivera sans doute de perdre espoir et nous aurons tendance à dénigrer la lenteur que prend notre processus de conscience. Parfois une petite déviation en dehors du chemin psycho-spirituel que nous nous sommes fixé, une insignifiante et innocente « erreur », prendra des proportions telles que nous serons paralysés dans notre jugement durant plusieurs jours. Le danger est, alors, de perdre la fausse estime de soi et de sombrer dans la dépression. Observer que l'on se juge sans avoir de jugement par rapport au fait que nous nous sommes jugés. Ce n'est pas facile, cependant, c'est le seul moyen d'échapper à l'emprise de notre Masque.

Notre véritable erreur est de vouloir nous tracer un chemin. Nous oublions que la vie est une aventure imprévue et que, si nous voulons y goûter pleinement, nous devons nous laisser surprendre par elle, respecter ses rythmes et ne jamais oublier qu'il nous faut du temps et de l'espace pour exister dans cette dimension. Car c'est grâce au temps et à l'espace que nous pouvons discerner qui nous sommes.

Abandonner notre perfectionnisme est le moyen le plus sûr de parvenir à l'objectif que nous poursuivons. Ainsi, nous pouvons nous accepter tels que nous sommes, Séparateur et Unificateur, et, si nous nous jugeons de temps à autre, nous n'aurons alors qu'à l'observer et à constater que nous sommes aussi un Masque. Car, vous commencez sans doute à vous en rendre compte, nous n'avons pas fini de peler les couches de l'oignon de notre conscience !

Détecter nos conclusions erronées

Lorsque nous approfondissons l'observation de qui nous sommes et que nous acceptons de pénétrer plus profondément dans les strates de notre conscience, nous constatons parfois que nous vivons certains types d'événements de manière répétitive ou que nous rencontrons souvent le même genre de personnes qui nous causent du trouble et de l'insatisfaction. Lorsque c'est le cas, soyons-en assurés, il y a là l'une de nos croyances qui œuvre dans l'ombre !

De la même manière, lorsque nous avons l'impression que nous sommes bloqués dans une situation et que, désespérés, nous ne nous pensons pas capables d'y remédier, nous trouverons toujours l'une de nos conclusions erronées pour justifier notre défaitisme. Plus notre impuissance nous paraîtra inéluctable, plus la conclusion erronée qui sera responsable de notre désespoir se révélera profondément ancrée dans la vision que nous avons de la vie. Nous nous entendrons alors justifier notre manque de confiance en prononçant des généralisations du genre : « Tous les êtres humains sont… », « C'est toujours comme cela que… », « La vie est… », « Si…, alors… », « C'est jamais… ».

Ces conclusions erronées ne sont que les productions du Séparateur en nous qui, déçu de ne pas retrouver son unité dans un monde de dualité, encourage le Masque à trouver des stratagèmes efficaces pour parvenir à ses fins.

Il est troublant de découvrir à quel point ces pensées immatures, nées au cours de notre enfance, continuent d'influencer notre esprit adulte et conditionnent un grand nombre de nos comportements.

Ainsi, nos difficultés d'adulte sont enracinées dans la logique inconsciente de notre enfance, et tant que nous n'en avons pas conscience, enfermés dans les cercles vicieux négatifs de notre pensée, nous recréons les expériences négatives du passé. Il nous sera donc nécessaire d'explorer notre pensée enfantine pour comprendre comment nos conclusions erronées à propos de la vie sont devenues notre expérience quotidienne et, donc, notre réalité.

Nous découvrirons alors que la confirmation de nos croyances, par les expériences que nous créons, nous conforte dans notre vision du monde et nous rassure dans notre conception étroite de la vie. Exactement comme si Christophe Colomb, ayant abandonné son projet de navigation vers l'ouest pour suivre la route vers l'est établie par ses prédécesseurs, avait conclu qu'il avait eu raison d'être prudent puisqu'il avait réussi à rallier les Indes en longeant les côtes africaines. Je pense ici aux nombreuses personnes que j'ai rencontrées qui, sur la base de leur conclusion erronée : « Je ne mérite pas », ne créent pas d'abondance dans leur vie ou, parce qu'elles pensent : « Mes besoins ne seront de toute façon pas comblés », préfèrent ne plus demander pour éviter le refus redouté.

Observez, et vous finirez par identifier de tels mécanismes à l'œuvre en vous. Car personne, absolument personne, n'échappe au pouvoir des croyances. Vous les rencontrerez non seulement dans vos pensées intimes, mais aussi dans les idées transmises de génération en génération au sein de votre famille, dans les fondements de notre culture, qu'elle soit orientale ou occidentale, scientifique ou magique et, enfin, au cœur même de notre conscience collective où nous croyons que l'espèce humaine est supérieure et séparée du restant du monde vivant.

Devenir la conscience de nous-mêmes

En nous identifiant à l'Observateur plutôt qu'à notre Masque, nous devenons la conscience de nous-mêmes. En effet, nous ne sommes pas celui qui est observé, mais bien celui qui observe. Nous ne sommes pas l'objet d'une connaissance, nous sommes la connaissance. Cet état d'être devrait nous sembler infiniment plus désirable que celui de l'ignorance, même si ce que nous observons n'est pas toujours ce que nous attendions. Vivre dans la réalité est certainement plus juste que rester dans l'illusion, même si la réalité que nous découvrons est parfois douloureuse. Dans la réalité, nous retrouvons notre véritable pouvoir sur la vie. Libérateurs de la pulsation vitale qui sépare et qui unit, nous redevenons des créateurs de vie. Nous ne risquons plus de perdre la seule chose que nous pouvions réellement perdre, c'est-à-dire nos illusions.

Accéder à l'amour véritable

L'honnêteté totale envers nous-mêmes et l'acceptation entière de nous-mêmes constituent la clé qui nous ouvre le chemin conduisant à l'amour véritable, à l'amour de soi et à celui des autres. En effet, comment pourrions-nous apprendre à aimer inconditionnellement les autres, sans aveuglement, sans indulgence et sans dépendance, si nous n'apprenons pas à nous aimer nous-mêmes avec objectivité et compassion ?

L'ouverture du Sac à déchets de notre inconscient

Nous sommes tout ce que nous ne montrons pas

Dès nos premiers contacts avec la réalité matérielle, le Séparateur en nous a tenté de réduire l'inconfort chaotique du monde en créant, de conclusion erronée en conclusion erronée, une image parfaite de nous-mêmes, afin d'obtenir l'amour des autres, c'est-à-dire, dans sa vision duelle du monde, l'accès au confort.

Occupé à façonner nos Masques d'amour, de pouvoir ou de sérénité, le Séparateur jugeait certains aspects de nous-mêmes absolument inappropriés à notre adaptation au monde. Ainsi, au fil de nos expériences, influencé, négativement nous l'avons vu, par ses croyances, emporté dans un cercle vicieux motivé par sa quête d'adaptation parfaite, le Séparateur reléguait toute une série d'émotions et d'aspirations dans le Sac à déchets de notre inconscient, cet endroit de nous-mêmes destiné à ne plus jamais être visité, ni par nous ni par les autres. C'était sans compter sur la pulsation vitale qui contient non seulement un élan séparateur, mais aussi une force unificatrice. C'est elle qui régulièrement ouvre les cordons du Sac à déchets de notre inconscient pour nous montrer l'autre face de nous-mêmes, celle que nous sommes réellement et que nous ne montrons pas.

Si nous acceptons de contempler le contenu de notre Sac à déchets, nous y découvrirons, par exemple, de la colère, jugée excessive et non efficace, ou de la sensibilité, jugée exagérée et inutile. Ces « défauts » sont, en réalité, des aspects de nous-mêmes que le jugement du Séparateur en nous a qualifiés péjorativement. En nous permettant de les observer, l'Unificateur nous offre la possibilité de les réintégrer dans la conscience que nous avons de nous-mêmes et de reconstituer notre unité.

Décrypter la symbolique de nos jeux et de nos rêves

Les occasions d'observer les aspects de nous enfouis dans le Sac à déchets de notre inconscient sont nombreuses, cependant, nous ne les saisissons pas toujours, soit que nous ne les repérons pas, soit que nous préférons rester cachés derrière notre image idéalisée. Nos rêves sont un lieu particulièrement privilégié où nous pouvons, à travers la symbolique de l'inconscient, reconnaître les faiblesses ou les défauts rejetés par le Séparateur.

Le monde matériel est le lieu d'expression symbolique de l'énergie séparatrice tandis que le monde du rêve est l'occasion de l'expression symbolique de l'énergie unificatrice ; il n'est dès lors pas étonnant que l'Unificateur utilise le langage du rêve pour nous mettre en contact avec les aspects de nous-mêmes que le Séparateur a exclus du monde de la dualité. Cet aspect du modèle de la conscience humaine que nous découvrons ensemble me paraît très important ; nous en discuterons plus loin dans le chapitre intitulé « Et si la vie était un rêve… ». La nuit, alors que nous dormons, nous utilisons les objets et les gens que nous connaissons le jour au sein de la réalité physique pour donner vie à cette autre partie de nous-mêmes que le Séparateur refuse de voir s'exprimer lorsque nous sommes en état de veille. Le décryptage de la symbolique de nos rêves devient donc un outil précieux si nous voulons observer qui nous sommes entièrement.

De la même manière, nos jeux, nos fantasmes et notre sexualité sont aussi un lieu de contact avec notre inconscient. Si nous nous donnons la peine d'en observer le contenu, objectivement et sans préjugé, nous découvrirons, là aussi, que nous sommes bien plus vastes et complexes que notre Masque tente de le faire croire au monde. Dès que nous jugerons l'un des aspects que nous mettons en évidence, nous le refoulerons automatiquement. En jugeant, nous renions donc une partie de nous-mêmes. Essayer de cacher ce que nous croyons être notre imperfection, c'est comme dissimuler notre beauté. Il s'ensuit un malaise, voire une souffrance, car personne n'aime être trahi par soi-même !

Lors de mes conversations psycho-spirituelles, j'entends souvent mes interlocuteurs me prévenir que ce qu'ils ont à me confier est inavouable, inacceptable, intolérable. Je leur réponds toujours que ce qu'ils ont à me dire est, un point, c'est tout !

Je me rappelle, en particulier, Édouard, un homme de trente ans qui, après des heures de descente dans les méandres de sa conscience, était sur le point de me *dire* son penchant pédophile. J'insiste sur le mot « dire » car je ne me permettrais jamais d'utiliser le verbe « avouer ». Dans « avouer », il y a une notion de faute et dans « faute » il y a un jugement. Or c'est là que le sens du travail d'Édouard (et de mon rôle d'accompagnement dans ce travail) pouvait changer de manière décisive. Observer n'est pas juger. Observer est accepter et accepter, c'est permettre de transformer. Édouard fut troublé par cette absence de jugement. Dès lors, il se permit d'abandonner le jugement qu'il avait sur lui-même, ce qui était la condition pour qu'il puisse accepter de partir à la recherche des conclusions erronées de son enfance, ces croyances qui l'avaient conduit à des comportements distordus et non épanouissants.

Fermez les yeux quelques instants et donnez-vous la peine de réfléchir à un aspect de votre vie qui vous trouble. Dans votre travail ? À la maison ? Votre rapport avec l'argent ? Un aspect de votre vie sexuelle ? Un secret de famille ? De la jalousie ? De l'envie ? De la colère ? Voyez comme il est difficile de ne pas porter de jugement sur l'objet de notre trouble. Combien de temps arrivez-vous à poursuivre votre réflexion sans la bloquer par une justification ? Une justification veut dire qu'il y a quelque chose à justifier. Quelque chose qui nécessite une justification est forcément une chose sur laquelle nous portons un jugement. Arrêtez ! Ce n'est ni bien ni mal. C'est vous ! Si l'aspect qui vous trouble ne vous apporte pas le bonheur, soyez confiant, tant que vous accepterez que c'est vous, vous pourrez le transformer. C'est ce que j'appelle : reprendre sa responsabilité. Amusant, non ? Nous y reviendrons, rassurez-vous. Et si cela peut vous aider dans votre méditation, rappelez-vous : nous sommes tous les mêmes !

L'autre est notre miroir (le rêve de Thierry)

Que nous soyons tous les mêmes est une évidence à laquelle nous n'avons accès que lorsque nous commençons à entrevoir l'immensité et l'aspect tortueux de notre propre conscience. Alors, seulement, parce que nous avons appris à nous observer objectivement et sans jugement – c'est-à-dire à voir la réalité –, nous pouvons regarder les autres comme ils sont vraiment. Ayant appris à reconnaître et à aimer tout ce que nous sommes, nous devenons capables de respecter et d'aimer tout ce que les autres sont. Plus nous nous serons réconciliés avec les différentes parties de nous-mêmes, plus il nous sera facile de nous réconcilier avec les autres. Cela peut vous paraître abstrait, pourtant, cela marche. Essayez, vous ne risquez rien. Après tout, la vie n'est-elle pas une expérience ?

Il a quelques années, alors que je traversais une période riche en processus psychiques et spirituels, je fis un rêve merveilleux. L'action se déroulait dans un restaurant où j'entrais en compagnie d'une amie. Assis à une table, un homme mangeait, seul. Je le reconnus immédiatement puisqu'il s'agissait d'un antiquaire qui vivait dans la même ville que moi. Je me souviens d'avoir été surpris de rencontrer ce personnage dans mon rêve, car c'était quelqu'un que je n'appréciais pas, étant donné une tendance chez lui à médire et à amuser les autres par les descriptions acerbes qu'il avait l'habitude de faire de ses confrères. Je passai donc à côté de lui sans le saluer et je m'installai, en compagnie de mon amie, à une table éloignée de la sienne. Un détail retint mon attention : j'avais choisi de m'asseoir de façon à être face à l'antiquaire. Aussitôt, je me mis à expliquer à mon amie les défauts de cet homme en des termes violents et ironiques. Soudain, je perçus dans les yeux de mon amie sa pensée à mon égard. C'était évident, j'étais en train de faire exactement la même chose que ce que je reprochais à l'antiquaire. Horrifié par cette prise de conscience, d'un bond, je me levai et je me précipitai à la table de l'antiquaire pour l'embrasser affectueusement avant de me réveiller en sursaut. Je venais d'assister, en direct, au dialogue constructif entre mon Masque (moi qui blâmais) et l'Unificateur en moi (moi qui pardonnais et embrassais l'antiquaire) sous l'œil bienveillant de l'Observateur (mon amie). J'étais prêt à réintégrer une partie de moi dans ma conscience sans plus devoir la projeter sur un autre pour la discerner.

Lorsque la vague d'énergie unificatrice du pouls vital agit en nous et pousse à la surface de notre conscience les « défauts » que le poids de l'énergie séparatrice tente d'étouffer au fond du Sac à déchets de notre inconscient, notre Masque se défend souvent en projetant ces « défauts », sur les autres. Bien sûr, il y a chez les autres des raisons qui permettent d'identifier ces « défauts », cependant, si nous sommes capables de les reconnaître chez autrui, c'est que nous les connaissons de l'intérieur avant. Ne vous est-il jamais arrivé de dénoncer et de blâmer (vous vous rappelez que c'est l'un des modes d'expression favoris de notre Masque) un autre, par exemple, à cause de sa rigidité de pensée ? Moi, si. Avez-vous fait l'effort de vous demander si votre merveilleuse ouverture d'esprit n'était pas une façade qui cachait un besoin d'être aimé et reconnu, en clair, une stratégie de votre Masque ? En vous observant, vous serez peut-être surpris de la violence de votre réaction. Dites-vous que plus le « défaut » que vous dénoncez chez l'autre est un aspect refoulé de votre personnalité, plus vous aurez à cœur de le condamner chez l'autre. Juger un trait de caractère chez l'autre n'est-il pas justement la preuve d'un manque d'ouverture d'esprit ? Vous venez de vous donner la preuve par l'absurde que la rigidité existe en vous aussi. Comme nous sommes alambiqués, n'est-ce pas ? Je vous recommande de faire cet exercice le plus souvent possible, vous serez stupéfait de constater combien de fois nous nous condamnons en condamnant les autres.

Rappelons-nous, un instant, l'histoire de Rosa qui s'étonnait de l'agressivité qu'elle exprimait à l'égard de son nouveau collègue de bureau à qui elle reprochait une ambition démesurée (p. 31).

Nous sommes les miroirs les uns des autres. C'est la beauté des relations humaines. C'est la magie de notre travail collectif de conscience. Comme si, dans cette dimension de la vie, où l'espace et le temps nous permettent de discerner le contenu de notre conscience, les êtres humains n'étaient que l'expression de certains aspects de celle-ci, se contemplant tous les uns et les autres afin de reconnaître chez l'autre les aspects encore non exprimés de soi.

Comme dans la métaphore de l'hologramme (p. 36), l'information de tout étant contenue dans tout, ne sommes-nous pas la somme de toutes les potentialités ?

Puisque nous sommes tous pareils, autant que je vous parle de moi. La première fois que j'ai véritablement intégré le sens de ce que je viens de vous expliquer, j'avais vingt-cinq ans. J'étais atteint, alors, d'un mal que l'on appelle la jalousie sentimentale. Je vivais avec un ami et notre relation était empoisonnée par mes suspicions intempestives quant à sa fidélité. Je souffrais énormément mais je ne pouvais m'empêcher de le suspecter. Tout était devenu prétexte à lui faire un procès d'intention sous des formes, il faut le dire, un peu hystériques. Jusqu'au jour où, je ne le remercierai jamais assez pour ses paroles, il se retourna brusquement et me dit froidement que si j'avais tant de suspicions à son égard c'était peut-être parce que je n'étais pas aussi certain de mes intentions que je l'affirmais. Cela peut paraître simple, mais je vous assure qu'après observation de la face cachée de moi-même je fus guéri de ma maladie, je l'espère, pour toujours.

Le couple, par la constance et la profondeur des rapports qui unissent ses protagonistes, est un lieu privilégié pour apprendre à réintégrer la partie cachée de soi et, une fois réconcilié avec soi-même, commencer à aimer l'autre comme il est.

Cependant, le couple est aussi le lieu paradoxal où, l'autre étant un miroir tellement réfléchissant de nous-mêmes (ne dit-on pas « qui se ressemble s'assemble » ?), nous éprouvons souvent les plus grandes difficultés à admettre nos erreurs et à communiquer nos attentes.

Beaucoup d'entre nous, que ce soit dans leur vie sentimentale, amicale ou professionnelle, croient pouvoir échapper à la confrontation avec l'entièreté d'eux-mêmes en s'échappant de la relation. C'est une illusion, car, tant que l'on n'a pas accru la conscience de qui on est, on ne change pas et, si on ne change pas, on attire à soi les mêmes types de personnes pour expérimenter une nouvelle fois la nécessité de se réunifier. Cela se produit toujours. Comme si la conscience, qui est énergie, fonctionnait en accord avec les lois de l'attraction électromagnétique. C'est ce que les Orientaux appellent le karma. Je dirai que c'est la générosité de la vie qui nous offre sans compter la possibilité d'apprendre, tant que nous en avons encore besoin.

L'histoire de Marie (p. 61) en est une illustration dramatique. Rappelez-vous : fatiguée de porter son Masque du pouvoir, Marie décida de le troquer contre le Masque de l'amour. Ayant épousé un homme portant un Masque du pouvoir, très vite, elle se mit à blâmer les aspects du pouvoir qu'elle voyait chez son mari. Cette réaction était prévisible puisque Marie avait elle-même renié son Masque du pouvoir qui l'avait épuisée durant tant d'années. Sans le savoir, elle était devenue une sorte d'expert en pouvoir et donc très capable de le détecter chez les autres. Comme elle avait jugé ce pouvoir chez elle, il était inévitable qu'elle le juge chez son mari. Tant qu'elle n'avait pas compris que derrière son Masque d'amour grondait le Masque du pouvoir qu'elle avait renié, Marie était incapable de continuer à vivre avec son mari. Elle divorça donc, ce qui lui permit de revivre derrière son Masque du pouvoir. Mais, à nouveau fatiguée par le combat permanent que celui-ci lui faisait mener, elle décida de reprendre son Masque de l'amour. Elle choisit donc un nouvel homme de pouvoir. Et l'histoire repartit pour un tour. Jusqu'au jour où Marie tomba malade.

Sous des formes parfois plus simples, vous trouverez certainement un grand nombre d'exemples de ce type dans votre vie quotidienne.

Les ruptures pourraient donc être évitées ? Bien entendu ! Cependant, il n'y a pas de jugement à tenir à propos de leur existence. Ce sont des expériences de vie qui, comme toutes les expériences, ont un sens si nous voulons bien les considérer comme des leçons que nous créons pour apprendre. Une rupture est parfois le seul moyen que nous trouvions pour prendre le recul nécessaire à l'élévation de notre niveau de conscience par rapport à nous-mêmes et à notre vision de la vie. Si c'est le cas, alors nous pouvons espérer construire un futur plus proche de nos aspirations profondes. Dommage, me disent certains. Je leur réponds que non. Car la vie est un fleuve dont nous sommes les molécules d'eau, et, comme l'eau, la vie est fluide. Comme une molécule d'eau, sans cesse, nous nous lions, nous nous délions et nous nous relions aux autres molécules d'eau. Comme les molécules d'eau nous sommes tous les mêmes et, chaque fois que nous nous lions à une autre molécule, c'est pour admirer une partie de notre reflet en elle. Ainsi, même lorsque nous avons compris les raisons d'une rupture sentimentale, si nous nous engageons dans une nouvelle relation, soyons-en certains, ce sera pour apprendre une autre partie de nous-mêmes.

Il en va de même pour les ruptures professionnelles. Rompre n'est pas négatif à condition de commencer un travail pour comprendre les raisons de la rupture. À cette condition, rompre peut signifier la conclusion d'un apprentissage. Mais ne l'oubliez jamais : les leçons sont infinies. Lorsque nous avons fini d'en apprendre une, il y en a toujours une autre qui nous attend.

Lorsque nous pensons au contenu du Sac à déchets de notre inconscient, nous croyons n'y trouver que des « défauts ». Nous nous trompons. L'enfant que nous avons été a parfois estimé devoir cacher certains aspects très positifs de lui-même dans le but de se fabriquer un Masque parfaitement adapté. Par exemple, nous pouvons très bien avoir relégué aux oubliettes de notre inconscient notre sens de la maîtrise et de l'organisation simplement parce que nous avons grandi au contact de parents qui nous donnaient des preuves d'amour en exerçant leur maîtrise et leur pouvoir d'organisation sur notre vie. Ainsi, plutôt que de risquer de ne plus recevoir l'amour confort de nos parents, nous avons pu décider de nous montrer à eux dans un état de besoin et développer un Masque de l'amour synonyme de dépendance.

Je me rappelle, ici, l'histoire de Madeleine, une femme de soixante-quatre ans, qui venait de perdre son mari. Elle était effondrée, inconsolable. Un jour, au cours de l'une de nos conversations, elle me confia son angoisse à l'approche de l'échéance de la rédaction de sa déclaration d'impôts. Jamais, jusqu'alors, elle ne s'était souciée du moindre problème administratif. Son mari était l'homme de la situation. À présent qu'il était décédé, Madeleine ne savait pas à qui s'adresser. Je lui proposai d'apporter, lors de notre prochaine entrevue, sa déclaration d'impôts afin qu'elle la remplisse. Elle afficha un large sourire.

La semaine suivante, Madeleine me remit les documents à remplir en me remerciant de lui rendre « ce service ». Je lui répondis qu'elle n'avait pas bien compris. C'était elle qui allait remplir sa déclaration d'impôts. Pas moi. Madeleine fut prise de panique et elle se mit à pleurer, évoquant le chagrin que lui causait la disparition de son époux. Après quelques exercices respiratoires, Madeleine prit le stylo que je lui tendais et, une heure plus tard, elle avait rempli le document. Dans l'instant, quelque chose changea en elle. Comme si une énergie nouvelle l'habitait. Elle était lumineuse. Madeleine avait récupéré son pouvoir.

Durant plus de quarante ans, elle avait abandonné ce pouvoir à son mari et, avant lui, à ses parents. En remplissant sa déclaration d'impôts, elle avait accepté de sortir, du fond de son Sac à déchets, ses capacités de maîtrise et de rigueur. Elle venait de se prouver qu'elle pouvait se donner elle-même ce dont elle avait réellement besoin. Elle était réunifiée et cela se voyait.

Ce qui avait séduit Madeleine chez son mari, c'était précisément les qualités qu'elle avait reniées en elle. Sans en être consciente au moment de son mariage, elle avait sans doute choisi cet homme pour apprendre à s'en passer un jour. Elle avait rempli son contrat avec elle-même. Je lui demandai de se dire merci pour cela.

Quelques mois plus tard, Madeleine me déclara qu'en développant en elle les qualités qu'elle appréciait chez son époux non seulement elle s'aimait elle-même un peu plus, mais aussi elle continuait à faire vivre l'homme qu'elle avait aimé. Existe-t-il une plus belle preuve d'amour ?

Si nous projetons le contenu de notre Sac à déchets sur les autres, nous voyons quels sont nos déchets, mais certainement pas qui sont les autres. Pas plus que nous-mêmes, d'ailleurs. Nous sommes donc dans l'illusion. De la même manière, lorsque nous faisons l'objet d'une projection de la part d'autrui, que nous soyons un bouc émissaire porteur de tous les défauts ou un ange adulé pour ses merveilleuses qualités, si nous nous laissons prendre au piège de la réalité de l'autre, nous risquons aussi de plonger dans l'illusion.

Vous le constatez comme moi, l'illusion est plus présente dans nos vies que la réalité !

Notre passé au présent

Au cours de notre travail d'observation, nous serons souvent surpris de constater la violence de certaines de nos réactions. Non pas que celles-ci soient influencées par notre travail psycho-spirituel, mais simplement parce que nous devenons un peu plus conscients de nos comportements.

Nous réagissons parfois de manière disproportionnée à des faits totalement anodins. Michel, un homme de quarante ans, me confia un jour qu'il ne supportait absolument pas qu'on lui touche les cheveux. Il s'interrogeait sur la raison d'une telle défense chez lui. Je lui conseillai de chercher dans son enfance. Ému, il se rappela que, lorsqu'il était un petit garçon, son père avait l'habitude de le conduire à la cave en le tirant par les cheveux pour le punir de ses bêtises. Je lui expliquai alors que sa réaction était le fait d'un transfert d'une émotion-réaction de son passé dans son présent et je le rassurai en lui disant que tous les humains vivaient ce genre de transfert la majorité du temps de leur vie. Vous avez bien lu : la majorité du temps de notre vie ! Presque tout le temps ! Cela paraît incroyable, et pourtant…

Enfants, alors que nous vivions nos premières expériences dans le monde, nous n'avons pas de points de repère ni de références de comparaison. Aussi, très vite, nous l'avons vu, le Séparateur en nous a établi un classement de ce qui est « bon » et « pas bon ». De ce fait, nous disposons d'une échelle de valeurs à laquelle nous nous référons tout au long de notre vie. Dès lors, notre relation aux objets et aux personnes est profondément influencée par nos critères de référence. Chaque expérience de l'enfance étant associée à une émotion particulière (rappelons-nous qu'avant de développer son mental l'enfant est un être fonctionnant sur les modes de la sensation et de l'émotion), lorsque, devenus adultes, nous rencontrons un objet, une personne ou une situation évoquant notre enfance, nous ressentons la même émotion que celle qui était associée à l'expérience de référence. Les émotions de l'enfant étant souvent violentes du fait de la spontanéité et de l'ampleur des angoisses de celui-ci, lors des phénomènes de transfert du passé dans le présent, adultes, nous connaissons des émotions et des réactions de la même nature. Notre Masque, honteux de la force de ces réactions non réprimées, tente de sauver les apparences en accusant autrui (le blâme, vous le savez à présent, étant la défense préférée du Masque) ou en nous culpabilisant par l'intermédiaire du jugement de nos voix parentales intériorisées (« Tu ne devrais pas... », « Contrôle-toi... », « Qui es-tu pour oser te permettre... »).

Le travail de l'Observateur nous permettant d'en comprendre l'origine, au lieu de blâmer ou de culpabiliser, je vous conseille d'explorer les émotions de l'enfance, de vous rappeler qu'elles font partie de votre histoire (c'est vous !) et de les revivre, sous l'éclairage de votre conscience, non seulement dans leurs manifestations psychiques mais aussi dans votre corps physique. Vous découvrirez alors que la peur, la douleur ou la colère, qui y étaient rattachées dans votre enfance, n'ont plus de raison d'être. C'est le meilleur moyen de s'en débarrasser.

Je me souviens que, lorsque j'étais jeune chirurgien en formation, mon patron approchait parfois derrière mon dos alors que j'étais occupé à opérer un patient. Si celui-ci avait, par malheur, la mauvaise idée de me donner un conseil, automatiquement, mon ventre se crispait, mes mâchoires se serraient, mes joues chauffaient et mes mains se mettaient à trembler. Lorsque, après m'avoir encouragé et même félicité pour le bon déroulement de mon travail, il s'éloignait enfin, je ressentais un affreux sentiment d'avoir été jugé et de ne pas avoir été à la hauteur. Le fait d'avoir été félicité n'y changeait rien, je n'avais retenu que le conseil que mon patron m'avait donné, conseil que j'assimilais à une remarque négative. Avec le temps, j'ai fini par comprendre que ce genre de situation me rappelait les réprimandes de mon enfance et ma crainte de l'autorité parentale. Mais ce n'est que bien plus tard, lorsque j'ai accepté de revivre les émotions de l'enfant en moi, qui croyait ne jamais être assez parfait au regard de ses parents, que j'ai pu retrouver assez d'estime de moi et de confiance pour ne plus vivre l'inconfort de ce genre de situation. Ainsi, même si nous ne pourrons jamais éviter les phénomènes de transfert dans notre vie, il y a toujours intérêt à les observer pour vivre un peu plus dans la réalité.

Vous découvrirez aussi que, à côté des phénomènes de transfert d'émotions négatives, nous pouvons aussi expérimenter des phénomènes de transfert positif. Lorsque vous rencontrerez quelqu'un pour la première fois, envers qui vous éprouverez une sympathie immédiate, demandez-vous qui cette personne évoque parmi les souvenirs de votre passé. Vous serez surpris de voir soudain devant vous un aspect que vous appréciiez jadis, par exemple, chez votre père ou chez votre mère.

Si vous n'êtes pas convaincu de la réalité de ce phénomène, je vous conseille de choisir, au hasard, quelques personnes inconnues et de faire l'exercice en vous demandant lesquelles vous aimeriez rencontrer ou, au contraire, vous préféreriez éviter. Ce petit jeu est très amusant. Dans l'instant, sans réfléchir, vous serez capable de faire votre choix. Vous constaterez ensuite qu'il n'y a pas véritablement de hasard et puis… vous tomberez peut-être amoureux(se)… Qui sait ?

Le véritable humour

Au cours du travail d'observation, je recommande souvent d'examiner les prétextes de nos rires. C'est en effet, avec l'analyse de nos rêves, le décodage de nos fantasmes et l'observation de nos projections sur les autres, un excellent moyen de découvrir les peurs et les humiliations que le Séparateur en nous a réprimées.

Notre rire trahit souvent le côté de nous-mêmes que nous croyons inacceptable par notre entourage. Il permet de désamorcer la tension qui existe entre la volonté de perfection de notre Masque et les penchants refoulés par le Séparateur. Nous n'avons pas de raison de rire du malchanceux qui glisse sur une peau de banane, de nous moquer de la maladresse d'un personnage engoncé dans son habit de cérémonie ou de nous esclaffer au moment du lapsus inattendu qui détend l'atmosphère d'un discours trop sérieux. Cependant, nous ne pouvons nous empêcher de nous réjouir de l'humiliation subie par autrui. Nous avons besoin d'exprimer ce que nous avons réprimé. Les clowns du cirque ou les comiques du cinéma l'ont bien compris. D'ailleurs, c'est à cela qu'ils servent.

Observez la réaction des adultes face à un bébé qui chute lors de ses premiers pas. Ils rient avant de se précipiter, désolés, vers l'enfant qui hurle non pas de douleur mais d'humiliation. Une vexation que l'enfant n'oubliera jamais et qui, devenu adulte, l'incitera à rire à son tour du malheur des autres.

La majorité de ceux que je rencontre pour la première fois lors d'une conversation psycho-spirituelle a perdu le sens de l'humour. Leur vie est sombre et le Sac à déchets, qu'ils n'ont cessé de remplir jusque-là, est devenu un énorme fardeau à porter. Ils sont épuisés, ils sont donc prêts à lâcher prise. Ils sont prêts à déposer leur sac et à l'ouvrir. Ceux qui ont perdu le sens de l'humour ont un Sac à déchets bien fermé, enfoui si profondément dans leur inconscient qu'ils ne parviennent même plus à en exprimer le contenu par le rire.

Au cours du travail d'observation, à force de tout voir et de ne rien juger, progressivement, une nouvelle forme d'humour s'installe dans notre vie. Nous devenons les spectateurs d'une tragi-comédie où nous tenons successivement le rôle de la victime gémissante (le Masque), du combattant assoiffé de pouvoir et de vengeance (le Séparateur) et du sage négociateur de la paix (l'Unificateur). En nous identifiant au spectateur (l'Observateur), amusés, nous finirons par éprouver beaucoup de tendresse et de compassion pour ces personnages un peu caricaturaux, toujours prêts à inventer une réplique pour obtenir le rôle principal de ce drame. Nous aurons alors découvert le véritable humour. Celui-ci est une forme de véritable amour.

Vivre ici et maintenant

Avez-vous déjà observé un enfant dans un parc d'attractions ? Je vous le recommande. Un jour, j'avais emmené Simon, mon neveu, à Marne-la-Vallée, visiter le monde fantastique de Walt Disney. En fait, notre journée se résuma à une course effrénée de navette spatiale en montagnes russes, durant laquelle Simon manifestait une anxiété extrême de ne pas pouvoir découvrir la prochaine attraction ou de ne pas avoir le temps de refaire un tour dans celle qui lui avait particulièrement plu. Un instant, épuisé par cette poursuite infernale dont l'objet était sans cesse remplacé par un autre, je m'arrêtai au bord d'une petite fontaine et je contemplai le mince filet d'eau qui s'en écoulait. Simon, ahuri, ou plutôt excédé, trépignait d'impatience. Je le regardai tendrement. Il ne pouvait pas comprendre que la vie est comme de l'eau qui nous passe entre les mains. Si on la laisse filer sans la boire, on n'étanche jamais sa soif.

S'arrêter (le choix de Thierry)

Comme la majorité d'entre nous, j'ai passé une grande partie de ma vie à penser au lendemain. « Un jour je serai étudiant en médecine », « Un jour je serai médecin », « Un jour je serai chirurgien », « Un jour je serai professeur ». Et puis, un matin, je me suis demandé qui j'étais, là, dans l'instant. La réponse ne se fit pas attendre très longtemps. J'étais un homme épuisé par sa course, tiraillé entre hier qui n'avait pas entièrement répondu à mes attentes et demain que j'espérais toujours meilleur. Cependant, hier n'était plus et demain n'existait pas encore. Je n'étais donc nulle part. Mon insatisfaction permanente provenait du fait que jamais je n'avais pris le temps de goûter, dans le présent, aux réalisations de mes espoirs d'hier. J'étais un guerrier qui ne savourait jamais sa victoire. Je ne connaissais donc pas le plaisir de la gloire, toujours en avance d'un combat, je pensais la conquérir, enfin, demain. Je m'étais laissé emporter dans le cercle vicieux de la course après le temps.

Troublé, je m'enfermai dans mon bureau et je fermai les yeux. Que s'était-il réellement passé hier ? Je revis les événements de ma vie défiler à la vitesse de l'éclair et, soudain, je compris. Je ne saurais jamais ce qui s'était réellement passé dans ma vie. Mon souvenir ne serait toujours qu'une interprétation de la réalité, influencée par la conscience de qui j'étais au moment des faits et conditionnée par la conscience de qui j'étais au moment de ma remémoration. Ma réalité dépendait non seulement de mon aveuglement dû à mes croyances et à mes projections au moment des faits, mais, en plus, de l'éclairage de mes conclusions erronées du présent. Mon passé était et resterait donc une illusion ! Je venais de terminer la lecture d'une biographie consacrée à Gustav Mahler et, soudain, je compris que si on avait demandé à dix écrivains de rédiger la biographie du compositeur nous pourrions lire dix histoires différentes, sans compter le fait que, si Mahler lui-même avait raconté sa vie, sa version aurait encore été tout autre. La physique moderne nous l'a démontré : tout dépend du point de vue où l'on se place, tout est relatif. À chacun sa vérité, à chacun son illusion.

Dès lors, il me parut absurde de m'attacher à ce passé qui n'existait plus et n'avait finalement jamais existé sous la forme dont j'en avais gardé le souvenir. J'imaginai alors le futur. Impossible de le connaître puisqu'il n'existait pas non plus. Le futur était donc, lui aussi, une illusion. Un étrange sentiment m'envahit, ma gorge se noua, mon ventre se crispa et je ressentis la peur. C'était une évidence : il m'était absolument impossible de contrôler le futur.

Une conversation animée commença alors sous les os de mon crâne. Il y avait une voix forte et grave qui affirmait avoir tout prévu pour que tout se déroule parfaitement. Une autre, aiguë et moqueuse, s'interrogeait sur la nature de « tout » et, « sans vouloir jouer les trouble-fête », demanda si le « cas de la mort du lendemain » avait été envisagé. Une troisième, douce et bienveillante, posa une question très brève, presque anodine : « Mais que voulez-vous réellement ? » Il y eut un silence. La voix poursuivit : « De quoi avez-vous réellement besoin ? » Il n'y eut aucune réponse. La voix ajouta : « Qui êtes-vous, ici et maintenant ? »

Cette conversation intérieure m'ébranla profondément. Je découvrais subitement que toutes mes prévisions, mes hypothèses ou mes espoirs avaient été des constructions de l'homme en moi qui avait peur de ne pas contrôler son futur, du Séparateur qui tentait désespérément de retrouver son unité. Et, selon la bonne vieille loi de l'énergie séparatrice, j'avais entièrement oublié qui j'étais. J'avais bâillonné l'Unificateur en moi et jeté ma confiance dans le Sac à déchets de mon inconscient. Je vivais caché sous mon Masque du pouvoir. J'étouffais.

L'Observateur en moi n'en croyait pas ses yeux : toutes ces années, aveuglé par ma peur, je m'étais trahi. Le voir, le comprendre, l'accepter. Je pris une feuille de papier, rédigeai une lettre de démission et quittai l'hôpital. Je me promis d'essayer de ne plus jamais me trahir. J'étais né une seconde fois. Mes illusions du passé et du futur m'avaient quitté. Je rentrais dans le présent. Dans la réalité. Tout était possible. J'étais libre !

Avoir confiance (le travail de Lionel)

Comprendre les illusions du passé et du futur permet d'accéder à la réalité du présent, le seul instant où nous puissions exercer notre liberté. Le seul lieu où nous ayons le véritable pouvoir, notre puissance créatrice.

Hier et demain sont finis, limités à la réalité que nous regrettons ou que nous espérons. Aujourd'hui, ici et maintenant, l'instant présent est infini, ouvert sur tous les possibles. Créer sa vie instant après instant, en acceptant d'avancer pas à pas, est le meilleur moyen de créer ce dont nous avons réellement besoin. Notre bonheur.

Créer sa vie instant après instant, c'est aussi le meilleur moyen de goûter pleinement à ce que la vie nous propose. En évitant de décider à l'avance ce que nous voulons obtenir de la vie, nous nous permettons d'y découvrir un tas de choses que, aveuglés par l'idée fixe de notre bonheur, nous n'aurions jamais remarquées autrement.

Je pense, ici, à Marie, dont nous avons découvert l'histoire précédemment (p. 61). Tant qu'elle n'avait pas compris sa peur de perdre le contrôle, elle vivait dans l'illusion d'un futur dangereux et il lui fallait trouver un homme qui la protège pour qu'elle puisse s'autoriser à laisser tomber le Masque du pouvoir qui l'épuisait. L'expérience d'un mari dominateur, d'un amant égocentrique et d'une maladie invalidante lui a appris que le contrôle du futur est impossible. Ce dont elle avait réellement besoin, c'était de la tendresse. Quand elle en prit conscience, elle décida de vivre au présent, dans la confiance et, comme par miracle, elle remarqua un homme qui incarnait la tendresse. Elle en tomba amoureuse. Ce qui est amusant, c'est que cet homme faisait partie de son entourage depuis très longtemps et que jamais auparavant elle n'avait éprouvé la moindre attirance pour lui, bien au contraire, elle le jugeait « un peu mou ». Un jour, Marie me dit qu'elle regrettait toutes les années perdues avant d'avoir rencontré l'homme qui partage sa vie aujourd'hui. Je lui répondis qu'à l'échelle de nos vies le nombre de ces années semblait important, alors qu'à l'échelle de l'infini… Les années de combat que Marie avait menées contre son mari, d'abord, et contre son amant, ensuite, étaient aussi des années de combat contre elle-même. Un combat qu'il avait été nécessaire de mener pour comprendre qui elle était et ce dont elle avait réellement besoin. Il ne lui fallait donc rien regretter. Elle avait appris, c'était cela qui comptait.

Le chemin de la vie au présent est le plus difficile qui nous soit proposé d'emprunter car il nécessite ce qui nous manque le plus : la confiance. La confiance en nous-mêmes, la confiance en la vie qui coule en nous.

L'histoire de Lionel nous l'illustre de manière dramatique. Lorsque je rencontre cet homme, au cours d'un dîner chez des amis, il est âgé de cinquante ans et souffre des séquelles d'un accident vasculaire cérébral survenu quelques mois auparavant. D'emblée, sa présence provoque en moi un malaise qui finit par se matérialiser dans mon propre corps sous la forme d'une douleur dans la poitrine, au niveau du cœur. Je lui dis alors que je ressentais cette douleur et que mon intuition me la faisait comprendre comme le signe d'une souffrance psychique et physique chez lui, comme s'il retournait un couteau contre lui-même. Ma réaction vous étonnera peut-être et vous laissera perplexe ou sceptique, cependant, si vous progressez dans votre travail de réunification de vous-même, vous découvrirez que le fait de bien se connaître permet de bien connaître l'autre. À condition d'être conscient de vos propres projections, vous pourrez ressentir la réalité de l'autre et capter un éventail impressionnant d'informations à son sujet[1].

---

1. Pour ceux qui désireraient approfondir ce point, je recommande la lecture des livres de Barbara Ann Brennan, *Le Pouvoir bénéfique des mains* et *Guérir par la lumière*, Paris, Tchou, coll. « Le corps à vivre », 1993, ainsi que celle du livre de Caroline Myss, *Anatomie de l'esprit*, *op. cit.*

Sur le moment, Lionel me regarda d'un air ahuri et ne répondit rien. Cependant, quelques jours plus tard, il me téléphona et demanda à me rencontrer.

Toute sa vie, cet homme avait considéré qu'il devait dépasser les limites du possible, combattre et gagner, être le meilleur et, surtout, contrôler les autres. Son problème neurologique l'avait précipité dans une réalité inconnue pour lui. D'un coup, il avait dû faire confiance à ses médecins, à son épouse et à ses collaborateurs et, horreur suprême, il ne maîtrisait plus le temps. Sa longue hospitalisation l'avait fait réfléchir et il souhaitait ardemment changer sa vie.

Un mois plus tard, une intervention chirurgicale sur sa carotide était programmée afin de corriger une malformation vasculaire et enlever les caillots de sang qui menaçaient d'entraîner un nouvel embol cérébral. La veille de l'intervention, Lionel me déclara être très confiant, tout allait très bien se dérouler, il en était certain, et il avait déjà établi un programme de convalescence au soleil avant de reprendre un agenda chargé d'activités professionnelles. Je lui demandai ce que deviendrait ce programme au cas où l'opération qu'il devait subir comporterait des complications imprévues. Son empressement à se créer de nombreuses obligations après son hospitalisation n'était-il pas, encore, une expression de son besoin de contrôler le temps ? À travers sa maladie, sa conscience, jusque dans le plan physique de celle-ci, ne lui demandait-elle pas de lâcher prise, d'arrêter de vivre au futur, de découvrir la dimension du présent et, enfin, de s'occuper de la seule chose réellement importante dans sa vie, c'est-à-dire lui ? Lionel me répondit que c'était précisément ce qu'il comptait faire en programmant sa convalescence. N'était-ce pas une justification de son

Masque du pouvoir ? S'occuper de soi ne signifiait-il pas respecter le rythme de son corps en s'y adaptant, instant après instant, plutôt que lui imposer l'idée d'un programme à suivre quoi qu'il arrive ?

Lionel fut opéré et, comme si sa conscience lui donnait une nouvelle occasion d'apprendre à lâcher prise, il se réveilla de sa narcose incapable de parler et de se nourrir. Les muscles de sa gorge étaient paralysés. Les chirurgiens ne comprenaient pas ce qu'il s'était passé car les scanners et les résonances magnétiques nucléaires postopératoires ne montraient aucune anomalie. Le message me sembla pourtant clair. Lionel était incapable de reconnaître ses véritables besoins dans la vie et encore plus de prendre le temps de se les procurer. Sa gorge, ce niveau de la conscience physique de notre besoin de nourriture et de la possibilité de nous exprimer pour la réclamer, lui demandait de prendre le temps de s'arrêter dans le présent et d'apprendre à se nourrir.

Conscient du message de l'épreuve à laquelle il était confronté, Lionel exprima le désir de se débarrasser d'un certain nombre de contraintes professionnelles. Lorsque je lui demandai comment il comptait s'y prendre, il me répondit qu'il envisageait la réalisation de son projet d'ici à quelques années. Nous étions donc retournés dans le futur.

Progressivement, il comprit que vivre au présent ne voulait pas dire tout réaliser au présent mais, au moins, exprimer son intention dans l'instant. Si Lionel voulait changer sa vie, il fallait qu'il commence sur-le-champ. Ainsi, son projet devenait une réalité, sinon, il restait un rêve qui, comme beaucoup de rêves, risquait de ne jamais se réaliser.

Un jour, alors que nous effectuions ensemble un exercice qui consistait à émettre des sons et à prononcer des phrases simples, je demandai à Lionel d'affirmer, à la façon d'un mantra : « Je fais confiance à l'Univers ! » Celui-ci s'exécuta mais, après avoir prononcé clairement les quatre premiers mots de la phrase, sa gorge se noua et il ne put dire « l'Univers ». Lionel ne faisait confiance qu'à lui-même, c'était bien le drame de sa vie.

La rééducation de Lionel fut longue mais cette épreuve fut pour lui l'occasion d'une croissance importante dans sa vie. Aujourd'hui, il est capable de terminer « Je fais confiance à l'Univers ». Il est libéré de ses croyances. Il est prêt à découvrir un nouveau monde. Une autre réalité.

Faire un choix

Un psychanalyste avec lequel je travaillais me fit part de son désaccord à propos de mes affirmations sur la nécessité de vivre sa vie dans l'instant présent. Son objection était argumentée par de nombreux exemples de cas qu'il avait rencontrés où ses clients lui avaient confié leur regret d'avoir suivi leur intuition et leur ressenti de l'instant plutôt que de s'être soumis à une analyse rationnelle de la situation à laquelle ils étaient confrontés. J'ai le sentiment que ce psychanalyste ne parlait pas de la même chose que moi. En effet, les patients qu'il m'avait cités en guise d'exemple semblaient tous des gens qui avaient porté un jugement sur le déroulement de leur vie et qui estimaient que leur expérience était manquée ou, tout au moins, qu'elle aurait pu être meilleure. Ils n'avaient donc pas encore entrepris le travail de l'observation objective et de l'acceptation simple de ce que leur vie était et avait été. C'est là toute la différence.

En effet, pourquoi pensons-nous que certaines expériences de nos vies sont des échecs ? Simplement parce que nous avions une attente par rapport à laquelle nous comparons le résultat de notre expérience. Or, si nous avions une attente, c'est que, déjà, nous n'étions plus dans la réalité du présent, mais dans celle du futur, donc dans l'illusion.

Cela voudrait-il dire qu'il ne faut pas construire de projets ? Certainement pas. Cela signifie simplement que lorsque nous avons un projet il nous faut veiller à l'accompagner plutôt qu'à le diriger. L'accompagnement de notre projet nécessite la capacité de nous interroger tout au long de son déroulement afin de savoir si la direction que celui-ci a prise correspond toujours à ce que nous sommes profondément. C'est un exercice difficile à effectuer car nous sommes habités par de très nombreuses croyances qui nous suggèrent des solutions toutes faites du genre « C'est normal…, c'est toujours comme cela… » ou « C'est inévitable…, il faut… ». Rappelez-vous que, dans la réalité (la seule qui ne soit pas une illusion, c'est-à-dire le présent), il n'y a rien de normal, de toujours comme cela, d'inévitable et d'obligatoire. Il n'y a qu'une chose : vous aux commandes de votre vie. Cela nécessite de faire des choix. Et un choix n'a rien à voir avec une décision.

Je me rappelle, ici, Suzanne et Louise, qui avaient rendez-vous pour une conversation psycho-spirituelle, l'une à la suite de l'autre. Leur histoire vous paraîtra peut-être un peu caricaturale, néanmoins, nous nous y retrouvons tous un peu à différentes périodes de nos vies.

La première de ces deux femmes, Suzanne, souhaitait me parler de son mariage qui battait de l'aile.

Elle s'était mariée à l'âge de vingt-sept ans, sur un coup de foudre. Dix ans plus tard, elle s'interrogeait sur l'évolution de son couple. Elle n'était plus amoureuse de son mari, lui n'était plus amoureux d'elle. « Comme si nous avions terminé ce que nous avions à faire ensemble », me dit-elle. Suzanne avait beaucoup appris à propos d'elle-même et de la vie, mais son mari et elle ne regardaient plus du tout la vie de la même façon. Elle ne regrettait rien de son « choix » (ce furent ses paroles), mais elle souhaitait autre chose.

Louise, quant à elle, venait me trouver car elle vivait un divorce difficile. Douze ans auparavant, elle avait épousé Richard. Elle m'expliqua que, à l'époque, Richard était l'homme le plus adorable du monde. Il était beau, mince et avait des cheveux. Son ambition professionnelle était immense et il était très talentueux dans tout ce qu'il entreprenait. Douze ans plus tard, Louise était déçue. Elle avait espéré une vie douce et romantique avec un homme beau et riche. Richard était devenu un homme d'affaires très actif, exclusivement préoccupé par son travail. Il avait grossi et perdu ses cheveux. Elle avait souhaité des enfants qui seraient aussi beaux que leur père. Elle avait une fille atteinte d'une malformation cérébrale. Et, pour achever sa désillusion, les affaires de Richard étaient de moins en moins prospères. « Que me reste-t-il ? me demanda-t-elle, ce n'est pas ce que je voulais ! »

Le choix coïncide avec qui nous sommes, dans l'instant. Il est l'ouverture sur tous les possibles. Il est nous. C'est sur un choix que Suzanne s'était mariée et c'est encore sur un choix qu'elle pensait à reprendre sa liberté. Elle n'avait pas peur, car pour choisir il faut avoir été capable de vaincre sa peur. Et vaincre sa peur, c'est comprendre que celle-ci n'est qu'une illusion.

Une décision se prend par rapport à des « pour » et à des « contre ». Elle est l'aboutissement d'un débat, parfois long, au cours duquel nous négocions avec nos références du passé et nos aspirations du futur. Une décision se fonde donc sur des arguments illusoires. Et, je vous l'ai déjà dit, la seule chose que nous puissions perdre, ce sont nos illusions. L'histoire de Louise et de Suzanne le prouve. Vous comme moi, nous avons tous des illusions perdues. Je vous recommande d'examiner les arguments que vous avez développés pour décider de telle ou telle action en vue d'obtenir l'objet de vos illusions perdues. Vous verrez, nous sommes capables de nous raconter des histoires extraordinaires !

Personnellement, lorsque je dois prendre une décision, j'essaie d'examiner trois points : mon désir, ma confiance et mon acceptation des conséquences de ma décision[1]. Mon désir doit être sincère et à la mesure de l'énergie que je vais dépenser pour le réaliser. Ma confiance nécessite la conviction que je peux réaliser mon désir et que le monde qui m'entoure peut m'aider dans mon entreprise. Mon acceptation des conséquences de ma décision implique que je sois prêt à accepter toutes les conséquences de la réalisation de mon désir.

Prenons un exemple : je décide d'écrire un livre. Je formule mon désir comme le souhait d'écrire un livre pour communiquer ma vision du monde. J'ai confiance en mes capacités de mener à bien l'écriture du livre et de reconnaître les personnes ou les

---

1. Cette attitude m'a été inspirée par la lecture du livre de Shakti Gawain, *Creative Visualization. Use the Power of your Imagination to Create what you Want in your Life*, San Rafael, New World Library, 1978.

situations susceptibles de m'aider dans ma tâche. Mon livre est écrit et publié. Dix exemplaires sont vendus, pas plus. Je suis déçu. Avais-je envisagé la possibilité d'un si faible nombre de ventes ? Le fait que je sois déçu m'oblige à reformuler mon désir. J'aurais dû dire plutôt que je souhaitais écrire un livre qui devienne un succès de librairie. En fait, je désirais un succès. Écrire un livre n'était pas mon premier et véritable désir.

Faites l'exercice pour vous-même, vous constaterez que le fait de poser la question de l'acceptation des conséquences de la réalisation de votre désir permet d'en préciser le véritable contenu. Cela peut aider à éviter des déceptions en investissant l'énergie adéquate dans un projet.

Les expériences de notre vie sont ce qu'elles sont, ni plus ni moins. Si nous les avons créées et vécues d'une certaine manière, c'est que, au moment où elles sont survenues, nous n'étions pas capables de les imaginer et de les vivre autrement. Lorsque nous les examinons (et les jugeons) a posteriori, nous ne faisons que les interpréter à la lumière de notre conscience éclairée par leur résultat. Elles sont donc déjà des illusions. Si, une fois notre conscience affinée par rapport au contenu de nos expériences, nous ne désirons plus les revivre, à nous de les transformer. C'est ainsi que, d'expérience en expérience, nous pouvons réajuster instant après instant notre vision de nous-mêmes et du monde qui nous entoure.

Lorsque nous expérimentons l'énergie séparatrice en nous, nous pouvons, à chaque instant de notre vie, décider de permettre à l'Observateur de commencer son travail afin de dissoudre notre Masque, qui est attaché aux illusions du passé qu'il tente sans cesse de reproduire, et de laisser s'écouler en nous le flux de l'énergie unificatrice. Je vous le disais : la vie est généreuse. Inspirer, expirer. À chaque seconde, nous avons le choix de continuer à respirer ou celui de bloquer les mouvements du souffle vital. Comme s'il était possible de vivre en restant bloqué en inspiration, le Séparateur en nous croit assurer notre survie en réprimant l'Unificateur. Pourtant, la vie est une pulsation continue. Séparation et union en sont les deux aspects complémentaires, la condition de toute création. Ainsi, à chaque instant, nous avons le choix de créer notre vie et d'en faire le reflet toujours un peu plus fidèle de ce que nous sommes réellement.

Et, nous l'avons vu, un choix n'a rien à voir avec une décision. Le choix, c'est nous, tout entiers, libres, dans la réalité du présent.

Respirer (la méditation de la liberté)

J'aimerais vous proposer ici un exercice de méditation qui, je l'espère, vous aidera, comme il m'a souvent aidé, à faire taire les voix tourmentées qui vous habitent et vous permettra de vous situer dans l'instant pour écouter le projet qui sommeille en vous. Le pouls de la vie qui nous anime, dans son élan séparateur puis unificateur, s'exprime à travers des formes physiques, émotionnelles et mentales. Inspiration, expiration. Expansion, contraction. C'est cette pulsation que je vous propose d'expérimenter.

Installez-vous confortablement, le dos bien droit, assis ou, mieux encore, debout, les jambes écartées et les genoux légèrement pliés (de manière à bien sentir le sol sous vos pieds), les pieds bien parallèles (afin de relâcher le pelvis, les muscles fessiers bien décontractés).

Commencez à respirer, calmement, toujours les yeux bien ouverts (afin de rester ici et maintenant).

Inspirez, expirez. Inspirez et sentez descendre le souffle jusque dans votre ventre. Sentez votre ventre. C'est chaud, cela bouge, c'est peut-être même un peu douloureux, étrange. On oublie trop souvent de respirer jusque dans notre ventre ! Expirez.

Inspirez. Vous sentez ? C'est vous !

Gardez les yeux bien ouverts, vous êtes toujours ici et maintenant, profondément en vous-même.

Inspirez, expirez. Inspirez le futur, expirez le passé. Inspirez le futur, expirez le passé. Vous êtes dans l'instant de tous les possibles. Vous êtes là où s'exprime la vie. Inspirez le futur, expirez le passé. Toujours le dos bien droit, les yeux bien ouverts, les jambes écartées, les pieds parallèles, les genoux légèrement fléchis. Inspirez la vie et expirez-la. Qui êtes-vous, ici et maintenant ? Que souhaitez-vous ?

Pratiquez, vous trouverez des solutions étonnantes à vos problèmes. Après, il faudra jouer le jeu jusqu'au bout et faire suffisamment confiance à vous et à l'Univers dont vous êtes pour appliquer ces solutions à votre vie.

Inspirez, expirez, vous êtes redevenu un créateur. Chaque instant de votre vie est une occasion unique de choisir entre respirer ou mourir. Chaque instant de votre vie est une opportunité de transformer la séparation en union.

Le fleuve de la vie
(une métaphore née au bord du Nil)

Imaginez la vie comme un fleuve qui vous emporte dans ses flots. Certains d'entre nous ont peur, ils s'agrippent aux berges et luttent désespérément pour résister à la force du courant. Leurs doigts saignent et leurs muscles souffrent mais ils persistent dans leur effort car leur peur est plus forte que leur douleur. Parfois, ils sont obligés de lâcher prise et sont emportés par le courant. Affolés, ils se débattent et, dans un soubresaut d'énergie, ils se cramponnent une nouvelle fois aux rochers de la rive. Transis, ils n'osent plus bouger et décident de rester, là, le nez face à la paroi aride, à attendre. Ils sont tristes. D'autres, après avoir connu la peur et s'être accrochés, eux aussi, aux berges du fleuve, apprennent qu'il n'est pas risqué de se laisser porter par le courant. C'est même agréable. Ils n'ont presque plus d'effort à fournir et, au fil de leur voyage, leurs yeux découvrent des paysages merveilleux. Si d'aventure ils repèrent un arbre chargé de fruits, sur l'une des rives, ils tendent la main et cueillent l'objet de leur convoitise. Si, au milieu des flots, se dresse un rocher, il leur suffit de nager un peu pour éviter l'obstacle menaçant. Ils rient et crient à ceux qui, le nez face aux rochers, ne les voient pas : « Venez, ce n'est pas dangereux ! » Mais les autres ne les croient pas. C'est normal : ils n'ont pas vu les sourires sur leurs visages.

La transformation

À l'issue d'un travail d'observation honnête et compatissant, nous pouvons éprouver un sentiment de confusion devant l'ampleur du chantier que nous avons mis en œuvre. C'est bien normal. Nous avions une idée à peu près claire de qui nous étions et nous voilà confrontés à un paysage complexe où le vrai et le faux se côtoient et se mélangent dans un effort constant de rester unis au milieu du chaos. Progressivement, la compréhension de nos conclusions erronées à propos du monde, que nous pensions duel et séparé, nous a amenés à nous rendre à l'évidence : nous vivons dissimulés sous un Masque ! Nous véhiculons une image idéalisée de nous-mêmes, dans le seul but de réduire notre inconfort dans un monde que nous redoutons. S'entendre dire que l'on est inauthentique n'est pas agréable. Être obligé de l'accepter, car on l'a expérimenté par soi-même, l'est encore moins. Surtout pour nous, humains, qui avons fait de la recherche de la perfection notre préoccupation principale. Voir, comprendre et accepter sont pourtant les conditions du changement. La seule voie de notre croissance.

Le Masque, le Séparateur et l'Unificateur : trois expressions différentes des mêmes qualités

Enfants, nous avons jugé inavouables la peur, l'égoïsme et l'orgueil de l'énergie séparatrice qui nous animait. Enfants, nous avons aussi réprimé toute une série de sentiments caractéristiques de l'énergie unificatrice qui nous habitait. Soit que ces qualités, manifestées dans notre enfance sous la forme de l'amour, de la découverte de notre corps et de notre sexe, de nos tentatives d'affirmation et d'autorité, de notre spontanéité ou de notre générosité, aient été rejetées ou ridiculisées par les adultes qui nous entouraient ; soit que nous, enfants, ayons conclu de manière erronée qu'il n'y avait pas de place pour ces qualités dans le monde que nous découvrions. Ainsi, devenus adultes, nous éprouvons encore de la honte à montrer notre compassion, notre sagesse et notre paix intérieure.

Derrière nos Masques d'amour, de pouvoir et de sérénité se cachent non seulement (comme nous l'avons vu p. 75 dans « Tout voir [le travail de l'honnêteté totale avec soi] ») la peur, l'égoïsme et la fierté du Séparateur en nous mais aussi la compassion, la sagesse et la paix de l'Unificateur en nous. Ainsi, la même affirmation au monde, qu'elle soit sous la forme de l'amour, du pouvoir ou de la sérénité, peut exprimer deux intentions complètement opposées, l'une motivée par la séparation, l'autre par l'union. Il s'agit de la même énergie, l'une distordue par une vision dualiste du monde des formes, l'autre éclairée par la connaissance de l'unité de toutes les choses visibles et invisibles.

	OBSERVATEUR objectivité compassion	
MASQUE cache le Séparateur	SÉPARATEUR	UNIFICATEUR
amour (soumission, dépendance)	peur	compassion (véritable amour)
pouvoir (agression, contrôle, domination)	égoïsme	sagesse (vrai pouvoir)
sérénité (fuite, détachement, supériorité)	fierté, orgueil	paix (vraie sérénité)

Nous avons été pris de vertige en constatant que l'amour, le pouvoir et la sérénité de nos Masques n'étaient en réalité que la soumission-dépendance, l'agressivité-contrôle et la fuite du Séparateur n'osant pas exprimer ouvertement sa peur, son égoïsme et son orgueil. Ce n'était sans doute rien en comparaison avec l'abîme dans lequel nous plongeons en découvrant à quel point nous avons honte d'avouer notre besoin d'amour et combien notre culpabilité est grande d'afficher la sagesse et la maîtrise de l'Unificateur en nous. Et pourtant. Continuez votre observation. Vous constaterez rapidement que vous dissimulez souvent votre besoin d'amour – que vous considérez comme une faiblesse – derrière le faux contrôle que vous donne votre Masque du pouvoir lorsque vous rejetez la tendresse des autres. Vous vous surprendrez à réprimer vos sentiments intenses et passionnés derrière le faux détachement et la distance que votre Masque de la sérénité tente d'imposer dans vos relations affectives. De la même manière, vous découvrirez que votre Masque d'amour cache souvent la gêne que vous ressentez à exprimer votre sagesse et le véritable pouvoir que vous laissez sommeiller en vous car vous les jugez dangereux et inadaptés.

Le drame est donc complet. Non seulement nos Masques empêchent le Séparateur d'exprimer ses peurs, son égoïsme et sa fierté, mais, en plus, ils nous interdisent l'accès aux véritables sentiments d'amour et de compassion, de sagesse et de responsabilité, de paix et de plénitude menant au détachement véritable des tourments éphémères et symboliques de notre vie quotidienne. La trahison est donc double. La défense est donc bien organisée.

Reconnaître l'Unificateur en nous

Nous avons tous connu des instants, parfois furtifs, où nous avons eu le sentiment d'entrer en contact avec une réalité plus grande que celle de notre quotidien. Comme si nous étions dissous dans l'immensité insondable de tout ce qui existe. Comme si tout ce qui existe était nous. Comme si nous étions tout.

Rappelez-vous les larmes que vous avez versées (ou que vous auriez aimé verser) devant un coucher de soleil sur la mer, l'émotion joyeuse qui vous a envahi devant la profondeur des couleurs qu'un peintre avait déposées sur une toile, le frisson intense d'une musique qui vous a enveloppé, traversé et emporté au-delà des frontières de ce qui vous est connu, la vague déferlante qui vous a parcouru au moment où, au sommet de la tension, vous avez laissé le plaisir de l'orgasme vous envahir. Vous étiez rempli de joie, d'amour, de sagesse et de paix. Vous vous sentiez investi d'un pouvoir créatif infini. Vous aviez envie de sculpter votre enthousiasme dans la pierre, d'embrasser tous les enfants du monde, de caresser les arbres et de parler aux nuages. Vous étiez en contact avec l'énergie unificatrice qui vous anime.

La nature, l'expérience artistique, la sexualité et la méditation sont des lieux privilégiés où nous pouvons entrevoir l'immense beauté de l'unification. Nous devinons alors une dimension plus vaste de qui nous sommes. Hélas, nous avons beaucoup de mal à en poursuivre l'exploration. Car nous avons peur. Nous manquons de confiance. Ce sens de l'unité et de l'harmonie, curieusement, nous pouvons le pressentir aussi dans la souffrance, la nôtre et celle des autres. L'Unificateur que nous sommes nous apparaîtra alors sous la forme d'une image intérieure héritée des archétypes de la conscience collective de l'humanité. Un sage, un maître, un ange, un dieu, une voix, un animal, un paysage, le silence.

Il n'est pas toujours aisé de faire la différence entre la voix de l'Unificateur en nous et celle du Séparateur. Un moyen simple est de détecter la tendance du Séparateur à recourir au langage de nos parents (les voix parentales intériorisées). Il juge et tient des discours moralisateurs. « Tu devrais » ou « Tu dois » ne sont jamais les expressions de l'Unificateur. En effet, celui-ci n'impose pas. Il propose et respecte la liberté du choix. Il sait que le temps n'a pas d'importance. Il connaît la difficulté du chemin de la réunification de soi. Le danger, nous en discuterons plus tard, est que, au cours de notre travail psychologique et spirituel, nous soyons impressionnés par l'une des voix parentales du Séparateur déguisé sous les traits d'un gourou moralisateur ou ceux d'une divinité autoritaire. Mais, ne nous leurrons pas, l'Unificateur n'est jamais complaisant. Il nous propose de renoncer à une image étroite de nous-mêmes et nous incite à faire des choix qui n'entraîneront pas que des conséquences faciles.

Un autre moyen de discerner l'expression de l'Unificateur, du Séparateur ou du Masque en nous et chez les autres est de ressentir la différence des vibrations émises par ces différentes énergies. J'ai bien dit : ressentir. Il ne s'agit donc pas d'analyser, de juger ou de justifier, car cette activité mentale occulte souvent le grand nombre des informations contenues dans la vibration des êtres ou des objets qui nous entourent. Ainsi, nous percevons les vibrations de l'énergie unificatrice comme rassurantes. Elles sont fluides, chaudes et douces. Elles évoquent l'harmonie, l'ouverture, la confiance et la facilité. Elles créent en nous de la clarté, de la pureté et de la simplicité. Elles nous ravivent et nous procurent une profonde sensation de bien-être. Elles sont plaisir. C'est bon !

Au contraire, les vibrations de l'énergie séparatrice nous effraient. Elles sont stagnantes, froides et gluantes. Elles sont synonymes de chaos, de rigidité, de suspicion et de difficulté. Elles nous procurent de la douleur et de la peur. Elles ne sont pas agréables, cependant, elles sont vraies. Nous pouvons y puiser une force créatrice qui, même si elle ne participe qu'au monde de la séparation, est une réalité concrète à laquelle nous pouvons nous rattacher. Elles nous maintiennent dans l'illusion rassurante de retrouver notre unité perdue. En ce sens, elles nous donnent aussi du plaisir.

Il en va tout autrement en ce qui concerne les vibrations de nos Masques. D'emblée, celles-ci nous paraissent non plaisantes. Quelque chose sonne faux à nos oreilles et un malaise s'installe en nous. Le Masque tient un double langage, il tente de se justifier et il blâme. Ses vibrations entraînent de la confusion dans notre esprit. Comme si nous ressentions la mystification de cet imposteur. Les vibrations du Masque ne participent pas aux expansions-contractions du pouls de la vie. Si nous nous donnons la peine de ressentir, nous en serons rapidement convaincus. Car, en restant en contact avec nos émotions, nous empêchons notre mental de nous raconter des histoires.

Cela peut vous paraître tiré par les cheveux. Et, pourtant, qui d'entre nous n'a pas dit : « Je le sens », « Je ne le sens pas », « J'aurais dû me fier à ma première impression », « Mon intuition ne me trompe jamais » ? La conscience, c'est de l'énergie, et l'énergie vibre. Les vibrations de notre conscience se traduisent par des couleurs, des tonalités, des odeurs et beaucoup de choses invisibles auxquelles nous répondons et réagissons constamment, sans nous en rendre compte. Car l'information est partout et tout le temps. Ainsi, ce qu'il nous faudrait regarder dans la vie, c'est l'essentiel, c'est-à-dire l'invisible, ce que nous pourrions appeler la magie de la vie.

Reconnaître notre attachement au plaisir négatif (le travail de Georges)

L'étape la plus difficile de notre travail d'unification est sans doute celle qui consiste à reconnaître notre négativité, à en expérimenter les conséquences et, finalement, à abandonner le plaisir négatif qui y est rattaché. Car il y a un véritable plaisir à dire non.

Notre négativité est profondément ancrée dans nos comportements, individuels ou collectifs, du fait de son développement précoce sous l'impulsion du Séparateur, convaincu de devoir la mettre en place comme moyen de conquérir l'unité, cet état de gratification immédiate que nous avons expérimenté dans le ventre de notre mère, lorsque rien ne nous apparaissait séparé de nous.

Nous pouvons reconnaître nos intentions négatives en observant les zones de non-épanouissement dans notre vie. Il est toujours troublant de se rendre compte à quel point nous créons nos expériences négatives par nos attentes négatives, et avec quelle obstination nous persistons à reproduire ces expériences négatives, convaincus de notre infortune (notre Masque est toujours prêt à jouer les victimes). Nous savons que l'argent comme moyen de domination, la possession comme moyen d'oppression et le pouvoir comme moyen de contrôle n'apportent pas le bonheur, et pourtant nous ne pouvons nous empêcher de tout mettre en œuvre pour les obtenir, simplement parce que nous avons peur de perdre le plaisir que nous y associons.

L'histoire de Georges vous illustrera parfaitement cela. Georges est un homme de soixante-cinq ans qui vient de prendre sa retraite après une carrière professionnelle bien remplie qu'il termina comme dirigeant d'une moyenne entreprise dont il était le possesseur. Lorsque je fais sa connaissance, à la suite de deux infarctus du myocarde ayant nécessité à deux reprises une dilatation d'une artère coronaire par voie percutanée, Georges me raconte avec passion les soucis qu'il rencontre au sein de l'immeuble dans lequel il vient d'acquérir un appartement. Désireux d'occuper son temps, Georges a proposé ses services à la copropriété de son immeuble. Très vite, ses qualités d'organisateur et de gestionnaire lui ont valu d'être élu en tant que président de cette copropriété. C'est alors que les problèmes ont commencé. La concierge, tout d'abord, qui, selon Georges, ne remplissait pas ses fonctions comme elle l'aurait dû ; certains copropriétaires, ensuite, qui, toujours selon Georges, ne le soutenaient pas dans sa reprise en main en vue du bon fonctionnement de l'immeuble. Le problème a pris de l'ampleur, et Georges, d'un tempérament angoissé et obstiné, semblait obsédé par ses nouveaux « ennemis ». Il ne s'agissait pas d'ennemis, me répondit-il, mais de gens qui ne respectaient pas leurs engagements, alors que lui mettait tout en œuvre pour le bien-être des copropriétaires. Vous l'aurez reconnu tout de suite : c'était le Masque de l'amour de Georges qui venait de s'exprimer.

Je lui demandai alors s'il pensait que le stress engendré par ses nouvelles fonctions convenait à son besoin de calme et de repos, du fait des problèmes cardiaques dont il avait souffert. Il me répondit que le fait de gérer son immeuble lui apportait un plaisir auquel il n'avait pas du tout envie de renoncer.

Comme vous vous en doutez, le Masque de l'amour de Georges cachait, outre la peur de ne pas être aimé, un terrible besoin de contrôle, contrôle qui avait été le moteur de toute sa vie professionnelle. À présent qu'il était à la retraite, en trouvant l'occasion d'exercer ce contrôle sous le prétexte de sa nouvelle fonction, Georges en retirait un plaisir évident, ce qu'il avouait d'ailleurs, comme peut le faire le Séparateur, qui, au contraire du Masque, ne ment pas. Le plaisir de contrôler. « Je suis fait pour le pouvoir, je l'ai toujours parfaitement exercé. Heureusement qu'il y a des gens pour diriger les autres », me répondit Georges. À l'entendre, il paraissait évident que Georges avait développé un Masque du pouvoir très efficace.

Au cours de son travail psycho-spirituel, Georges découvrit que, depuis sa petite enfance, il avait envisagé la vie comme un combat. Cependant, à force de combattre, on se crée des ennemis. Et les ennemis justifient la nécessité de combattre. Le cercle vicieux était donc en place, renforcé par un réel plaisir, celui de pouvoir rester dans son système de croyances, certain d'être sur le chemin qui conduit à l'unité. Cependant, de combat en combat, de contrôle en contrôle, Georges avait oublié d'exercer le véritable et le seul pouvoir qu'il pouvait exercer sur sa vie : le contrôle de sa bonne santé. Il avait peur de mourir (de perdre le contrôle), et pourtant, par son stress, il activait l'approche de sa fin. Il croyait connaître le plaisir et ne se rendait pas compte des conséquences de ses choix négatifs.

En acceptant de reconnaître la négativité du Séparateur en lui comme une partie intégrante de lui-même, en expérimentant les conséquences de cette négativité et en acceptant d'abandonner le plaisir négatif qui y était associé, Georges s'est libéré de sa vision erronée du monde. Il a pu enfin accéder à une autre forme de plaisir, le véritable plaisir, celui d'être réuni, responsable de tout ce que l'on est, et capable de créer de l'union autour de soi. Il a cessé de se retourner un couteau dans le cœur.

Certaines personnes que je rencontre pour un travail psycho-spirituel me demandent pourquoi nous choisissons la négativité alors que, à l'évidence, les intentions de l'énergie unificatrice qui nous habite sont plus épanouissantes. La réponse est simple : parce que nous vivons dans l'illusion ! Nous sommes obnubilés par une vision très étroite de nous-mêmes et de la réalité du monde dans lequel nous vivons. Il est dès lors impossible à notre personnalité étriquée, identifiée à notre Masque, de considérer l'Unificateur en nous autrement qu'au travers du jugement du Séparateur. Ainsi, toute proposition d'unification sera perçue comme un acte d'autorité. Et, comme un enfant qui veut affirmer son autonomie, nous pensons qu'il vaut mieux dire non à l'autorité.

Les jeux auxquels nous jouons, les journaux que nous lisons, les films que nous regardons à la télévision, nos rêves et nos fantasmes, la majorité de nos productions tendent à créer un plaisir négatif, la sensation de rester autonomes, différents, supérieurs, séparés, capables de conquérir notre unité. L'univers de nos héros télévisés devient le lieu où nous pouvons, sans danger, nous identifier au Séparateur. Cela nous rassure et nous conforte dans notre vision dualiste du monde. Il y aura toujours des bons et des méchants, du bien et du mal, du plaisir et de l'inconfort. Il y aura toujours la nécessité de se battre. À moins que nous ne comprenions que, faute de combattant, il n'y a pas de combat. Pour nous en convaincre, peut-être devrions-nous nous poser la question de ce qu'est le véritable plaisir et nous permettre d'en faire pleinement l'expérience.

Redéfinir le plaisir

Lors de nos conversations, excédé, Georges me dit un jour : « On ne peut pas vivre sans plaisir ! » C'est tout à fait vrai. Bien plus vrai qu'on ne l'imagine, d'ailleurs.

Le plaisir est cette merveilleuse sensation de sentir la force de la vie couler en nous, une sensation que nous connaissons bien puisqu'elle est la substance de l'Univers, l'océan dans lequel nous avons grandi avant d'ouvrir les yeux sur le monde de la dualité. À ce moment-là, nous expérimentions un extraordinaire flux d'énergie et nous ressentions, simplement, le plaisir d'être. Être vivant. Ce plaisir-là est amour inconditionnel, sagesse totale et paix infinie. Il est don et acceptation, maîtrise et lâcher prise, musique et silence. Nous le recherchons inlassablement car il est notre nourriture, l'énergie de la vie, le secret de ce que nous appelons le bonheur.

Comme la force vitale est une pulsation qui s'expanse et se contracte, le plaisir est une sensation d'être séparé ou d'être uni. Il existe, certes, un réel plaisir à être séparé, différent, meilleur, en position de contrôle sur les objets du monde de la dualité dont nous espérons qu'ils nous procurent les moyens de retrouver la sensation de la béatitude initiale. Cependant, il ne s'agit là que du plaisir de pouvoir espérer un jour revivre cet état regretté, et en aucun cas du plaisir véritable de cet état. Il s'agit tout simplement du plaisir de notre négativité, de l'illusion dans laquelle vivent le Séparateur et son Masque. Pressentant que nous n'avons pas encore accédé au lieu de notre quête, nous sommes sans cesse obligés de nous remettre en route. Nous connaissons alors la compulsion dans notre recherche du plaisir. Car nous avons besoin de sentir la force vitale se manifester en nous. Nous avons besoin de nous sentir vivants.

Dire non nous dispense de devoir affronter nos peurs de l'enfance. Nous croyons nous protéger des dangers de la vie, mais, en fait, nous ne vivons pas. En refusant l'expérience, nous refusons de participer à la vie. Notre existence est une succession de réactions au lieu d'être un enchaînement d'actions. Notre mental justifie nos stratégies protectrices tandis que notre cœur n'a pas droit au chapitre. Nous évitons de ressentir. Cela nous paraît trop risqué. Voilà pourquoi il nous est si difficile de nous aventurer sur un chemin qui nous oblige à abandonner notre négativité. Pourtant, ce n'est qu'en quittant cette illusion que nous avons la possibilité d'expérimenter directement le plaisir de l'union. Et pour celui qui y a goûté sa saveur est incomparablement plus joyeuse que celle de n'importe quelle autre sensation. En y accédant, nous nous autorisons à ressentir ce qui existe de plus intense et de plus essentiel : la force créatrice de l'Univers.

Apprivoiser notre sadisme et notre masochisme (le travail d'Antoine)

Lorsque le plaisir négatif engendré par l'énergie du Séparateur en nous est rattaché à la conclusion erronée de la nécessité d'être passifs et en demande pour obtenir du monde extérieur les moyens de retrouver notre unité, nous expérimentons une gratification masochiste. Au contraire, lorsque le plaisir du Séparateur est la conséquence de la croyance selon laquelle il nous faut exercer le contrôle et le pouvoir sur le monde qui nous entoure, nous jouissons d'une satisfaction sadique.

Sadisme et masochisme se rencontrent au cœur de tous les fantasmes individuels et collectifs. Pensez à votre sexualité. Observez l'attachement de nos sociétés aux rêves de conquête, de domination, de cruauté et de vengeance. Notez aussi la culpabilité que nous ressentons à exprimer ouvertement ces recherches sadiques ou masochistes. Cette culpabilité nous incite à nous mentir à nous-mêmes, toujours par respect de l'image idéalisée de notre Masque. En évitant d'observer notre sadisme et notre masochisme et en refusant d'en abandonner la culpabilité, nous nous coupons encore davantage de notre possibilité d'union aux autres, ce qui nous permet de justifier plus facilement notre besoin de violence et le plaisir que nous y associons.

Nous trouvons là les fondements du comportement des criminels qui finissent par ne plus éprouver la moindre empathie pour leurs victimes ou encore le mécanisme infernal qui a conduit des peuples entiers a perpétrer, avec conviction et acharnement, des actes d'une violence extrême à l'encontre d'autres peuples. Nous sommes tous des monstres en puissance, ne nous leurrons pas. Qui d'entre nous n'a pas éprouvé une jubilation à contrôler ou à blesser autrui ? Car nous sommes tous (désolé de vous décevoir) remplis de sadisme et de masochisme.

Certaines des personnes que je rencontre lors des conversations psycho-spirituelles nient absolument toute forme de sadisme ou de masochisme dans leur personnalité. Je leur propose alors d'explorer un lieu privilégié où se révèle notre recherche de plaisir négatif, je veux parler de nos comportements et, plus encore, de nos fantasmes sexuels.

Par la possibilité qu'elle nous donne, à travers l'orgasme, d'expérimenter de manière intense la force de l'énergie vitale, la sexualité nous incite à lâcher les défenses de nos Masques pour contacter la source de cette énergie vitale : le Séparateur et l'Unificateur en nous. Les aspects réprimés et refoulés du Séparateur pourront alors s'exprimer plus librement. Notre sadisme et notre masochisme en font partie. Cependant, selon notre bon vieux principe d'autojugement censé protéger l'image parfaite de notre Masque, nous avons beaucoup de mal à en parler. Et, pourtant, c'est là, une fois de plus, toute notre beauté.

En acceptant de regarder ce que nous expérimentons dans l'instant, nous voyons exactement qui nous sommes, c'est-à-dire le résultat d'un dialogue entre Séparateur et Unificateur, un compromis entre les deux polarités de la force vitale qui nous anime. Une création en perpétuel renouvellement.

Beaucoup de gens éprouvent une gêne immense à me parler de leurs fantasmes sexuels. À mesure qu'ils progressent dans l'observation objective et compatissante de ces aspects d'eux-mêmes, il s'installe souvent une résistance à livrer plus de leurs secrets inavouables. Je détecte alors chez eux la peur de perdre l'accès au plaisir et de devoir abandonner toute forme de sexualité. Cette peur n'est toujours que la traduction d'un jugement. Pourquoi devrait-on renier sa sexualité ? Au contraire, la vivre pleinement et l'utiliser comme un jeu qui nous permet de mieux connaître les profondeurs de nous-mêmes sont une activité humaine indispensable et une source de croissance psychique et spirituelle absolument essentielle.

Je pense ici à Antoine, un homme de vingt-huit ans, père de deux enfants, qui était accusé de pédophilie. Au cours de nos conversations, il en vint à parler des abus sexuels qu'il avait lui-même subis durant son enfance. Son travail d'observation lui permit de comprendre qu'il avait fini par rattacher une dimension de plaisir aux abus dont il était la victime. Son plaisir, en plus d'adoucir sa peine de devoir accepter l'imperfection de ses parents, lui avait permis de ne pas être anéanti sous le poids de la culpabilité et de la honte dont il avait préféré se charger au lieu d'accuser ses parents (n'oublions pas que l'enfant voit ses parents comme des dieux dont la perfection constitue une garantie de survie).

Devenu adulte, sa sexualité conjugale était l'occasion de vivre des fantasmes tantôt sadiques, tantôt masochistes. Ainsi, son sadisme lui procurait l'illusion d'exercer un pouvoir sur ceux qui l'avaient dominé durant son enfance, tandis que son masochisme lui permettait de revivre sans danger les sensations sexuelles coupables qu'il avait refoulées. « Tout plutôt que perdre l'amour de mon père ! » s'était-il écrié lors de l'une de nos conversations. Il se souvint même de s'être agrippé à son père le jour où, convaincue de la culpabilité de ce dernier, sa grand-mère avait tenté de l'arracher des bras de son abuseur.

Antoine avait alors préféré se soumettre aux conditions d'une fausse sécurité plutôt que d'affronter la peur de l'inconnu. C'est une réaction que nous adoptons, tous, souvent. Cependant, très vite, sa sexualité conjugale ne lui avait plus suffi à compenser les blessures de son enfance. Il s'était alors mis à abuser des enfants, éprouvant un immense plaisir à dominer plus faible que lui. Une immense culpabilité aussi. Celle-ci, selon le mécanisme de refoulement de la culpabilité que je vous ai décrit plus haut, l'avait incité à nier tout sentiment envers ses jeunes victimes. Antoine était devenu un monstre.

Le plaisir négatif qu'il expérimentait ne pouvait pas l'apaiser puisque, au lieu de créer de l'union, il engendrait davantage de séparation. Antoine recommençait donc sans cesse. Il était devenu le même que son père, ce qui, d'ailleurs, le confortait dans l'idée que ce père n'avait pas été aussi imparfait qu'on aurait pu le croire. Le piège s'était refermé sur Antoine. Ce qui le motivait à vouloir en sortir était la prise de conscience qu'un jour il ferait peut-être subir à ses propres enfants ce que son père lui avait fait subir. « C'est un cercle vicieux ! constata-t-il, angoissé. – Un cercle vicieux négatif, lui répondis-je, en ajoutant : Il ne tient qu'à vous d'inverser le sens de vos expériences et d'amorcer un cercle positif. Vous éviterez sans doute ainsi les douleurs de l'abus sexuel à vos enfants, qui eux-mêmes ne les créeront plus chez leurs enfants, et ainsi de suite, pour le restant des générations dont vous avez la responsabilité. Car c'est votre responsabilité. Votre pouvoir aussi ! » et (je le pensai sans le lui dire afin qu'un jour il puisse le découvrir par lui-même) : la source d'un plaisir inimaginablement plus grand que celui auquel Antoine était encore attaché.

Vous le constatez, en examinant nos fantasmes et nos comportements sexuels, nous libérons la puissante énergie qu'ils contiennent. Alors seulement nous devenons capables de transformer un plaisir négatif, par définition de nature compulsive, en un plaisir véritable.

Revivre les sensations de l'enfant en nous (le silence de Julia, la véritable culpabilité de Guillaume)

L'enfant que nous avons été et qui sommeille toujours en nous est un être de perceptions, de sensations et d'émotions. Si nous voulons entrer en contact avec lui afin qu'il nous révèle ses blessures, ses frustrations, sa colère et les conclusions erronées qu'il a tirées de ses confrontations avec le monde de la dualité, nous devons tenter de comprendre son langage. Il s'agit bien moins de mots que de cris et de pleurs. L'enfant ne connaît pas encore les constructions, parfois sophistiquées et mensongères, du mental, il ne peut pas tricher, il n'a d'autre choix que celui de ressentir et d'exprimer ses émotions à travers son corps. C'est donc dans ce corps que nous trouverons la mémoire de qui nous avons été et de qui nous continuons d'être. Au cœur de nos tensions musculaires et de nos attitudes distordues se cachent nos douleurs, nos angoisses et nos colères réprimées, tout ce que nous avons jugé inutile de montrer aux autres par souci de garder leur amour, c'est-à-dire le confort que nous attendions d'eux. Retrouver ces émotions et ces sentiments nécessite de libérer l'énergie contenue, bloquée et gelée depuis des années dans notre corps.

Cette libération d'énergie – donc de conscience – aura, outre l'effet bénéfique de nous permettre de comprendre qui nous sommes, l'avantage de soulager notre corps physique de contraintes qui risquent, avec le poids et le renforcement des années, d'occasionner des dégâts qui se manifesteront sous la forme de maladies diverses.

Je rencontre beaucoup de gens qui, après des années de psychanalyse, ayant l'impression de tourner en rond dans leur tête, souhaitent entamer un travail psycho-spirituel. Au début de nos conversations, ils ont tendance à rester au niveau de leur mental. Ils racontent, expliquent, justifient…, mais rien ne change profondément tant qu'ils n'acceptent pas de descendre dans le ressenti de leurs émotions. Mon travail est de les y guider en les rassurant, insistant sur le fait qu'il n'est pas dangereux de revivre dans le corps les émotions qui nous terrifiaient lorsque nous étions enfants. Quand ils trouvent le courage de recontacter leurs blessures et leur colère, très vite, les défenses du mental se réorganisent pour les empêcher d'approfondir leur exploration. Leur crainte d'anéantissement est énorme. Je leur propose alors de respirer, de sentir leur corps et d'écouter ce qu'il a à leur dire.

Lorsqu'ils acceptent de dire, voire de hurler, leurs sentiments tout en libérant les tensions de leur corps, je constate dans l'instant un changement profond dans l'entièreté de leur être. Comme si quelque chose avait pu être déprogrammé en eux et que, enfin, ils allaient pouvoir rectifier l'information qu'ils avaient gelée depuis de très nombreuses années. Cette information, c'est de l'énergie, c'est de la conscience, c'est eux ! Ils sentent l'énergie qu'ils avaient emprisonnée, stagnante et rigidifiée dans leur corps, bouillonner, circuler et se réorganiser d'une manière plus fluide, remplie de potentialités créatrices. Revivre une émotion qu'ils considéraient inavouable et dangereuse pour leur survie et constater qu'il n'y a aucun jugement ni aucun danger à le faire leur font soudain prendre conscience qu'ils sont redevenus des enfants sans raison d'avoir peur : ils sont des adultes. D'expérience positive en expérience positive, de libération en libération, ils peuvent alors entreprendre la construction d'une nouvelle réalité. Les résultats sont impressionnants.

J'insiste donc sur l'importance de passer par l'expression physique de nos émotions[1]. Les moyens disponibles pour aider à ce travail sont divers. L'expression corporelle, les massages, des travaux énergétiques sur le corps, l'utilisation d'une batte en caoutchouc pour taper sur des objets inanimés représentant l'aspect négatif d'une personne, le fait de frapper des poings et des pieds ou la remise en scène d'une situation conflictuelle où le thérapeute joue le rôle de la personne avec laquelle celui qui travaille n'a pas clôturé un conflit sont tous des moyens efficaces de libérer les émotions de l'enfant en nous.

Certaines personnes manifestent leur scepticisme par rapport au fait d'utiliser des objets inanimés (comme un coussin) pour symboliser un être humain face auquel il leur est proposé de revivre une émotion

---

1. Cette approche est, à mon sens, ce qui manque à la psychanalyse pure qui expose au danger de voir le patient se réfugier longtemps dans les défenses de son mental. Cela explique sans doute la longueur des cures psychnalytiques classiques où la position de l'analyste, en tant qu'expert face à un patient privé de pouvoir, renforce le risque de défense de la part de celui-ci et, donc, le risque de voir la thérapie s'éterniser pendant de nombreuses années. En Occident, le concept d'une identité fonctionnelle entre le corps et l'esprit doit beaucoup aux travaux de Wilhelm Reich et de ses disciples, Alexander Lowen, l'inventeur de la bioénergie, Frédéric Perls, l'inventeur de la gestalt-thérapie, John Pierrakos, l'inventeur du Core Energetics.

réprimée. En faire l'expérience suffit à les convaincre de l'efficacité de cette approche.

C'est précisément ce qui est arrivé à Julia, une jeune femme de trente-deux ans qui vient me voir deux mois après avoir subi une agression à coups de couteau perpétrée par son compagnon. Lorsque je la rencontre pour la première fois, Julia, encore terrorisée, me raconte le cauchemar qu'elle a vécu. Mère d'une petite fille âgée de dix ans issue d'un premier mariage qui s'était soldé par un échec du fait de la personnalité dominatrice de son ex-époux, depuis trois ans, Julia vivait avec un homme qui, au fil de leur relation, s'était révélé tout aussi jaloux et possessif que son ancien mari. La situation était devenue insupportable au point que, si Julia regardait par la fenêtre, son compagnon l'accusait de chercher à séduire le voisin. Plus le temps passait, plus la paranoïa de son ami s'aggravait, si bien que, après avoir tenté le dialogue à maintes occasions, n'en pouvant plus, un matin, Julia lui avait annoncé son intention de mettre un terme à leur relation sentimentale. L'homme entra dans une colère fulminante et brandit un couteau de boucherie avec lequel il entailla le visage de Julia avant de lui percer l'abdomen à vingt-deux reprises. La jeune femme s'effondra dans une mare de sang sous les yeux rageurs de son agresseur, qui, l'entendant le supplier d'appeler une ambulance, ricana et l'injuria une dernière fois avant de prendre la fuite. Tremblante et suffocante, Julia avait réussi à alerter ses voisins en frappant sur les robinets de la salle de bains. Elle fut sauvée in extremis, après une intervention chirurgicale au cours de laquelle il avait fallu réséquer deux mètres d'intestin grêle.

Au cours de son travail psychologique et spirituel, Julia se rappela que, petite fille, elle faisait régulièrement un rêve affreux dans lequel elle se voyait agressée à coups de couteau. Elle se souvint aussi d'épisodes douloureux où son père, « très autoritaire et sadique » (ce sont ses mots), la faisait courir derrière sa voiture pour se rendre à l'école où elle avait oublié un cahier ou un vêtement. Peu à peu, découvrant que son enfance était remplie d'expériences humiliantes, la jeune femme comprit pourquoi elle avait appris à dissimuler ses émotions et ses sentiments profonds.

Un jour, au cours de notre quatrième conversation, Julia exprima le besoin de me raconter un événement précis de sa relation avec son compagnon. L'épisode s'était déroulé quelques mois avant l'agression dont elle avait été la victime lorsque Julia avait engagé une discussion avec son compagnon à propos des difficultés de leur couple. Celui-ci, la menaçant d'un couteau, lui avait fait promettre de ne jamais le quitter et l'avait contrainte à avoir un rapport sexuel avec lui, le couteau posé à côté du lit. Elle s'était sentie violée et avait revécu un souvenir pénible de son enfance, lorsqu'elle s'était portée au secours de sa mère, violée dans le garage de la maison familiale. Sa mère l'avait alors suppliée d'oublier ce qu'elle avait vu et entendu et lui avait interdit de le raconter à sa sœur cadette.

Julia ne comprenait pas comment elle avait pu rester aveugle devant tant de perversion de la part d'un homme qu'elle redoutait mais qu'elle n'aimait plus. Je l'encourageai alors à retrouver la colère qui grondait en elle, la colère à l'encontre de son agresseur. Mais aussi la colère de s'être tue si longtemps, la rage de s'être trahie par peur d'être humiliée, envahie ou abandonnée par les autres. Gênée, elle sourit comme une enfant timide. Elle semblait terrifiée. Ses yeux étaient injectés de sang. Soudain, Julia s'empara d'une batte en caoutchouc et se mit à frapper de toutes ses forces sur des coussins en hurlant : « Va-t'en ! laisse-moi ! » Depuis ce jour, Julia est « libérée ». Elle ose affirmer ce qu'elle pense, demander ce dont elle a besoin, faire respecter qui elle est. « Auparavant, j'avais l'impression que les gens ne me voyaient pas ; ils passaient devant moi sans me voir et je n'osais pas leur faire remarquer qu'ils prenaient ma place lorsque, par exemple, je faisais la queue à la banque ou au supermarché. Aujourd'hui, on me voit. Car je me montre ! me déclara Julia, rayonnante. On ne peut pas demander aux autres de nous respecter si l'on ne se respecte pas soi-même », ajouta-t-elle.

Travailler sur une représentation symbolique est une étape importante qui, en plus d'éviter la répression de nos énergies négatives, permet d'éviter l'expression destructrice de ces énergies sur les autres. Par la suite, certains pourront peut-être exprimer qui ils sont face aux personnes réellement concernées. Ce n'est cependant pas forcément nécessaire car, avant tout, il s'agit bien d'un travail sur soi, avec soi-même et sa propre réalité. C'est notre vision de nous-mêmes et du monde qui nous entoure que nous souhaitons transformer, pas celle des autres. Curieusement, en acceptant de travailler sur soi, sans se soucier des autres et en assumant notre responsabilité unique dans la création de nos vies, nous permettrons aux autres de changer. Sans les forcer, par simple effet de diapason. Mais nous en reparlerons plus loin.

J'aimerais, ici, prendre le temps de vous raconter le travail de Guillaume, un homme âgé de cinquante-sept ans, divorcé, père de trois enfants et, au moment où je le rencontre, alcoolique et sans emploi. Guillaume se présente comme quelqu'un qui a tout raté dans sa vie.

Il était doué pour le violon mais il ne jouait pas de violon. Il avait hérité de beaucoup d'argent mais il était devenu pauvre. Il souhaitait aider les autres mais il ne trouvait pas l'énergie pour le faire. Il buvait depuis longtemps, parfois beaucoup.

En explorant son enfance, Guillaume parlait de son père comme d'un personnage mythique, sensible, artiste, peu intéressé par l'argent, malheureux. Le souvenir de sa mère, lui, était beaucoup moins précis : elle était morte quand il avait huit ans et il se rappelait que cette femme, issue d'une famille de musiciens, avait reconnu très tôt le talent musical de son fils. Cependant, lorsque Guillaume avait exprimé le souhait de poursuivre une formation de violoniste afin d'en faire son métier, son père s'y était catégoriquement opposé. Depuis, Guillaume allait d'échec en échec, comme s'il s'interdisait l'accès à la réussite. Comme s'il ne voulait pas déplaire à ce père qui, à bien écouter les souvenirs de Guillaume, l'alcoolisme aidant, n'avait pas réussi grand-chose non plus. Il me parut donc évident qu'un nœud important de la vie de Guillaume résidait dans le rapport qu'il entretenait avec son père aujourd'hui décédé.

Lorsque nous avons tenté de contacter l'enfant en lui, Guillaume nia toute forme d'agressivité ou de colère vis-à-vis de ce père « parfait ». Il préféra s'accuser de défauts, que son père partageait pourtant avec lui, plutôt que d'exprimer le moindre sentiment négatif (le Masque de l'amour). Je lui proposai alors un jeu de rôles dans lequel il trouverait la possibilité de parler à son père et de lui montrer sa douleur. Guillaume résista durant plusieurs conversations. Il refusait toute confrontation, même fictive, avec son père. J'exprimai alors moi-même les sentiments négatifs qu'il aurait pu ressentir face à un père qui lui avait interdit de pratiquer le violon et qui l'avait déçu par son attitude irresponsable et sa tendance à se réfugier dans l'alcool. Alors, seulement, Guillaume s'autorisa à exprimer sa déception et sa colère. Il hurla, frappa du pied et finit par pleurer sa douleur. Une douleur bien plus profonde que celle d'avoir été blessé par son père. En effet, Guillaume ressentait, enfin, la douleur de s'être trahi lui-même en s'interdisant de reconnaître ses véritables besoins. Il exprima sa peine d'avoir créé, par ses conclusions erronées et ses choix négatifs, de la douleur chez les autres (son ex-épouse, ses enfants et tous ceux qui avaient eu à subir les conséquences de son alcoolisme). Cette culpabilité-là, que j'appellerai notre véritable culpabilité, est très difficile à ressentir et à accepter.

Tout le travail de Guillaume fut fondé sur le non-jugement de ce qu'il découvrait. En acceptant de voir en son père les défauts qu'il avait lui-même développés et en évitant de les juger, il commençait à s'aimer comme il était et à aimer son père, véritablement, pour ce qu'il avait été. Il était prêt à abandonner sa négativité et donc la compulsion qui le poussait à rechercher un plaisir dans l'alcool.

La douleur de notre véritable culpabilité est vraie et juste. Elle nous montre le chemin du pardon. Cette douleur n'a rien à voir avec la douleur de notre Masque qui blâme et tente de culpabiliser les autres. Elle n'est pas non plus cette fausse culpabilité qui cherche à faire croire que nous sommes désolés mais pas responsables. Au contraire, cette douleur est celle de notre responsabilité. Se sentir coupables de ce qui nous arrive, sans se juger, c'est devenir responsables de notre vie. C'est retrouver notre pouvoir. C'est le travail qu'ont accompli Julia et Guillaume.

*Entrer en contact avec la peur
qui se cache derrière notre négativité*

L'énergie-conscience que nous libérons en acceptant de revivre nos émotions de l'enfance est en fait celle du Séparateur en nous. Elle n'est que conclusions erronées, croyances et cercles vicieux négatifs. En la laissant à nouveau circuler en nous, nous récupérons l'énergie contenue dans la négativité du Séparateur. C'est de l'énergie pure. Nous pouvons alors lui donner une nouvelle intention : celle de l'Unificateur, la positivité.

Revivre nos douleurs et nos émotions est aussi le meilleur moyen de comprendre la douleur et les émotions des autres. En effet, tant que nous restons coupés de notre propre ressenti, nous avons tendance à intellectualiser ce que nous observons chez les autres. Et qui dit intellectualiser dit expliquer, rationaliser, juger et justifier mais, jamais, partager et compatir. Ressentir qui nous sommes nous permet de ressentir les autres. Apprendre à aimer ce que nous ressentons nous donne la possibilité d'apprendre à aimer les autres.

Nous sommes souvent honteux de l'enfant qui vit en nous. Cela ne traduit que notre jugement par rapport à nous-mêmes, le rejet de qui nous sommes, notre incapacité à nous accepter entièrement, ici et maintenant. Pourtant, sous l'éclairage de l'Unificateur en nous, nous pouvons découvrir que derrière nos plus gros défauts se cachent des qualités essentielles. Il y a toujours deux façons de regarder qui nous sommes. Deux faces au miroir qu'est la vie. Deux intentions. Par exemple, si vous vous jugez paresseux, n'oubliez pas que votre paresse est aussi votre aptitude à prendre la vie comme elle se présente et votre sagesse à éviter de tout vouloir contrôler. Si, au contraire, on vous qualifie péjorativement d'hyperactif, ne perdez pas de vue que la formidable énergie qui vous anime est aussi votre capacité positive à agir et à vous exprimer dans le monde. Et si, au cours de votre travail psycho-spirituel, tout à coup, sous l'effet d'un accès de perfectionnisme (inévitable, vous le savez bien !), vous vous mettez à vous en vouloir de juger sans arrêt, rappelez-vous que votre jugement n'est que l'expression négative de votre merveilleuse et positive capacité de discernement.

Ainsi, les pires aspects de la nature humaine possèdent toujours un pendant positif qui peut être révélé par notre travail de transformation. Tous nos défauts contiennent une énergie potentiellement positive. Nous avons donc intérêt à les explorer au maximum afin de nous réapproprier cette énergie et de l'utiliser dans la construction de notre bonheur.

Souvent, dans notre vie, nous avons tendance à projeter notre négativité sur la réalité, qui, pourtant, pourrait tout aussi bien être éclairée d'une manière positive. Nous nous répétons en boucle des « ce n'est pas possible », « cela ne sert à rien », « c'est toujours pareil ». Nous ne nous rendons absolument pas compte que nos cercles vicieux de pensées négatives constituent un rempart qui nous protège de l'affrontement avec nos peurs les plus profondes. Notre énergie-conscience tourne en rond dans une vision négative de la réalité, elle se ralentit et finit même par se figer. Nous préférons rester paralysés par notre pessimisme plutôt que de risquer d'agir. Nous broyons du noir. La dépression nous guette.

La dépression constitue une défense supplémentaire. Elle naît de la perte d'estime de nous-mêmes car nous sommes peu fiers de ne pas oser dépasser nos peurs, voir la réalité comme elle est, entrer dans l'action et nous procurer ce dont nous avons réellement besoin. La peur de revivre nos frustrations de l'enfance est donc plus forte que tout. Du moins tant que nous n'avons pas pris conscience des mécanismes de notre défense.

Je vous propose ici un moyen simple d'identifier ce phénomène et de l'inverser. Vous pourrez ainsi récupérer le potentiel énergétique emprisonné dans votre négativité afin de le remettre au service des processus créatifs de votre vie.

Prenons un exemple. Denis est un jeune acteur de théâtre qui attend la confirmation de son rôle dans une pièce qui lui tient particulièrement à cœur. Le délai que le producteur du spectacle a fixé pour faire connaître sa réponse étant dépassé depuis trois semaines, Denis ne dort plus, il se ronge les ongles, fume un demi-paquet de cigarettes en plus que d'habitude et se console tous les soirs à l'aide d'une bouteille d'alcool. Son angoisse, née de son incertitude, lui devient intolérable. Il pourrait appeler le metteur en scène de la pièce ou même le producteur. Pourtant, il s'en abstient. Chaque fois qu'il décroche le téléphone pour composer leur numéro, il s'interrompt et pense : « À quoi bon…, de toute façon, la réponse sera négative ; je suis mauvais acteur, ils choisiront quelqu'un de plus talentueux ; c'est toujours comme cela, je n'aurai jamais ma chance ; je me suis trompé de métier, je suis nul. »

Le cercle vicieux des pensées négatives tourne vite et bien ! « Jamais », « toujours »…, les conclusions erronées du Séparateur et de son Masque sont au pouvoir. Denis déprime. Nous connaissons tous ce genre de situation. À quoi bon nous y complaire ?

Sur mes conseils, Denis prend une feuille de papier, il la divise en trois colonnes et il inscrit en haut de la première colonne : « Négativité », en haut de la seconde : « Peur », en haut de la troisième : « Émotion-colère ». En dessous de « Négativité », il écrit : « Je n'appelle pas, cela ne sert à rien, la réponse du producteur sera négative, je n'ai pas de talent, je n'ai pas de chance, je suis nul. » En dessous de « Peur », il nomme les craintes qui se cachent derrière sa négativité : « J'ai peur qu'on me dise non, j'ai peur qu'on ne reconnaisse pas mes capacités, j'ai peur de ne pas être à la hauteur. » Enfin, en dessous d'« Émotion-colère », il inscrit : « Je veux qu'on me dise oui, j'ai des capacités qui ne sont pas nulles, je vaux tout autant qu'un autre, je suis original, j'ai confiance en moi ! »

En se soumettant à cet exercice simple, Denis a démasqué ses craintes et permis à l'énergie figée dans sa négativité de se remettre en mouvement. Au travers de sa colère, il s'est autorisé un regard plus positif sur lui-même et sur le monde. Une autre réalité devient possible. Il décide de décrocher le téléphone et il est prêt à entendre la réponse, positive ou négative, du producteur de la pièce. Peu importe, finalement. Denis a obtenu bien plus qu'un rôle au théâtre, il a récupéré son pouvoir et accepté de jouer son propre rôle. « Quoi qu'il arrive, je sais que je ne suis pas nul, je rencontrerai un jour la bonne personne qui aura envie de travailler avec moi et alors tout sera juste. » Denis a inversé le cercle de ses pensées négatives, il voit sa vie avec positivité et entre donc en position de reconnaître et d'attirer à lui ce dont il a véritablement besoin pour se réaliser. L'exercice des trois colonnes a rempli sa fonction.

Très souvent, je pratique cet exercice « négativité-peur-colère ». Je vous encourage à essayer, vous aussi.

Vous serez peut-être amusé de constater qu'au début on a tendance à tout simplement nier la moindre négativité dans nos pensées. Ne vous laissez pas piéger, tentez de dépasser cette première défense... Cela en vaut la peine.

S'identifier à l'Unificateur

Tout au long de notre travail de transformation, nous abandonnons l'idée que nous sommes une victime (le blâme de notre Masque) et l'illusion qu'il n'y a qu'une seule manière de se procurer du plaisir (la négativité du Séparateur) pour, progressivement, accepter notre responsabilité unique dans le processus créateur de notre vie et reprendre le pouvoir que nous avons d'accéder au plaisir véritable. Ayant découvert que nous ne sommes pas seulement un Séparateur masqué, nous pouvons commencer à expérimenter l'envers du décor et découvrir qu'il n'est pas dangereux de changer. Il s'agit simplement de vivre l'autre partie de nous-mêmes, celle qui nous invite à unir les différentes énergies qui nous habitent et à les reconnaître chez les autres. Ce choix, car il s'agit bien d'un choix – nous l'avons vu, choisir, c'est être –, nous montre qu'il existe plusieurs réalités possibles. À partir de ce constat, nous pouvons envisager la transformation des cercles vicieux négatifs qui opèrent dans notre vie individuelle, dans notre histoire familiale et dans notre vision globale du monde. Observer qui l'on est, le comprendre et l'accepter.

Reconnaître notre négativité, en expérimenter les conséquences et l'abandonner. Exprimer notre positivité, en expérimenter la sécurité et le plaisir, transformer la peur en confiance. Voilà le chemin qui fait de nous un enfant qui n'a plus de raison de craindre. Si nous l'empruntons, nous deviendrons adultes. Nous ne subirons plus notre vie, mais nous la créerons, en pleine conscience, dans la réalité, à l'image de ce que nous ressentons comme positif : c'est-à-dire l'Unificateur en nous. Néanmoins, il ne nous faudra jamais oublier que, si nous avons tout en nous pour expérimenter l'amour, la sagesse et la paix, nous avons également tout en nous pour exprimer exactement le contraire sous la forme d'un Masque de l'amour, d'un Masque du pouvoir ou d'un Masque de la sérénité. C'est à nous de choisir. Et seulement à nous.

S'aimer et se remercier pour le travail accompli

Le travail d'observation et de transformation de soi nous conduit à développer un véritable amour pour nous-mêmes. Comme si nous prenions dans nos bras l'enfant qui est en nous et lui murmurions à l'oreille qu'il n'y a pas de danger, qu'il peut continuer à s'exprimer en toute sécurité et montrer le meilleur de lui.

Laisser jouer l'enfant qui est en nous

Nous l'avons vu, entrer en contact avec cet enfant intérieur est une étape capitale de notre croissance psychique et spirituelle. Je ne connais pas de meilleur moyen de laisser cet enfant s'exprimer dans notre vie que celui qui consiste à jouer. Jouer chaque jour, de manière régulière, au cours d'un instant privilégié pour lequel je vous recommande de programmer le temps nécessaire, comme si c'était un rendez-vous d'affaires ou une obligation familiale. Ceux d'entre nous qui ont des enfants pourront en profiter pour partager ces moments de jeux avec eux. Néanmoins, que vous soyez parents ou non, jouez !

Faites ce qui vous plaira, habillez-vous comme vous le souhaitez – même si votre accoutrement défie les convenances –, mangez ce que vous aimez, faites l'amour sans retenue, écoutez de la musique, dansez, dessinez, sculptez, peignez…, faites n'importe quoi, pourvu que cela réponde à votre besoin de l'instant. Écoutez votre besoin et réalisez-le sans attendre. Comme lorsque vous étiez enfant. Jouez, et vous découvrirez à travers vos jeux l'expression de vos angoisses les plus cachées et aussi la révélation de vos désirs les plus secrets. Ce n'est qu'un jeu, il n'y aura donc pas de place pour votre jugement. Progressivement, vous serez surpris de constater que vos comportements en dehors du jeu évolueront et correspondront de plus en plus à ce que vous êtes derrière le Masque que vous avez pris l'habitude de porter. Vous serez sans doute étonné par la créativité que vous oserez manifester à travers vos jeux. Dessinez, n'ayez pas peur. Vos œuvres vous paraîtront peut-être naïves, « enfantines ». C'est précisément l'enfant en vous qui s'exprime. Ne le jugez pas. Pas cette fois ! C'est fini, il n'y a pas de raison de croire qu'être enfantin est mal. Ne soyez plus un parent critique à l'égard de l'enfant qui est en vous. Cessez de vouloir transformer ce qui est déjà parfait de par son imperfection. Devenez un parent aimant, comme l'Observateur qui voit tout et ne juge rien. Être un enfant, c'est simplement être vrai, et être vrai, c'est être créateur. Tout est possible. Amusez-vous bien !

Lorsque j'ai commencé à jouer de manière régulière, le dessin se trouva être, pour moi, un lieu privilégié de création. Au début, j'avais un peu de mal à montrer mes œuvres aux autres. J'avais encore un jugement par rapport à ce que mes productions révélaient de moi-même. Plus tard, cependant, j'ai découvert la fierté (pas celle du Séparateur) que l'on pouvait ressentir à montrer ses dessins. Il s'agissait d'un véritable partage. J'ai donc affiché mes œuvres dans la pièce où je recevais les personnes avec lesquelles je menais un travail de conversations psycho-spirituelles. Cette démarche vous paraîtra peut-être anodine, je peux vous affirmer que, au contraire, elle a transformé ma vie.

Se respecter dans toutes ses dimensions est une source de joie immense, la sensation d'être réuni à l'intérieur, au plus profond de soi. Partager est aussi une source de bonheur intense, le sentiment d'être uni à l'extérieur, aux autres qui reconnaissent une partie d'eux-mêmes dans ce que vous leur montrez. Comme nous sommes touchés, ébranlés parfois, par le travail de certains artistes qui, avant nous, ont osé jouer.

La pratique de l'amour de soi tout entier

Apprendre à nous aimer nous met en contact immédiat et intense avec l'énergie unificatrice qui nous anime. Du plaisir pur et positif ! C'est très bon.

J'entends parfois des gens me dire que mes incitations à s'aimer soi-même constituent en fait une démarche égoïste qui, au lieu d'améliorer les rapports humains, les complique, voire les rend impossibles. Je réponds invariablement qu'il s'agit là d'une manière « séparatiste » de voir les choses. Il ne s'agit pas de s'aimer avec un sentiment de différence et de supériorité qui nous éloignerait des autres. Il est question de s'aimer avec humilité et honnêteté, sans auto-indulgence, dans un sentiment d'originalité et d'individualité tout en reconnaissant l'originalité et l'individualité des autres. Animés de ces intentions unificatrices, nous comprendrons bien vite que notre originalité et notre individualité ne sont que le reflet de ce qui est exprimé chez les autres d'une manière tout aussi originale et individuelle.

Il arrive aussi que l'on me dise que mes propos sont simplistes et évidents. Je demande alors pourquoi nous sommes obligés d'assister à tant de cruautés, de luttes et de souffrances dans le monde. Certes, mes propos sont peut-être simples – « enfantins », m'a-t-on dit un jour –, mais ils n'ont pas d'autre prétention. Ils sont simplement destinés à inciter ceux qui les lisent à quitter la compréhension intellectuelle de ce que je tente de partager pour commencer à en vivre l'intelligence émotionnelle, celle qui passe par le cœur.

Une femme, qui avait une très jolie voix, m'a dit un jour : « D'abord je me donne à moi-même et, de ce lieu de plénitude, ensuite, je donne à un autre. » Je vous propose donc quelques exercices qui permettent de créer ce lieu de plénitude dont nous avons besoin pour rayonner dans le monde.

Prenez une feuille de papier et divisez-la en deux colonnes. Ensuite inscrivez-y, dans l'une, ce que vous n'aimez pas chez vous et, dans l'autre, ce que vous appréciez. Vous verrez, ce n'est pas aussi facile que cela en a l'air. Une fois que vous aurez fini, prenez conscience des jugements qui ont motivé votre classement en « j'aime » ou « j'aime pas ». Lorsque vous y serez parvenu, vous serez prêt à ressentir ces jugements. Vous déciderez peut-être de les abandonner, car vous aurez découvert qu'il ne s'agit que des sentiments négatifs du Séparateur qui vous habite. Répétez l'exercice à quelques jours d'intervalle. Vous serez étonné de constater combien votre vision de vous-même peut évoluer.

Une autre façon d'explorer les vastes territoires dont vous êtes constitué est de pratiquer, le plus souvent possible – pourquoi pas tous les matins et tous les soirs ? –, une contemplation de vous-même devant un miroir. Plongez dans la couleur, à nulle autre pareille, de vos yeux. Admirez leur beauté, sans jugement, sans retenue. Voyez-y vos douleurs, vos peurs, vos espoirs. Reconnaissez l'enfant qui s'y cache. Il vous sourit. Et si vous pleurez, tant mieux. Vos larmes vous propulsent dans l'immensité de vous-même. Caressez-vous la joue et, gentiment, dites-vous merci pour ce que vous êtes et ce que vous êtes en train de faire.

Repérez ensuite, sur votre corps, un détail que vous n'aimez pas. Posez la main à cet endroit et parlez-lui, gentiment. Dites-lui combien cette imperfection par rapport à l'image que vous souhaiteriez pouvoir véhiculer dans le monde vous semble belle. Tout simplement parce que cette particularité fait votre originalité, votre individualité. C'est une partie de vous. Dites-lui que vous l'aimez et remerciez-la de vous rappeler votre vraie beauté.

Si la maladie ou la difformité pathologique se sont installées dans votre corps, agissez de la même manière. C'est votre maladie, c'est votre difformité. C'est vous. Écoutez ce que vous avez à vous dire.

Enfin, je vous recommande de feuilleter vos albums de photos ou ceux de vos parents afin d'y choisir un portrait de vous enfant. Admirez-le, caressez-le. Voyez ce que les yeux de cet enfant vous disent. Vous l'aviez oublié. Ce n'est pourtant pas un étranger, il est né avec vous et il mourra avec vous. C'est vous ! Personnellement, je me promène avec une photo de moi, enfant, dans mon portefeuille. Souvent je la regarde et souvent je lis dans mon regard sur le papier une question bien embarrassante : « Pourquoi m'as-tu trahi ? » et je réponds, désolé : « Parce que j'avais peur ».

5

CINQ BLESSURES, CINQ PEURS, CINQ DÉFENSES, CINQ OCCASIONS D'APPRENDRE

Nous vivons une grande partie de notre vie en défense, cachés derrière notre Masque de l'amour, du pouvoir ou de la sérénité, tentant désespérément d'échapper aux expériences douloureuses qui nous ont traumatisés dans l'enfance. Vivre en défense, c'est donc vivre dans l'état psychique de l'enfant qui est en nous.

Au cours de notre travail psychologique et spirituel, nous avons souvent du mal à accepter le fait que nous sommes (le Séparateur en nous et son Masque) les seuls responsables de nos expériences, autant de leur survenue que de la façon dont nous les gérons et de l'interprétation que nous leur donnons. Ainsi, nos conclusions erronées et nos croyances à propos du monde nous entraînent à créer exactement les expériences que nous souhaitions éviter. Comme si, sans nous en rendre compte, nous cherchions à revivre au présent les épreuves douloureuses de notre jeune âge. Et, d'expérience négative en expérience négative, nous finissons par renforcer notre aversion à l'égard de la douleur redoutée, en oubliant que les souffrances, causées par l'exercice de nos défenses, sont beaucoup plus importantes et pénibles à supporter que la douleur que ces défenses tentent d'éviter. C'est un paradoxe, mais c'est ainsi. Vous vous en êtes sans doute déjà aperçu et, si ce n'est pas encore le cas, vous le découvrirez en analysant les mécanismes de défense que je me propose de vous décrire ici.

Cette compulsion que nous développons à recréer les expériences douloureuses de notre enfance est le moyen que la vie, c'est-à-dire nous, utilise pour nous permettre d'apprendre qui nous sommes derrière nos masques. Et, je vous l'ai déjà dit : la vie est généreuse, elle nous propose régulièrement d'affronter nos peurs afin de pouvoir, quand nous serons prêts (car c'est nous qui choisissons), les dépasser et expérimenter l'autre partie de la pulsation vitale : l'unification. Ainsi, nos peurs et nos croyances sont les indices de ce que nous avons à comprendre et à transformer. En les explorant, nous définirons la tâche de notre vie.

Grandir est une aventure terrifiante

Je compare souvent la naissance et la croissance d'un enfant à l'arrivée d'un astronaute sur une planète inconnue. Débarquer n'est pas une manœuvre facile à réaliser, mais pouvoir y rester est encore plus périlleux. Il s'agit de développer rapidement des moyens d'exploration et d'expérimentation de ce nouveau monde. C'est ainsi que l'enfant ouvre les yeux et interroge ceux de sa mère pour savoir s'il est arrivé à bon port. Puis, rassuré, il va commencer à laisser son énergie quitter le haut de son corps pour, progressivement, se manifester à travers tout son être. La bouche, d'abord, qu'il ouvre grande pour goûter, se nourrir et s'exprimer ; ses bras et ses jambes, ensuite, qui lui permettront d'étendre le champ de ses investigations ; puis ses sphincters qu'il apprendra à contrôler afin de s'affirmer au sein de son environnement comme une entité distincte ; ses organes sexuels, finalement, qui lui permettront de ressentir l'immense force de vie qui l'anime. Chacune de ces étapes de la croissance de l'enfant est pour lui l'occasion d'expérimenter de grandes frustrations, de grandes terreurs.

Fermons les yeux quelques instants et, comme nous avons revécu le jour de notre naissance (voir « Quitter le monde de l'unité », p. 35), revivons, de manière accélérée, les différentes étapes de notre enfance.

Le rejet

Rappelez-vous. Vous baigniez encore dans le liquide chaud du ventre de votre mère à moins que ce ne soit, un peu plus tard, à l'hôpital, lorsque vous avez ouvert les yeux. Peu importe, c'était affreux. Vous avez ressenti l'angoisse de votre mère. Elle avait peur. Peur de vous ? Peut-être. Intimidée, elle ne savait sans doute pas comment réagir. Votre père ne paraissait pas beaucoup plus rassuré. Et puis il y avait cette sensation de froid et ce vide autour de vous. On vous réchauffait, vous redoutiez l'étouffement. On vous étreignait, vous frôliez l'asphyxie. Quelle hostilité à votre égard ! Mais aviez-vous seulement le droit d'être là ? Peut-être pas. Aviez-vous le droit d'exister ?... C'est bien cela, vous n'aviez pas le droit de vivre. On ne voulait pas de vous ! Que faire ? Il n'y avait qu'une solution : fermer les yeux, s'enrouler sur soi-même et rêver. Imaginer que l'on peut retourner là d'où l'on vient. Dans cet univers-là vous n'aviez jamais trop froid ni trop chaud. Jamais d'angoisse. Il n'y avait que vous, seul, dans la plénitude de l'instant. C'était tellement mieux.

L'abandon

Rappelez-vous. Quelques heures plus tard, une étrange sensation vous envahit soudain le ventre. Un vide, une impression d'être coupé de la force vitale qui vous animait. Vous aviez faim. C'était atroce. Vous pleuriez. Et, dans l'instant, un bout de chair chaude s'insinua entre vos lèvres, un liquide tiède coula dans le fond de votre gorge, l'horrible sensation quitta votre ventre. Vous étiez apaisé. Pas pour longtemps, hélas. Car la sensation réapparut. Vous avez pleuré à nouveau. Mais le bout de chair ne vint pas. Vous avez pleuré encore. En vain. Qu'alliez-vous devenir ? La force vitale vous quittait. Alliez-vous mourir ? Non, car, finalement, le bout de chair et son liquide tiède arrivèrent. Dorénavant, vous pleureriez plus vite et plus fort. Il fallait absolument que les formes qui vous entouraient vous entendent et vous donnent ce dont vous aviez besoin. Absolument ! Sinon, vous alliez mourir.

L'humiliation

Rappelez-vous, vous étiez plus ou moins rassuré de pouvoir exister. Vous aviez trouvé certains repères. Des modes d'expression aussi. Par vos cris et vos pleurs, vous affirmiez qui vous étiez. Et ceux qui vivaient à l'extérieur de vous répondaient à vos attentes. Ils vous nourrissaient. Il ne pouvait plus rien vous arriver. Et pourtant... Un matin, l'extérieur de vous commença à vouloir vous imposer sa loi. Et quelle loi ! Ne pas hurler, faire pipi sur le pot, aller dormir, prêter vos jouets, dire merci, manger des substances solides aux goûts étranges. Un jour, maman vous proposa une banane. Vous n'aviez pas envie de faire ce que maman avait décidé pour vous. Alors vous avez réclamé une pomme. Mais maman vous a dit qu'elle avait spécialement acheté la banane pour vous et que les bananes étaient pleines de vitamines. Vous avez répondu : non ! Vous n'aviez que faire de manger une banane ou une pomme, mais, si vous acceptiez de manger cette banane, qui saurait qui vous étiez et ce que vous aviez le droit de réclamer ? Papa est arrivé. Lui aussi a tenté de vous convaincre de manger cette satanée banane. Mais non ! Mais si ! D'ailleurs, papa ajouta qu'il vous fallait être un gentil garçon et montrer à maman combien vous l'aimiez car, sinon, maman n'achèterait plus jamais rien pour manger. Panique. Plus à manger. Plus d'amour. Comment faire ? Il n'y avait qu'une solution : abdiquer. Alors vous l'avez mangée, cette banane. Vous étiez profondément humilié et vous avez décidé de ne plus jamais dire ce que vous désiriez vraiment, de ne plus jamais partager ce que vous ressentiez, de ne plus jamais montrer qui vous étiez. De toute façon, les autres ne comprendraient pas et vous forceraient à être un autre. Alors autant rester caché.

La trahison

Rappelez-vous, vous aviez accepté toutes les règles de vos parents. Vous ne montriez plus vos aspirations personnelles. Tout au moins, vous essayiez.

Vous étiez propre, vous mangiez de tout et vous évitiez de pleurer. Vous étiez devenu un « grand garçon » ou une « grande fille » et tout le monde disait que vous étiez très gentil. Maman vous confiait dans le creux de l'oreille que vous étiez son « petit enfant chéri » et qu'« heureusement que vous étiez là car votre père était parfois méchant ! ». Papa vous murmurait dans le cou que vous étiez le « trésor de sa vie » et que « si vous n'étiez pas là, il serait très malheureux car votre mère était tout le temps de mauvaise humeur ! ». On vous disait donc plus parfait que vos parents, les êtres les plus parfaits du monde (puisqu'il vous protégeaient et vous donnaient à manger, puisqu'ils vous aimaient, donc). Incroyable ! Merveilleux ! Cependant, un matin, vous avez tout compris. Papa dormait avec maman. Et vous pas ! Et puis, si l'on vous protégeait et si l'on vous nourrissait, c'était pour que vous grandissiez vite de façon à quitter la maison et devenir, vous aussi, un papa ou une maman. De toute façon, que vous soyez le plus gentil, le plus beau et le plus parfait ne vous servait pas à grand-chose puisque vous ne pouviez pas exiger tout ce que vous vouliez. Vos parents vous mentaient, c'était évident. Vous n'étiez pas l'être le plus extraordinaire et le plus important de leur vie. On vous avait manipulé pour obtenir votre docilité. Trahison ! Comment faire pour échapper à ce piège infernal ? C'était tout simple : il suffisait de faire la même chose que vos parents. Désormais, vous alliez contrôler tout et tout le monde. Quitte à manipuler et à trahir à votre tour, mais, vous, on ne vous y reprendrait plus !

L'interdiction d'être soi

Rappelez-vous. Vous veniez de ressentir du plaisir. Une sensation puissante, proche de celle que vous expérimentiez, en permanence, avant de venir au monde. Une sorte d'élan joyeux dont la source semblait localisée entre vos jambes. Votre main avait exploré cette région. Elle y avait découvert votre sexe. Le même que celui de papa. Le même que celui de maman. Mais pourquoi donc papa et maman vous interdisaient-ils de toucher ce sexe ? « Ce n'est pas convenable ! » disaient-ils. Vous avez essayé de rester convenable. Ce fut difficile, d'autant plus que, quelques années plus tard, le plaisir de toucher votre sexe était devenu encore plus intense. Et puis vos parents avaient beau vous répéter que c'était « honteux » et « dégoûtant », ils y touchaient aussi, eux, à leur sexe. Oui, mais jamais en public et toujours sans en parler. C'est peut-être cela être un adulte : faire ce qui n'est pas convenable en cachette ou, peut-être, ne pas faire ce qui n'est pas convenable.

À bien observer vos parents et les autres adultes, vous avez commencé à comprendre : dans le monde des adultes, on ne peut jamais se faire plaisir et il faut toujours être adapté aux situations. Qu'à cela ne tienne, si c'est le prix à payer pour faire partie de ce monde-là... Vos parents l'ont bien payé avant vous, ce prix, alors... Alors, vous avez décidé de jouer le jeu et d'essayer toujours, en toute circonstance, de sauver les apparences. Et, lorsque l'effort devenait trop difficile à supporter, vous avez réglé le problème en vous interdisant même de penser à ce qui pourrait vous faire plaisir. Ce que vos parents et les autres adultes « très comme il faut » ignoraient, c'est que vous aviez tout de même du plaisir : le plaisir de vous interdire d'avoir du plaisir !

Notre personnalité est unique

Rejet, abandon, humiliation, trahison et inauthenticité sont les cinq blessures que nous passons notre vie entière à tenter de panser. Cinq peurs que nous avons éprouvées intensément, terrifiés à l'idée d'être exclus du monde de la dualité que nous découvrions avec notre œil de Séparateur.

Nous souffrons tous des cinq blessures à la fois, cependant, selon l'importance que celles-ci ont prise dans notre expérimentation de la vie, nous avons privilégié certaines stratégies d'évitement plus que certaines autres. C'est ainsi que nous avons développé des personnalités différentes, uniques et absolument imprévisibles selon des critères génétiques ou culturels. Des combinaisons originales des différentes défenses en réponse aux différentes blessures.

En lisant les descriptions qui vont suivre[1], vous vous reconnaîtrez sans doute plus particulièrement

1. La description des cinq grands types de blessures et des profils psychologiques qui en découlent est fondée, entre autres, sur les travaux d'Alexander Lowen (dans ses livres *The Language of the Body*, New York, Macmillan Publishing Company, 1958, et *Bioenergetics*, New York, Penguin Books, 1975), de John Pierrakos (dans son livre *Core Energetics*, New York, Life Rhythm Publications, 1987), d'Andre Leites (dans ses articles « Psychopathy, part I » et « Psychopathy, part II », parus dans *Energy and Consciousness*, vol. 1 et 2, New York, 1991 et 1992) et sur la remarquable synthèse de ceux-ci réalisée par Barbara Ann Brennan dans ses livres *Le Pouvoir bénéfique des mains* et *Guérir par la lumière, op. cit.*

dans certains profils de défense que dans d'autres. Néanmoins, si vous vous observez honnêtement, vous finirez toujours par découvrir des aspects de votre personnalité rattachés à chacune des grandes peurs de l'enfant. Reconnaître ces peurs vous aidera à détecter les conclusions erronées et les croyances qui en découlent et, ainsi, vous comprendrez comment, sans le vouloir, vous avez, par vos défenses, créé des situations qui vous ont permis de renforcer vos croyances. Vous allez voir, c'est stupéfiant !

Lorsque vous serez capable de reconnaître l'irréalité de la pensée généraliste et absolue de l'enfant, il vous sera sans doute plus facile d'abandonner sa logique émotionnelle dualiste du bien et du mal pour développer l'intelligence de l'adulte.

Croire que l'on est rejeté, connaître la peur de ne pas avoir le droit d'exister et s'enfuir

Tout petit, l'enfant n'est pas encore capable de pervertir ses perceptions par les analyses, les comparaisons et les justifications de son mental. Ses perceptions n'en sont que plus vives et plus intenses. C'est ainsi que, déjà avant sa naissance, au moment de celle-ci ou dans les tout premiers jours qui la suivent, le bébé peut percevoir chez les adultes qui l'entourent, le plus souvent ses parents, une appréhension, une angoisse, du mécontentement, de l'hostilité ou même du rejet. Dès lors, il se sentira coupé de ses parents, il aura le sentiment de ne pas être accepté, il en conclura qu'il n'a pas le droit d'exister. Imaginez la terreur de ce bébé, à peine débarqué dans le monde, déconnecté du réseau de la vie, persuadé de l'imminence de son anéantissement. Il n'a pas d'autre choix que celui de s'enfuir et de retourner là d'où il vient, dans le monde, paisible et sans histoire, de l'unité. Le monde de l'esprit, là où il suffit de rêver pour que les pensées se réalisent à la vitesse de la lumière. Le monde de tout, ici et maintenant. C'est ainsi que, plus tard, dans sa vie, chaque fois qu'il sera effrayé par le monde qui l'entoure, l'enfant revivra sa peur d'être anéanti et utilisera sa défense de fuite. Il s'échappera instantanément quelque part dans ses rêves.

Au moment de l'adolescence, lorsqu'il sera parvenu à la porte du monde des adultes, terrifié à l'idée de ne pas y être accepté et résistant à l'idée de devoir renoncer à certains aspects spontanés de sa personnalité, il choisira encore cette défense pour échapper à la confrontation redoutée. Il se réfugiera au sein de bandes de copains, imaginera un « monde meilleur » et sera peut-être tenté par la consommation de boissons ou de drogues susceptibles de l'emmener « ailleurs ».

Devenu adulte, il aura tendance à s'isoler à la moindre contrariété, il vivra dans sa tête, il intellectualisera ses sensations et il s'exprimera dans des termes théoriques et absolus avec un langage totalement dépersonnalisé. Voilà le profil de personnalité d'un individu qui aura choisi la défense de la fuite comme mode principal d'existence. Vous vous y reconnaîtrez peut-être. En partie, du moins, car, même si nous sommes rarement l'expression d'une seule défense, dans certaines circonstances de notre vie, il nous arrive sûrement à tous de réagir de la sorte.

Il est intéressant de noter que le corps physique – qui est en quelque sorte la forme la moins vibrante et donc la plus matérialisée de notre conscience – présente des caractéristiques en fonction des différentes défenses qui ont été développées par l'individu. Ainsi, ceux qui ont privilégié la fuite dans des mondes imaginaires plutôt que d'affronter le risque d'être rejetés ont un corps long et fin dont les différentes parties semblent désarticulées. Leurs articulations sont fines, leurs mouvements semblent mal coordonnés. Leurs jambes sont maigres et donnent l'impression d'être peu connectées à la terre. Lorsqu'ils marchent, on dirait qu'ils ne touchent pas le sol. Ils flottent. Leurs mains et leurs pieds sont froids car ils n'« habitent » pas leur corps. Ils peuvent présenter une scoliose du fait de leur attitude « à moitié là » et du déhanchement permanent qu'ils impriment à leur posture. La majorité de leur énergie apparaît localisée au niveau de leur tête et souvent leurs yeux ont un air vague, le regard perdu quelque part d'où l'on aimerait bien les ramener dans la réalité du monde physique.

Bien entendu, et ce sera le cas pour toutes les descriptions que je vous ferai de nos différentes défenses, ces caractéristiques physiques sont ici présentées de manière un peu caricaturale. Dans la réalité, le mélange de nos différentes défenses complique un peu la lecture corporelle de notre personnalité. Cependant, avant de classer ces informations au rayon des élucubrations loufoques, je vous encourage à observer. Examinez votre corps et celui de ceux que vous rencontrerez. Comparez leur profil de personnalité et leurs aspects morphologiques, vous serez étonné des concordances que vous découvrirez. Et l'hérédité génétique ? me direz-vous. L'hérédité génétique est une réalité, certes. Cependant, que connaissons-nous de ses rapports avec notre conscience ? Les cercles vicieux que nous reproduisons de génération en génération font également partie de notre héritage. Où commence le rôle de nos gènes et celui de notre psychisme ? Et s'il n'y avait pas de frontière ? Si l'un et l'autre aspect de notre approche de l'être humain n'étaient que deux descriptions d'une seule réalité, beaucoup plus vaste et plus complexe que nous ne pouvons l'imaginer dans le cadre de notre analyse rationnelle et morcelée ? Nous en reparlerons à l'occasion d'un autre livre[1]. En attendant, je vous propose d'expérimenter les faits que je vous décris. Vous déciderez alors s'il s'agit d'une partie de la vérité ou non.

« Laissez-moi rêver ! » (la réalité de Jérémy)

Le travail de Jérémy, un adolescent de treize ans, vous illustrera la difficulté de s'incarner dans le monde physique qu'ont ceux qui choisissent la fuite comme défense. Je rencontre Jérémy à la demande de ses parents, qui s'inquiètent du fait que leur fils ne s'intéresse à rien d'autre que le jeu, et en particulier le jeu sur console informatique. À l'école, Jérémy n'étudie pas, au contraire, il passe son temps à rêver ou à chahuter. La mère de Jérémy culpabilise de ne pas pouvoir entrer en contact avec son fils. Elle aimerait pouvoir l'aider (elle l'a d'ailleurs déjà conduit chez plusieurs psychologues, pédagogues et autres spécialistes, sans succès) et elle se déclare d'autant plus sensible à la situation de son fils qu'elle a vécu la même dans sa propre enfance. Le père, de son côté, a renoncé. Il préfère imposer que dialoguer, et Jérémy déclare souffrir de ces conflits qui

---

1. Thierry Janssen, *La Solution intérieure – vers une nouvelle médecine du corps et de l'esprit*, Paris, Fayard, 2006 ; Pocket n° 13062.

aboutissent inévitablement à des claquements de porte et à des isolements prolongés dans sa chambre. Jérémy est le deuxième enfant d'une famille de quatre.

Lorsque j'interroge les parents de l'adolescent, ceux-ci mentionnent une grossesse difficile, marquée par des problèmes familiaux et professionnels, ainsi qu'un accouchement long et pénible ayant nécessité l'utilisation de forceps. Ces détails ne m'étonnent pas du tout. En effet, il est très fréquent de noter des circonstances hostiles autour de la naissance des enfants qui connaissent une grande peur de ne pas avoir le droit d'exister. Il s'agit alors de déculpabiliser les parents car, comme nous en discuterons plus loin (« Le plus beau métier du monde », p. 236), les défenses que l'enfant développe au contact du monde – donc de ses parents – sont la trame de sa personnalité, et n'avons-nous pas tous besoin d'une personnalité pour explorer et éclairer les zones obscures de notre conscience ? C'est peut-être la condition de l'expérience humaine.

Physiquement, Jérémy est un adolescent maigre et élancé qui répond parfaitement au profil physique que je vous ai décrit plus haut. Il souffre d'un complexe à cause d'une implantation dentaire un peu proéminente, de ses oreilles qui lui paraissent décollées et de l'aspect général de son corps qu'il juge (ses copains aussi, ajoute-t-il) trop chétif. À l'école, Jérémy n'a pas d'amis. Il évite les contacts avec les enfants de son âge, il joue seul et il s'invente des compagnons invisibles. Son imagination est très fertile.

Comme chaque fois que je rencontre une personne qui se défend par la fuite, le contact avec Jérémy fut très difficile à établir et surtout à maintenir. Sans cesse, il se tortillait dans son fauteuil et il évitait de me regarder dans les yeux. Après lui avoir fait prendre conscience de ce fait (le travail de l'Observateur), je lui ai demandé de respirer profondément afin qu'il sente son corps et qu'il ait envie de l'habiter, ne fût-ce que le temps de notre rencontre. Le contact établi, nous avons pu commencer à travailler.

Le leitmotiv de Jérémy était qu'il n'envisageait pas la vie sans rêve. Il ne voyait absolument pas l'intérêt de s'insérer dans le monde physique, il n'y voyait probablement pas sa place. Celle-ci était sans doute déjà occupée par sa sœur aînée, et l'attitude de ses parents le confortait dans cette idée. Sa mère, reconnaissant en lui tout ce qu'elle avait dû refouler en elle, car c'était la cause de trop de souffrances, avait développé une personnalité de contrôle (la peur d'être trahi, nous le verrons plus loin) et ne pouvait donc s'empêcher de tenter d'amener son fils aux renoncements auxquels elle avait elle-même consenti. Il y avait de quoi faire fuir Jérémy. Son père, lui-même en défense de fuite dans sa relation avec son fils, n'était pas capable d'établir un contact avec lui. Leurs affrontements étaient brefs et se soldaient toujours par le repli et le mutisme des deux protagonistes. Jérémy avait donc fini par conclure que personne ne le comprenait et que sa place était ailleurs. À l'école, il chahutait pour se faire remarquer. C'était sa manière de dire qu'il existait. À la maison, il voyageait dans les profondeurs de l'écran de télévision ou dans le monde sans limites des jeux informatiques.

« Laissez-moi rêver ! me dit-il un jour. — D'accord, rêvons ! » lui répondis-je. Je lui proposai donc de fermer les yeux et d'imaginer des paysages fantastiques. À tour de rôle, lui et moi nous inventions des images que nous voyions tous les deux dans l'instant devant nos yeux clos. À un moment, il me décrivit une banquise et des Esquimaux qui pêchaient le phoque devant un igloo. À cet instant précis, je l'exhortai à ouvrir les yeux. « Comment allons-nous faire de notre rêve une réalité ? lui demandai-je. — C'est impossible ! » me répondit-il. Je lui proposai d'y réfléchir pour notre prochaine rencontre.

La semaine suivante, lorsque Jérémy pénétra dans la pièce où nous tenions nos conversations, je lui demandai s'il avait trouvé une solution afin de matérialiser notre rêve commun d'Esquimaux et de banquise. Sa réponse fut négative. Je lui montrai alors une petite maquette que j'avais réalisée à l'aide de bouts de carton et de peinture : une banquise, un igloo et des Esquimaux en train de pêcher le phoque. Jérémy écarquilla les yeux. Il venait de prendre conscience du pouvoir que nous avons d'imprimer nos rêves dans la matière. Le pouvoir d'exister ! Lorsque je lui demandai qui il admirait le plus parmi les personnages publics, il me répondit sans hésiter que c'était Steven Spielberg, parce que « lui, au moins, il rêve ! ». Ce que Jérémy avait oublié dans sa vision du monde, c'est que pour que nous puissions savoir que le réalisateur d'*E.T.* et de *Jurassic Park* avait des rêves extraordinaires dans la tête, il avait fallu qu'un jour il décide de prendre du temps, de trouver de l'argent, de convaincre des acteurs et de dépenser son énergie à imprimer son rêve sur la pellicule d'un film. Quitter le monde où tout va plus vite que la vitesse de la lumière pour ralentir et s'exprimer dans l'espace et le temps, s'incarner, exister. Ce que Jérémy avait peur, immensément peur de faire.

S'incarner

Lorsque l'on rencontre quelqu'un qui a peur de n'avoir pas le droit d'exister et qui se défend par la fuite, son Masque – qui est souvent ce que nous découvrons en premier chez les autres – nous tiendra un langage qui pourrait se résumer à : « Je vous ignore, je vous rejette, je vous déteste, avant que vous ne m'ignoriez, me rejetiez et me détestiez ! » Nous reconnaissons bien là la propension du Masque à blâmer et à rejeter la faute sur l'autre. Il évitera le contact avec les autres humains. Son discours sera dépersonnalisé, intellectuel et abstrait. Il ne parlera jamais réellement de ses sentiments. Il manifestera de l'arrogance et se positionnera comme quelqu'un de différent – sous-entendu, quelqu'un de spirituellement plus évolué – afin d'intimider les autres et de les tenir à l'écart (le Masque de la sérénité). Ainsi, d'expérience d'isolement et de fuite en expérience d'isolement et de fuite, celui qui entretient la croyance qu'il n'a pas le droit d'exister dans le monde physique finit par créer des réactions de rejet de la part de ceux qu'il rencontre. Sa conclusion erronée à propos du monde devient donc sa réalité.

Le Séparateur en lui a envie de dire : « Je vous détruirai aussi, d'ailleurs, vous non plus vous n'avez pas le droit d'exister. » Le monde lui apparaît comme un lieu dangereux, hostile. Il est en colère. Il souffre. En entrant en contact avec cette douleur et cette rage refoulées du Séparateur, l'individu peut progressivement laisser l'Unificateur en lui s'exprimer. Lui seul peut expérimenter une autre vision du monde et déclarer : « J'ai le droit d'exister, je suis réel, j'existe ! » La puissante énergie ainsi libérée peut alors se manifester dans le monde.

Ceux qui se défendent par la fuite sont en général des gens extrêmement créatifs. Leur problème est d'établir des liens concrets entre leurs merveilleuses idées et d'être capables de trouver le temps et l'espace nécessaires à la réalisation de leurs projets. Lorsque ceux-ci prennent corps dans le monde physique, ils sont souvent porteurs d'un message profondément spirituel, en étroite connexion avec le monde dans lequel ils trouvent refuge. C'est ainsi que l'on trouvera parmi eux des artistes, des écrivains, des inventeurs ou des êtres préoccupés d'aider les autres.

Si vous vous reconnaissez dans ce premier portrait de nos différentes personnalités, je vous conseille de veiller à renforcer vos limites intellectuelles. Cela ne veut pas dire que je vous recommande de devenir borné. Au contraire ! Cependant, si vous êtes de ceux qui aiment fuir, soyez conscient que vous êtes facilement influençable et perméable aux discours d'autrui. Lorsque ceux-ci vous proposent une occasion de rêver, vous êtes toujours prêt à y adhérer. C'est comme cela que les sectes recrutent leurs membres.

Lorsque vous vous sentirez en train de « partir », de quitter votre corps, le temps et l'espace, pour voyager dans votre tête, respirez ! Sentez votre souffle pénétrer jusque dans votre ventre et appuyez de tout votre poids sur le sol en dessous de vos pieds. Vous avez un corps, c'est par lui que vous resterez en contact avec la réalité de qui vous êtes réellement dans l'instant. Une fois que vous aurez réuni toute votre conscience, depuis celle de vos rêves (la plus vibrante) jusqu'à celle de votre corps (la moins vibrante), n'oubliez pas d'entrer en contact avec les autres. Regardez-les dans les yeux, touchez-les. C'est le meilleur moyen pour reprendre pied dans le monde. Et répétez-vous au fond de votre cœur : « Il n'y a pas de danger. Je suis en vie. Je suis ici. »

Croire que l'on est abandonné, connaître la peur de ne pas pouvoir survivre par soi-même et voir les autres comme de la nourriture

La détresse que connaît l'enfant qui pleure, le ventre tiraillé par la faim, en train d'attendre son biberon est sans aucun doute l'une des plus importantes angoisses que nous ayons connues. L'impression d'être seul au monde, abandonné, privé de l'énergie qui nous maintient en vie. Sans nourriture, sans amour. Heureusement que nous avons oublié ce traumatisme, me direz-vous. Vous vous trompez. Il n'y a pas un jour de notre vie où nous ne revivions pas la douleur d'avoir été abandonnés. Pas un jour de notre vie sans que nous imaginions un stratagème pour ne plus avoir à ressentir le vide terrifiant que nous avons expérimenté, il y a bien longtemps, couchés au fond de notre berceau.

Persuadé du risque permanent d'être privé ou abandonné, l'enfant tentera toutes les stratégies – pleurer, sourire, bouder, hurler – pour obtenir la nourriture et l'amour (ce qui est la même chose dans son esprit) dont il a besoin pour survivre. Motivé par le Séparateur en lui, il essaiera d'être rapidement autonome, indépendant. Considérant plus sûr de partir lui-même à la recherche de quoi satisfaire ses besoins et jugeant plus efficace de faire comprendre clairement la nature de ceux-ci, il marchera et parlera précocement. D'autant plus précocement qu'il hésite à demander ce qu'il souhaite car il a peur d'un refus. Ainsi, devenu indépendant très tôt, il est conforté dans sa croyance. Demander reviendrait, pour lui, à recevoir sans avoir la preuve qu'il est aimé, puisqu'il aurait dû demander. Or, s'il ne demande pas, il ne reçoit pas non plus. De toute façon, au fond de lui, il est convaincu que le monde est difficile d'accès et qu'il n'obtiendra jamais ce dont il a réellement besoin.

Pourtant, dans les situations difficiles, tout à coup, son apparente indépendance disparaît. Il se met alors à utiliser un autre type de défense. Son activité et son initiative se transforment en passivité. Il refuse de prendre ses responsabilités, il attend qu'on l'assiste dans toutes ses démarches. Son agressivité et sa combativité deviennent de la séduction et de l'avidité. Il voit le monde comme un immense supermarché dans lequel les autres, objets et humains, sont de la nourriture susceptible de combler son impression de vide, son insatiable besoin d'être rassuré sur le fait qu'il ne sera pas délaissé. Sa vie est une chasse permanente à la recherche de preuves d'amour. Ses armes sont tantôt la séduction, tantôt la complainte. Il veut qu'on lui donne tout bien qu'il affirme n'avoir besoin de rien. Et pourtant il n'a jamais assez. Ceux qui l'entourent ont beaucoup de mal à comprendre ce paradoxe. Ils ne soupçonnent pas l'immense honte qu'éprouve celui qui a peur d'être abandonné d'avoir des besoins et de les exprimer.

Nous connaissons tous ce genre de défense, n'est-ce pas ? Elle est à l'origine de beaucoup de drames humains et de toutes les histoires d'amour où amour est synonyme de possession.

Physiquement, celui qui a peur d'être abandonné présente un corps peu développé, long et fin, d'aspect immature. Ses muscles sont flasques, ses épaules tombent vers l'avant, son thorax est creusé, son bassin est projeté vers l'avant, ses fesses sont plates. La majorité de son énergie est localisée au niveau de sa tête, principalement dans ses yeux, qui sont perçants et cherchent à capter l'attention de ses « proies ». Lorsque vous le regardez, vous avez l'impression d'être aspiré dans son regard, comme s'il vous pompait votre énergie. C'est effectivement ce qu'il fait. Persuadé de ne pas pouvoir subsister par lui-même, celui qui a peur d'être abandonné se nourrit de l'énergie des autres. Parmi ses stratégies de pompage énergétique, vous reconnaîtrez rapidement celle qui consiste à parler d'une voix faible et généralement sur le ton de la plainte ou celle qui vous noie dans le flot de paroles d'un monologue long et ennuyeux. Ceux qui ont peur d'être abandonnés nous « pompent l'air », dit-on souvent. Pour s'en protéger, les autres s'en tiennent éloignés. Ce qui, en vertu de la bonne vieille règle selon laquelle nous créons ce que nous cherchons à éviter, conforte celui qui a peur d'être abandonné dans l'idée que les autres l'abandonnent.

« Je n'y arriverai jamais toute seule ! »
(l'angoisse de Madeleine)

L'histoire de Madeleine (p. 91), devenue veuve et incapable de remplir sa déclaration d'impôts, illustre la blessure de l'abandon.

En explorant l'enfance de Madeleine, celle-ci se souvint avec émotion d'un épisode qu'elle avait gardé enfoui depuis soixante ans. Elle devait avoir quatre ou cinq ans lorsque, en voyage avec ses parents dans le sud de la France, une nuit, elle se réveilla dans la chambre de l'hôtel où ils étaient descendus. Elle appela sa mère, puis son père, sans réponse. Anxieuse, elle sortit de son lit pour rejoindre la couche de ses parents. Mais il n'y avait personne ! Prise de panique, elle se mit à pleurer et quitta la chambre en hurlant. Quelques minutes plus tard, un employé de l'hôtel la trouva, désespérée, égarée dans un couloir et il la conduisit jusqu'au salon où ses parents dégustaient tranquillement un café. Madeleine se rappela parfaitement le sourire, à la fois amusé et désolé, de ses parents. En racontant cette horrible nuit, des larmes lui montèrent aux yeux. Elle avait pris contact avec sa blessure.

En écoutant le récit de Madeleine, je me souvins de deux épisodes très semblables qui ont marqué ma propre enfance. Le premier se déroulait pratiquement selon le même scénario, dans un motel, au bord d'une route du nord de l'Italie. La frayeur que j'ai ressentie à ce moment-là avait dû être immense car, rien qu'en l'évoquant, je me suis senti submergé par l'émotion du désarroi. Le second eut lieu dans l'appartement où je vivais avec mes parents et mon jeune frère. Je devais avoir cinq ou six ans. Une nuit, je me réveillai et j'appelai mes parents. N'ayant pas reçu de réponse, je me rendis dans le séjour, où la télévision était allumée. Mais il n'y avait personne. Je fis donc le tour de l'appartement : à part mon frère, qui dormait profondément, il n'y avait toujours personne. Je me mis alors à hurler et je sortis dans la cage d'escalier de l'immeuble. C'est là qu'une voisine me trouva. Alertés par mes cris, mes parents, qui étaient sortis quelques minutes pour rendre visite au voisin du dessus, accoururent et me prirent dans leurs bras. Alors que je vous relate cette expérience atroce, je ressens encore l'anéantissement qui fut le mien cette nuit-là.

J'ose à peine imaginer celui que, vous comme moi, nous avons expérimenté lorsque nous avons rencontré cette peur pour la première fois.

Se nourrir de l'intérieur de soi

Construit sur la croyance qu'il n'aura jamais ce dont il a besoin, le Masque de celui qui a peur d'être abandonné déclare : « Je n'ai pas besoin. Je ne demanderai pas. » Pour pomper l'énergie des autres, le Masque (essentiellement le Masque de l'amour-soumission-dépendance) utilise le langage verbal avec brio et n'hésite pas à recourir à quelques provocations agressives dans le seul but d'attirer l'attention sur lui. Nous connaissons tous des gens, notamment des adolescents, qui ne peuvent s'empêcher de tenir des propos outranciers, parfois très loin de leurs convictions profondes, dans le seul but de susciter l'intérêt d'autrui et par la même occasion d'obtenir une preuve d'amour dans le fait d'être écoutés, voire appréciés, malgré leurs excès verbaux. S'il ne demande pas, celui qui a peur d'être abandonné donne beaucoup. Cela lui assure l'attachement de ceux dont il recherche l'amour. Mais, lorsque ceux-ci font mine d'affirmer leur autonomie, la riposte est violente, car, loin de l'amour-respect, il s'agit ici d'un amour-intérêt.

Pourtant, malgré tous ces dénis et ces paradoxes, le Séparateur qui se cache derrière le Masque n'a qu'une envie, supplier : « Prenez-moi en charge », exprimant par là sa crainte de n'être pas assez à lui tout seul pour assurer sa propre survie. Lorsque, enfin, l'énergie de l'Unificateur peut se manifester, nous l'entendrons affirmer : « J'ai le droit d'avoir des besoins. Je suis assez par moi-même pour subvenir à mes besoins. Je suis satisfait. Je suis rempli. » Ceux qui se défendent en considérant les autres comme de la nourriture peuvent alors apprendre à faire confiance en l'abondance qui existe pour tout le monde dans l'Univers. Cela vous paraîtra peut-être un peu idyllique, voire utopique. Je vous répondrai que, du point de vue du Séparateur, ça l'est certainement. N'oubliez pas, cependant, que les lois de l'énergie séparatrice ne sont pas les mêmes que celles qui régissent la vision unifiée du monde. Celles-ci nous disent que, si nous voulons être capables de reconnaître l'abondance qui existe dans l'Univers, nous devons, avant toute chose, définir honnêtement quels sont nos véritables besoins. De plus, il nous faut prendre conscience que, en vertu de la loi d'échange et de conservation de l'énergie, si nous voulons recevoir, nous devons être capables de donner. Et cela à un tout autre niveau que celui, important mais seulement symbolique, du monde des objets physiques. Il s'agit ici d'une dimension bien au-delà de notre psychisme et de nos actes. Il s'agit du pouvoir de l'intention. Je vous laisse méditer sur cette magie essentielle de l'Univers. Nous y reviendrons plus loin.

Être capable de donner sans attendre en retour, voilà une preuve de confiance en l'Univers. Être capable de recevoir, humblement, ce dont on a besoin, voilà une preuve de confiance en l'autre. Être capable de se donner à soi-même, généreusement, ce qui nous est nécessaire, voilà une preuve de confiance en soi.

Ainsi, ceux qui ont peur de l'abandon, libérés de leur angoisse et ayant accepté de se tenir debout, seuls, sur leurs deux pieds, deviendront des gens passionnés par ce que la vie peut leur apporter. Ils auront de nombreux centres d'intérêt et le talent d'éclairer leurs connaissances avec le langage de leur cœur. Ils seront sensibles à la notion d'équité et défendront les victimes d'injustices. Ils seront, par exemple, d'excellents professeurs.

Si, vous-même, vous vous surprenez en train de perdre votre confiance en vous et en l'Univers et que, soudain, la panique s'empare de vous, respirez ! Reconnaissez votre peur de demander et votre honte de recevoir. Respirez. Sentez votre souffle descendre dans votre gorge, c'est là que se trouve la conscience de vos besoins. Relevez le menton. Respirez. Ne vous laissez pas abattre. Sentez votre souffle remplir vos poumons, redressez les épaules et gonflez le thorax. Pesez de tout votre poids sur le sol en dessous de vos pieds et répétez-vous au fond de votre cœur : « Je suis rempli. Je suis assez. »

Croire que l'on est humilié, connaître la peur d'être envahi et se cacher

L'enfant, au cours de son apprentissage de la vie en société, est inévitablement confronté au contrôle de ses parents. Il ressentira celui-ci comme une volonté de domination de leur part, une entrave à son individualisation, une véritable invasion dans son univers et, souvent, empêché d'exprimer ses envies spontanées, il se sentira humilié. Les occasions où il doit renoncer à sa loi et accepter les règles de ses parents sont nombreuses. Au début, elles se produisent essentiellement autour de son apprentissage pour manger et du contrôle de ses fonctions excrétrices. Il dira souvent « non ! », ses parents répondront souvent « tu dois ! ». Il arrivera même que, excédés par cette lutte de pouvoir incessante, les parents adoptent des comportements réellement humiliants au travers de certaines punitions, réprimandes, moqueries ou menaces. Progressivement, l'enfant ressentira l'amour de ses parents au conditionnel. Il se sentira coupable d'exprimer ses désirs et sa soif de liberté. Il imaginera devoir cacher ses sentiments profonds et son potentiel créatif. Finalement, il dissimulera tout, même (et surtout) sa colère et son ressentiment.

Devenu adulte, il évitera d'aborder les autres de front, il recourra volontiers à la stratégie de la manipulation indirecte. Il enveloppera sa demande sous une couche de politesses. Le ton en sera « trop mielleux pour être honnête ». Souvent, n'en pouvant plus de tout dissimuler, il cherchera un moyen d'exprimer sa colère sans devoir en porter la responsabilité. Il provoquera les autres jusqu'à ce que ceux-ci, agacés, finissent par l'agresser en retour ou simplement se moquer de lui. Cela lui fournira enfin le prétexte qu'il attendait pour sortir la rancœur et la violence réprimées en lui. Il explosera. Qui n'a pas vécu de telles situations en tant qu'agresseur ou agressé ?

Physiquement, celui qui a peur d'être envahi se protège sous une véritable carapace. Son corps est imposant et compact, entouré d'une épaisse couche de muscles et de graisse. Ses épaules sont larges. Son cou est court, comme s'il courbait l'échine en permanence. On peut lire de la souffrance dans ses yeux. Ses mâchoires sont crispées car il contient sa rage. Son bassin est figé et ses fesses sont froides.

J'ai souvent constaté que beaucoup de gens se plaignaient de prendre du poids à certains moments de leur vie « sans raison » et, au contraire, en perdaient à d'autres moments, toujours « sans explication ».

Moi-même, plutôt fin et musclé (vous le découvrirez plus loin, il s'agit du corps typique de quelqu'un qui a peur de ne pas être parfait), il m'arrive régulièrement de constater des changements au niveau de la forme de mon corps avec des accumulations graisseuses à certains endroits qui vont et viennent en fonction de ma capacité à exprimer ma vérité. C'est comme si nous compensions notre incapacité à exprimer qui nous sommes dans l'espace extérieur en augmentant le volume de notre corps afin de créer un espace intérieur plus large, destiné à contenir tout ce que nous n'osons pas sortir. De plus, pour bon nombre de ceux qui ont peur d'être envahis, manger avec excès représente une transgression des règles parentales, un acte de liberté qu'ils commettent souvent en cachette. L'état d'esprit – mélange de revanche et de culpabilité – dans lequel ils consomment la nourriture semble induire des réactions métaboliques qui favorisent le stockage des hydrates de carbone sous forme de graisses.

Les endroits où se développe notre embonpoint sont généralement assez révélateurs de ce que nous cherchons à dissimuler. Notre intention pouvant changer dans le temps, il est normal que notre corps puisse se modifier de manière parfois spectaculaire et rapide. Observez-vous et observez votre entourage, vous serez amusé de voir que ce que je vous explique ici n'est pas complètement farfelu. Je suis convaincu, pour l'avoir expérimenté dans ma pratique, que si nous tenions plus compte de la symbolique exprimée par notre corps nous obtiendrions de bien meilleurs résultats dans nos tentatives de perte de poids. Ne l'oubliez jamais : votre corps n'est pas un objet sur lequel vous pouvez agir, mais bien la manifestation physique de votre action, la matérialisation de votre intention.

Votre corps est l'expression de qui vous êtes, le reflet de votre conscience. Votre corps, c'est vous !

« Je veux vivre ma vie ! »
(la colère de Rebecca)

Rebecca est une jeune femme, âgée de trente-quatre ans, née aux États-Unis. Elle a été élevée par sa mère et n'a jamais connu son père. Lorsque je la rencontre pour la première fois, elle m'explique qu'elle ressent depuis quelques années un profond malaise dans sa vie. Elle travaille énormément et sa vie sentimentale est un désert. Elle s'interroge sur le sens qu'elle voudrait donner à sa vie. Physiquement, Rebecca se trouve trop grosse. Elle présente en fait exactement le type physique que je viens de vous décrire. Depuis quelque temps, elle a rencontré un homme, sur son lieu de travail, pour lequel elle éprouve une attirance physique et intellectuelle. Malheureusement, me dit-elle, cet homme travaille beaucoup trop. Elle le soupçonne de trouver dans son activité professionnelle intense un moyen d'éviter de montrer l'immense sensibilité qu'elle a tout de suite reconnue en lui. « Il se cache ! Il fuit ! » déclare-t-elle agacée. Vous l'avez détecté : Rebecca blâme, c'est donc son Masque qui s'exprime. Elle me montre alors une photographie de l'objet de ses tourments. Je découvre un homme, la quarantaine, un peu enveloppé, le cou un peu court et les épaules larges. Le portrait de Rebecca au masculin.

À force d'observation d'elle-même, Rebecca finit par découvrir que ce qu'elle reprochait à son ami était exactement ce qu'elle ne voulait pas voir dans sa vie. Elle aussi s'était enfermée dans un corps-forteresse, elle aussi se réfugiait dans une hyperactivité professionnelle qui lui permettait de compenser sa peur d'être envahie et qui, de surcroît, lui donnait les moyens de tout contrôler (sa deuxième grande blessure étant, elle le découvrira plus tard, la peur d'être trahie).

Mais pourquoi Rebecca se cachait-elle ? Elle le découvrit en explorant son enfance. Ayant grandi dans l'Ouest américain, Rebecca se rappela avoir toujours rêvé de quitter sa région. Elle s'arrangea donc pour être admise dans une université de la côte Est des États-Unis puis, ayant obtenu son diplôme, elle trouva un emploi en Europe. « De l'autre côté de l'océan. J'espérais que cela suffirait à tenir ma mère en dehors de ma vie ! » En comprenant la motivation réelle de son envie de vivre loin de sa région natale, Rebecca parvint à identifier sa blessure, sa peur de voir sa vie contrôlée et dirigée par sa mère. Une mère qui, abandonnée par l'homme qui l'avait mise enceinte, avait dû élever sa fille seule. Une mère dont les blessures principales étaient la trahison et l'abandon et qui se défendait en exerçant un contrôle permanent sur ceux qui l'entouraient en les « étouffant » d'un amour « je t'aime pour que tu m'aimes ». Ce contrôle, Rebecca l'avait vécu (et le vivait encore) comme un véritable chantage affectif. Elle aimait sa mère, certes, mais elle ressentait au fond d'elle une immense colère pour avoir été l'objet de son besoin de domination.

Un jour, alors que, dans un jeu de rôles, j'incarnais cette mère invasive, Rebecca me dit en hurlant : « Fous-moi la paix ! Dehors de ma vie ! » Elle avait réussi à dire qui elle était vraiment. Elle ne serait plus obligée d'écouter les plaintes de sa mère et de se taire. Elle ne culpabiliserait plus de son choix de vivre à l'étranger. Dans les mois qui suivirent, Rebecca trouva la motivation de suivre un régime diététique et elle perdit beaucoup de poids. L'année suivante, elle décida de retourner vivre aux États-Unis. Elle n'avait plus peur de sa mère. Récemment, elle m'écrivait un mot depuis San Francisco : « Je n'imaginais pas à quel point l'enfant blessé, qui vivait au fond de moi, dirigeait le cours de ma vie. Je croyais être libre de mes choix et de mes actes. C'était une illusion. Aujourd'hui, je le sais car j'expérimente la vraie liberté. Je suis, tout entière, sans danger. »

Montrer qui l'on est

Celui qui a peur d'être envahi est hanté par l'idée que, s'il montre qui il est, il sera humilié. Il doit donc rester caché. C'est bien entendu une conclusion erronée. Ainsi, son Masque verra les autres comme des ennemis redoutables auxquels il déclarera : « Je me nie avant que vous ne me niiez. Je me blesse avant que vous me blessiez. Je me détruis avant que vous ne me détruisiez. »

Derrière le Masque, le Séparateur ricane : « Vous ne m'aurez pas. Je ne me soumettrai jamais réellement. Je vous vexerai et je vous provoquerai. » Un langage qu'il est parfois difficile de détecter tellement la politesse, voire l'obséquiosité gluante, du Masque manipule bien l'interlocuteur.

Au cours de son travail psychologique et spirituel, celui qui a peur d'être envahi devra oser montrer la colère qu'il cache au plus profond de lui. Comme dans l'histoire de Julia (p. 133), l'expression de cette colère à travers le corps aura un effet libérateur. L'enfant en nous éprouve de la honte à laisser échapper ses rages réprimées. Pourtant, notre colère n'est ni bien ni mal. Elle est une émotion, une preuve que nous sommes des êtres vivants. Derrière ce sentiment extrêmement primitif (en ce sens qu'il naît tout au début de notre existence physique) se cachent des sentiments secondaires comme la tristesse, le regret ou la jalousie.

Une fois la colère libérée, la blessure qu'elle cachait peut enfin être revécue intellectuellement, émotionnellement et même physiquement. L'énergie du Séparateur se dissipera et l'Unificateur pourra exprimer sa vérité. L'énergie créatrice de celui qui demeurait caché s'exprimera alors de manière étonnante et originale. Sa grande sensibilité et sa compréhension profonde de la souffrance des autres (il a tant souffert lui-même) feront de lui un excellent négociateur, un être plein de compassion, de joie et d'envie débordante de s'amuser.

Si vous-même vous ressentez parfois la désagréable sensation d'être à l'étroit dans votre corps, si vous sentez bouillonner en vous des souhaits inassouvis et des sentiments inexprimés, respirez ! Sentez votre souffle descendre jusque dans votre poitrine et envelopper votre cœur blessé. Palpez votre pouls et imaginez l'énergie qui coule dans vos artères se répandre à travers tout votre corps. Entendez les craquements secs de votre armure qui se déchire. Respirez. Sentez votre souffle s'échapper par les brèches de votre carapace. Respirez. Ouvrez la bouche, tendez le cou, entendez les bruissements des muscles de votre gorge qui se détendent. Pesez de tout votre poids sur le sol en dessous de vos pieds et répétez-vous au fond de votre cœur : « Je suis libre ! » Et si cela ne suffit pas, respirez encore, ouvrez la bouche et dites-le : « Je suis libre ! Entièrement libre ! »

Croire que l'on est trompé, connaître la peur d'être trahi et contrôler

Tous les enfants ont eu, un jour, le sentiment d'être trahis, tous les adultes éprouvent donc le besoin de contrôler les autres. Pour celui qui a peur de la trahison, le monde est un champ de bataille sur lequel on ne peut survivre que si l'on remporte la victoire. Gagner signifie être bon, plus que cela, même : être le meilleur ! Très tôt, l'enfant cherchera à séduire ses parents. À moins que ce ne soient ceux-ci (l'un des deux, ou parfois les deux en même temps) qui tentent de séduire leur enfant, eux-mêmes en défense de contrôle cherchant à s'attirer la sympathie de l'enfant et s'en assurer ainsi la docilité. Qui, de l'œuf et de la poule, a commencé, on ne le saura jamais, simplement parce que éviter la trahison en exerçant son pouvoir de domination et de contrôle est profondément inscrit dans la nature humaine.

Au cours de son éducation, l'enfant est souvent considéré par ses parents comme un potentiel d'expression de leur désir inassouvi de perfection. Il n'aura dès lors de cesse que de chercher à faire plaisir à ses parents en adoptant l'attitude espérée (le Masque de l'amour-soumission-dépendance). Cependant, lorsqu'il découvrira que ses parents, qu'il voyait comme des modèles de perfection, ne sont pas aussi parfaits qu'il l'avait imaginé, inévitablement, l'enfant se sentira trompé et il tentera d'imposer ses idéaux déçus au reste du monde.

Parfois, le parent du sexe opposé aura tendance à transférer sur l'enfant les attentes auxquelles ne répond pas l'époux ou l'épouse. Lorsque l'enfant découvrira la manipulation inconsciente de ses parents, il trouvera dans cette manipulation un moyen de s'attirer les bonnes grâces des autres sans devoir se soumettre à leur volonté. Il manipulera à son tour.

Devenu adulte, trahir plutôt que d'être trahi deviendra son credo. Gagner à tout prix sera son serment. Pour imposer sa loi, il utilisera toute la conviction, voire l'agressivité, de son Masque du pouvoir, il déploiera les immenses efforts de séduction de son Masque de l'amour ou il entretiendra un chantage en adoptant l'attitude détachée de son Masque de la sérénité. Tous les moyens lui seront bons pour garder le contrôle de la situation.

Si vous êtes confronté (car il s'agit d'une véritable confrontation) à quelqu'un qui utilise sa défense de contrôle, vous pourrez observer que son agressivité cache souvent, en plus de la peur d'être trahi, une peur d'être envahi, alors que son attitude de séduction cache une peur d'être abandonné et que son détachement masque une peur d'être rejeté. Cela vous aidera peut-être à trouver la parade et à éviter le combat. En effet, si vous détectez une peur d'être envahi, évitez les humiliations verbales, restez en vous-même, silencieux, et écoutez. Votre interlocuteur en défense de contrôle rassuré, l'orage finira par passer.

Si vous suspectez une peur d'être abandonné, ne partez pas, soyez patient et, toujours en silence, tentez de lui faire comprendre, au travers de votre regard, que, malgré vos points de vue différents, votre attachement n'est pas diminué. Votre interlocuteur en défense de contrôle apaisé, il pourra enfin respecter votre différence.

Si vous constatez une peur d'être rejeté, ne coupez pas le contact, restez là où vous êtes, les bras ouverts, pour un véritable dialogue. Votre interlocuteur en défense de contrôle commencera peut-être à s'intéresser à vous et quittera son apparente indifférence.

J'insiste sur la nécessité de rester silencieux tout en évitant d'entrer soi-même dans une défense de détachement qui serait perçue par votre interlocuteur comme une forme d'humiliation. Si vous lui répondez, vous engagerez le combat. Que vous alliez dans son sens ou non, cela ne changera rien. En effet, le simple fait d'argumenter est un signe pour votre interlocuteur en défense de contrôle que vous partagez sa vision du monde : vous aussi vous croyez aux vertus de la guerre. N'oubliez jamais que celui qui cherche à vous contrôler en vous imposant sa supériorité cache en fait un immense doute sur sa véritable valeur. Sa souffrance est intense car, profondément, il sait qu'en trahissant les autres il se trahit lui-même. En masquant son imperfection, il nie qui il est et manque d'amour pour lui-même, comme s'il se retournait un couteau dans le cœur. D'ailleurs, il finit souvent par présenter des troubles cardiovasculaires et risque l'infarctus[1].

L'attitude que je vous recommande est très difficile à adopter lorsque l'on est face à un « contrôleur ». Néanmoins, elle est efficace, comme si l'on assistait à un phénomène d'induction harmonique entre deux diapasons (on place un diapason qui vibre à une certaine fréquence à côté d'un autre diapason dont la vibration s'aligne sur la fréquence du premier). Tentez l'expérience (en veillant à bien clarifier votre intention), cela en vaut la peine, parce que non seulement vous aiderez votre interlocuteur à expérimenter une autre réalité,

---

1. Ce profil psychologique correspond aux personnalités de « type A » dont le risque cardiovasculaire est accru.

mais, en plus, vous-même, vous apprendrez beaucoup sur votre propre besoin de contrôle. Car, j'en suis profondément désolé pour nous tous, nous les humains, nous sommes tous de redoutables guerriers.

Physiquement, celui qui a peur d'être trahi possède un corps particulièrement développé dans sa partie supérieure. Comme s'il avait besoin d'enfler son thorax et sa poitrine pour impressionner son adversaire. Toute son énergie est localisée au-dessus de la ceinture ; ses yeux expriment une tension permanente. Ses hanches sont plutôt étroites et ses jambes assez fines, il ne paraît pas très enraciné sur la terre. Le profil de la mère castratrice, du dirigeant d'entreprise ou du dictateur. Vous voyez le genre ?

« Si je ne m'en charge pas, personne ne sera capable de le faire à ma place ! »
(la justification de Rosa, Henri, Bernard, Marie, Lionel, Louise et Georges)

La majorité des gens que je rencontre lors des conversations psycho-spirituelles expriment à un moment ou à un autre de leur travail des sentiments de déception et de défaite. Ils finissent tous par découvrir leur immense besoin de contrôler tout ce qui les entoure. Les autres humains, bien sûr, mais aussi leur chien, leur voiture, le climat, le temps…, tout est prétexte à exercer une domination. Tout est une occasion de se rassurer à propos de leur parfaite supériorité. « Lâchez prise », leur dis-je. Ils me répondent aussitôt qu'ils ont des engagements et des responsabilités que personne ne pourra honorer ou exercer à leur place. Je leur propose alors d'imaginer la situation où ils ne seraient physiquement plus capables de remplir leurs obligations. La réponse est que le monde continuera à tourner sans eux. La Terre tourne autour du Soleil depuis bien avant leur naissance. Et continuera bien après. Ces considérations peuvent paraître un peu faciles. Et pourtant. À mesure qu'ils progressent dans leur travail psychologique et spirituel, les « contrôleurs » se rendent compte que leurs obligations ne sont que le résultat de leurs propres créations. Des illusions, donc. Troublés par leur découverte, certains acceptent de lâcher prise et d'expérimenter une autre réalité, celle de la confiance. Après tout, ne sommes-nous pas forcés de faire confiance à la Terre qui tourne autour du Soleil ? Même si, un jour peut-être, certains imagineront fabriquer des propulseurs nucléaires géants capables de dévier notre planète de sa trajectoire pour l'emmener faire une balade dans la galaxie...

Un jour, un de mes confrères, spécialiste des hormones stéroïdiennes, qui étudiait le phénomène du vieillissement humain, me déclara avec gravité : « Tu sais, nous avons déjà remporté une grande victoire en allongeant l'espérance de vie des humains car, chez beaucoup d'espèces d'animaux, une fois la reproduction assurée, les individus adultes meurent. Il ne faut jamais oublier que la Nature est une ennemie ! » Je le regardai, ahuri, et lui répondis : « Ce que nous devrions surtout ne pas oublier, c'est que nous faisons partie de la Nature, la Nature, c'est nous. Crois-tu que nous sommes nos propres ennemis ? » Il haussa les épaules.

Je me souviens du propriétaire de plusieurs exploitations agricoles dans le monde qui me confia sa préoccupation face à l'apparition de nouvelles maladies qui, chaque année, détruisaient davantage de récoltes.

Il vantait l'ingéniosité des chercheurs en biologie végétale qui inventaient des armes chimiques pour lutter contre les nouveaux fléaux, cependant, il s'étonnait de l'inefficacité de celles-ci devant la progression galopante du nombre des parasites qui décimaient les récoltes. Je l'écoutai avec attention, sans rien dire, lorsque, soudain, son œil s'éclaira, et il me dit, à voix basse : « Peut-être avons-nous exagéré en accroissant le rendement et la productivité des végétaux. Peut-être que les plantes n'ont plus la même résistance contre des parasites qui, avant, n'étaient pas pathogènes. » Je lui répondis, à haute voix : « Peut-être. »

Lorsque j'étais étudiant en première année de médecine, un professeur s'adressa à l'auditoire et nous conseilla de nous tourner vers notre voisin de gauche, puis vers celui de droite. « Regardez-les bien, nous dit-il, de vous trois, il n'en restera qu'un seul en deuxième année. Le meilleur ! » Un frisson me parcourut le dos. Comment pouvait-on inculquer à de futurs médecins une vision aussi martiale du monde ? Un médecin n'était-il pas destiné à apporter de la tendresse au monde ? Cette anecdote est révélatrice de notre système d'éducation qui s'est organisé autour de la croyance en un monde dangereux, à contrôler et à dominer par tous les moyens.

Beaucoup d'entre nous s'obstinent à redouter la trahison. Si seulement ces lignes pouvaient les inciter, ne fût-ce qu'une fois, à expérimenter la confiance ! Ils se permettraient peut-être de remettre en cause leurs conclusions erronées et, ainsi, ils pourraient casser leurs cercles vicieux négatifs avant que, comme je l'ai souvent constaté, leur corps, épuisé par la lutte, les oblige à la reddition.

Accepter de faire confiance

Le Masque de celui qui a peur d'être trahi pense : « J'ai raison, les autres ont tort », et dit : « Écoutez-moi, vous pouvez me faire confiance. Vous devriez… » Il cache ainsi les intentions du Séparateur qui voudrait pouvoir avouer : « Je veux vous contrôler. » Lorsque l'énergie de l'Unificateur peut s'exprimer, les merveilleuses qualités du « contrôleur » apparaissent enfin. Elles sont toutes en miroir de ses défauts. Un sens aigu de l'intégrité et un mental très développé (bien normal, me direz-vous, à force d'élaborer des stratégies de manipulation !) le rendent apte à aider les autres à trouver leur propre vérité. Connaissant bien les dangers du pouvoir et étant profondément honnête, il peut prendre en charge des problèmes compliqués et guider les autres avec humanité et humilité.

Il vous arrivera très certainement, un jour, de vous observer en train de vouloir convaincre un autre ou être prêt à agresser verbalement quelqu'un qui échappe à votre contrôle. Profitez-en pour vous arrêter un instant et respirez. Demandez-vous ce qui vous effraie dans cette situation. Respirez et sentez votre souffle descendre jusque dans votre estomac. Posez une main sur votre ventre, sentez le poids de vos pieds sur le sol en dessous de vous, enracinez-vous dans la terre et répétez-vous dans le fond de votre cœur : « Je fais confiance. Rien n'est dangereux ici. Je fais confiance ! »

Croire que l'on ne peut être authentique, connaître la peur d'être imparfait et se rigidifier

Après avoir expérimenté son énergie (sa conscience) au travers de ses yeux, de sa bouche, de ses membres et de ses sphincters, l'enfant découvre ses organes génitaux. Émerveillé, il entre en contact avec la plus puissante des expressions de la force vitale qui l'habite. Un plaisir intense qui n'est que sensation. L'expérience de l'élan créateur qui anime l'Univers. Pour l'enfant qui n'a pas encore mentalisé – analysé, expliqué, justifié – cette sensation, plaisir, sexualité et amour ne sont qu'une seule chose : le moyen de retrouver son état d'unité.

Il n'en va pas de même pour les adultes qui utilisent le plaisir, la sexualité et l'amour comme des symboles de leur expérience du pouls vital : séparation et union. Pour l'adulte, la sexualité possède une signification, un sens. Pour l'enfant, la sexualité est, un point, c'est tout. Son sexe, c'est lui et il est son sexe. Renier son sexe serait donc la même chose que se renier lui. Impensable ! Et pourtant. Qui n'a pas défendu à son enfant de se toucher les organes génitaux ? Qui n'a pas expliqué à son petit garçon ou à sa petite fille qu'il existait des comportements qui ne pouvaient pas être affichés en public ? Qui n'a pas prononcé les mots « sale » ou « dégoûtant » pour qualifier les attouchements de nos bambins ? Ne culpabilisez pas. Vous êtes un adulte, vous avez donné un sens à votre sexe, vous lui avez attribué une symbolique, il est donc normal que vous réagissiez comme cela. Car n'avez-vous pas entendu, vous-même, vos parents vous expliquer ce qu'il était convenable de faire et ce qu'il fallait cacher ou abandonner ?

Beaucoup de parents me demandent comment faire pour ne pas blesser leur enfant lorsque, par exemple, celui-ci se caresse le sexe en public ou pose une main sur les organes génitaux de son père ou les seins de sa mère. Je leur conseille de se rappeler que le plaisir sexuel de l'enfant est un plaisir pur, sans intention adulte, et d'éviter le blâme. Cela oblige les parents à ne pas se défendre avec leur Masque (le spécialiste du blâme) et à laisser parler l'Unificateur en eux. Il suffit alors, dans les situations prises en exemple ici, de banaliser et de détourner les gestes de l'enfant, en le chatouillant par exemple, afin de lui apprendre certaines règles de comportement en société sans le culpabiliser.

N'oubliez jamais que la découverte de la sexualité est pour le jeune enfant, et plus tard pour l'adolescent, l'occasion d'expérimenter des frustrations dangereuses puisqu'elles remettent son identité en cause. D'autant plus que, nous l'avons vu à plusieurs reprises, les parents représentent des modèles de perfection (des dieux) et le souci principal d'un enfant sera de leur ressembler, donc d'être parfait (le Masque).

Les messages de l'éducation répressive, que nous avons reçue et que nous donnons à nos enfants, tendent à imposer une image parfaite comme condition à notre reconnaissance en tant qu'individu digne de pouvoir exister dans un monde parfait. Il faut sauver les apparences, quitte à nier tout ressenti, toute originalité et tout plaisir. Lorsque, au moment de la puberté, l'adolescent sera amené à pousser plus loin l'expérimentation du plaisir à travers ses sensations sexuelles, il entrera ouvertement en conflit avec le monde des adultes que ces derniers veulent lui imposer. L'adolescent a peur de ne plus jamais pouvoir exprimer les valeurs de l'enfant qui est en lui. Il veut pouvoir continuer à ressentir, à vivre et à partager ses émotions en toute innocence. Il ne peut accepter le carcan dans lequel les adultes voudraient le voir entrer comme eux-mêmes ont fini par accepter d'y entrer un jour. Le souci de perfection du Masque est plus fort que tout (nous l'avons vu, il dépasse parfois même la peur de la mort et pousse certains à se suicider). On finit donc toujours par se soumettre. Un peu ou beaucoup, mais toujours. L'adolescent considère qu'il s'agit d'une trahison vis-à-vis de soi-même, de l'assassinat définitif de l'enfant qui vit en nous.

L'adulte construira des raisonnements et des systèmes de valeurs qui lui permettront de justifier, voire d'oublier, cette trahison. Il faudra être propre, bien habillé, habiter une jolie maison, conduire une belle voiture, avoir un bon travail, se soumettre à des horaires, créer des habitudes, établir des conventions et, surtout, montrer aux autres que nous respectons le modèle à suivre, car il ne s'agit plus de contrôler les autres, comme le ferait celui qui a peur d'être trahi, mais plutôt de se contrôler soi-même pour donner une image présentable au monde. Une authenticité qui est, en fait, totalement inauthentique. Pour celui qui cherche à être parfait, la vie est une compétition permanente en vue de se rassurer sur le fait que l'on est toujours digne de faire partie du monde.

Le prix à payer est énorme puisqu'il lui coûte très souvent d'être coupé du plaisir, cette sensation intense du flux vital. Il en oublie même qui il est profondément. Il est coupé de son essence, de la joie créatrice. Il se compare sans cesse aux autres et il cherche à les égaler, voire à les dépasser. Il sent que quelque chose manque dans sa vie mais comment faire pour le récupérer ? Cela lui paraît impossible, car trop dangereux – il pourrait ne plus être reconnu, et ne plus être reconnu, c'est ne plus exister. Alors il préfère se consoler dans ses victoires éclatantes. Elles lui apportent une illusion du plaisir auquel il n'a plus accès. Mais, pour que le système fonctionne, il faut que tout le monde y participe. Il faut donc imposer les règles au plus grand nombre d'individus, la compétition n'en sera que plus passionnante et la récompense (le plaisir négatif) plus grande ! C'est ainsi qu'une société invente ses modèles.

La sexualité sera dissociée de l'amour parce qu'il est désormais impensable de vivre ses émotions dans le corps. Il faut mentaliser. L'amour est une affaire de tête, le sexe une affaire de corps. C'est le drame de celui qui a peur de ne pas pouvoir être authentique. C'est pourtant en acceptant de réunir son sexe et son cœur qu'il pourra abandonner sa poursuite infernale d'une identité parfaite.

Physiquement, celui qui recherche la perfection développe un corps harmonieux, bien proportionné et musclé. Comme si la contention de ses émotions nécessitait une armure musculaire bien rigide. Le maintien est droit et raide, le dos cambré, le bassin sorti vers l'arrière. Le regard est froid, voire hautain. Il est amusant de constater que l'idéal physique de notre civilisation occidentale, véhiculé par la publicité et les médias, correspond à ce type de morphologie absolument en rapport avec l'idéologie compétitive et perfectionniste de nos sociétés rigides. L'idéal physique occidental n'a pas toujours été la rigidité harmonieuse, songeons aux représentations des corps à la Renaissance où la morale religieuse imposait à l'individu avide de liberté de se cacher dans un corps-forteresse, espace de tous les plaisirs défendus. Il est d'ailleurs intéressant de constater que, depuis quelques années, les mannequins utilisés dans la publicité ont des corps dont le type morphologique se rapproche plus du corps de ceux qui ont peur d'être rejetés et choisissent la fuite comme défense. Nous pouvons sans doute y détecter le signe que nos sociétés occidentales, étouffant dans le carcan de leur rigidité, cherchent une porte de sortie vers le rêve dans des mondes virtuels. Des mondes virtuels que la technologie, produit de la compétition rigide, est en train de créer. Rien n'est séparé, tout est relié. Je vous le disais (avant-propos, p. 17), les principes sont simples, seule leur expression est complexe. Passionnant, n'est-ce pas ? Nous y reviendrons plus loin.

« Je l'aime et pourtant... »
(le drame de Vincent)

Vincent a vingt-sept ans. Marié, père de deux enfants, il pratique le judo de façon professionnelle et remporte régulièrement des compétitions au niveau international. Lorsque je le rencontrai, il me déclara être très malheureux car, bien qu'il aimât profondément son épouse, il ne pouvait s'empêcher d'avoir des aventures extraconjugales multiples. Physiquement, c'est un homme bien bâti, musclé et, malgré une grande souplesse, très rigide dans sa façon de se déplacer. Avant de vivre avec son épouse, qui est la mère de ses deux enfants, Vincent avait été marié une première fois. Après deux ans, sa première épouse avait demandé le divorce pour cause d'infidélité conjugale.

Incapable de réprimer son besoin d'« aller voir ailleurs », Vincent était inquiet pour son second mariage.

Il ne voulait pas briser sa famille. Ce qui le troublait particulièrement, c'était que, à chaque fois qu'il entretenait une relation durable avec une femme, sa sexualité, au début épanouie, finissait par s'appauvrir, se stéréotyper et devenir « ennuyeuse ». « C'est peut-être normal. L'habitude », me dit-il. Ses relations extraconjugales ne débouchaient jamais sur « quelque chose de sérieux ». Les femmes qu'il rencontrait alors étaient physiquement assez différentes de son épouse, « plus proches de mes critères de beauté », affirmait-il. Néanmoins, il ne poursuivait jamais la relation après deux ou trois rencontres.

Lorsque j'interrogeai Vincent sur le plaisir qu'il éprouvait avec son épouse et avec ses maîtresses, il m'expliqua que ce qui l'attirait dans ses rencontres extraconjugales, c'était, d'une part, l'excitation et l'enjeu de la conquête et, d'autre part, le fait qu'il pouvait se « laisser aller complètement ». Deux heures de conversation suffirent pour que Vincent se rende compte que conquérir une nouvelle femme était pour lui un moyen de se rassurer sur le fait qu'il était toujours aussi attirant (comprenez : parfait) et que, en ne prolongeant pas ses relations avec ses maîtresses, il pouvait exprimer des émotions fortes lorsqu'il avait un rapport sexuel avec elles.

Au terme de son travail d'observation, Vincent comprit qu'il avait peur de montrer ses émotions (donc son amour) à son épouse au cours de leurs relations sexuelles, car vivre ses émotions dans son corps était trop dangereux. De plus, sa volonté permanente d'atteindre la perfection lui faisait croire qu'il y avait peut-être, ailleurs, une autre femme plus parfaite que celle avec laquelle il vivait. Pourtant, il tenait à son épouse. Il avait donc besoin d'être reconnu par celle-ci, et être reconnu signifiait, selon les conclusions erronées de l'enfant en lui, contenir ses émotions et fonctionner comme une machine parfaite. Il fallait qu'il accepte que la perfection n'existe pas. Tant qu'il n'arriverait pas à vivre sa sexualité de couple comme un lieu sans danger où l'amour peut s'expérimenter et se partager au travers du sexe, l'enfant en lui le pousserait à trouver d'autres femmes pour connaître furtivement le véritable plaisir, celui d'être réuni, corps et âme. Car cet enfant intérieur savait qu'on ne peut pas survivre sans s'alimenter à la source de la force de vie. Et l'orgasme, lorsqu'il est vécu physiquement et émotionnellement, est sans doute l'expérience humaine la plus proche de la pulsation vitale.

Aimer

Aimer avec sentiment est très difficile pour celui qui a bâti sa vie sur la conclusion erronée que s'il ouvrait son cœur il serait rejeté. Vivre et partager ses émotions exposent au risque d'être blessé par les autres tandis que s'interdire de ressentir et cacher tout sentiment sont une blessure que l'on s'inflige à soi-même. Le dilemme est cruel. Le Masque de celui qui cherche la perfection niera le problème en affirmant : « Je vais très bien. C'est vous qui avez un problème. Je n'ai besoin de rien. De toute façon, je suis supérieur à vous. » Il affichera de la fierté et se tiendra à distance des autres. Il ne fera que cacher son créateur, le Séparateur, qui n'ose pas dire tout haut ce qu'il pense : « Je ne vous aime pas ! » Jusqu'au jour où l'Unificateur peut s'exprimer et dire l'amour, la passion et la capacité d'engagement réprimés derrière la peur. La structure ordonnée et la clarté d'esprit de celui qui cherche la perfection pourront alors se mettre au service de son goût pour l'exploration, de sa capacité à communiquer ses passions et de son besoin de partager son amour inconditionnel. Libéré de son Masque et de l'influence du Séparateur, il deviendra souvent un guide, un meneur et une référence dans sa profession.

La souffrance d'avoir rigidifié sa vie est énorme, bien plus importante que la douleur tant redoutée de ne pas être reconnu dans le monde. Comme toujours, la défense est bien plus pénible à assumer que la peur qu'elle tente d'éviter. Oser ressentir ses émotions, jusque dans le corps, devenir ses émotions et être capable de les communiquer sont sans doute le plus beau cadeau que l'on puisse faire à soi-même, aux autres et au monde. C'est arrêter de se nier, redevenir fluide et, enfin, être vrai. C'est être l'amour. C'est connaître la joie.

Si vous souffrez dans le carcan où vous êtes enfermé depuis si longtemps, ne laissez pas votre Masque accuser la société. Car la société, c'est nous qui la construisons, la société est notre reflet, nous sommes la société. Retrouvez votre responsabilité de créateur et respirez ! Sentez votre souffle qui descend à travers vos narines, votre gorge, vos poumons, votre cœur, votre estomac, vos intestins, votre pelvis. Sentez, c'est chaud. Pliez légèrement les genoux, sentez le poids de vos pieds sur le sol en dessous de vous. Respirez et posez une main sur votre cœur, l'autre main sur votre pubis. Sentez les pulsations dans votre poitrine et les vibrations dans votre ventre. Sentez la joie qui gronde en vous. Respirez et répétez-vous, au plus profond de votre cœur et de votre pelvis : « J'accepte de sentir. Ce n'est pas dangereux. J'aime, je suis prêt à m'engager. » Fermez les yeux, n'ayez pas peur, dites-le : « Je t'aime ! »

De la névrose à la psychose

Si nous utilisons le vocabulaire de la psychologie contemporaine, nous pouvons comparer les névroses aux schémas répétitifs que nous provoquons afin, inconsciemment, d'affronter les blessures et les peurs de notre enfance dans l'espoir de les dépasser. Fondés sur les conclusions erronées d'une vision dualiste de la réalité, ces schémas empêchent l'accès au bonheur recherché, c'est-à-dire l'unification de soi et du monde.

Étant donné que nous sommes porteurs de plusieurs blessures et que nous avons connu différentes peurs, nous existons à travers différentes défenses. L'autre étant notre miroir, nous avons tendance à y distinguer le reflet de nos propres défenses. Heureusement, la pluralité de ces défenses nous empêche de perdre complètement le sens de la réalité de l'autre.

En effet, imaginons un individu dont les défenses principales sont la fuite (peur du rejet, sentiment de ne pas avoir le droit d'exister) et la vision du monde extérieur comme de la nourriture (peur de l'abandon, croyance que l'on ne peut pas survivre par soi-même). Le fait d'avoir besoin de l'autre pour survivre l'incitera à faire des efforts pour rester en contact avec lui, reconnaître sa différence et tenter de le séduire. Le code de sa relation à l'autre sous-entendra : « J'accepte de te voir différent de moi. » Il y aura donc, chez cet individu, un équilibre entre son désir de fuir dans une réalité qui ne serait que le reflet de ses défenses et la nécessité de garder un contact avec une réalité plus vaste puisque également déterminée par les défenses de l'autre.

Imaginons une situation différente où un individu en proie à une peur incommensurable privilégierait sa ou ses défenses d'une manière telle qu'il ne serait plus capable de regarder l'autre (et donc le monde extérieur) en dehors du reflet de sa propre image. La réalité d'un tel individu serait restreinte à lui-même, il serait coupé de la réalité élargie. Son code de relation à l'autre sous-entendrait : « Je refuse de voir ta différence. » Il n'aurait plus de motivation pour entrer en contact avec le monde extérieur puisque ce dernier serait identique à la vision non nuancée qu'il aurait de lui-même. En perdant le discernement dans sa relation au monde de la dualité, il perdrait l'occasion d'apprendre qui il est. Il quitterait une réalité névrotique pour entrer dans une réalité psychotique.

Il m'arrive de rencontrer des adolescents anorexiques ou des personnes qualifiées de schizophrènes. Je perçois chez eux une peur immense qui empêche toute pénétration de leur défense de fuite ou d'isolement. Leur terreur est très ancienne, marquée par des expériences de rejet, d'abandon ou d'humiliation très précoces et une identité peu individualisée sujette aux influences extérieures vécues comme des agressions intolérables. Pour eux, renoncer à leur défense semble impossible, car cela les exposerait au danger de l'anéantissement. L'existence même d'une défense est étrangère à leur réalité. Entrer en contact avec eux est souvent long et difficile. En amorçant un dialogue sur les bases de leur logique égocentrique, je parviens parfois à détecter des brèches dans leur personnalité monolithique. Ces autres défenses contredisent leur logique d'isolement et permettent de construire une relation sur les bases d'une réalité plus large tout en renforçant leur identité individuelle (ce qui me semble essentiel).

Mon expérience au contact des personnes psychotiques n'est pas très importante, cependant, je crois pouvoir affirmer qu'il ne faut jamais tenter de leur imposer notre vision du monde. Leurs références sont trop éloignées des nôtres pour qu'elles puissent comprendre notre langage. Pourtant, souvent, je constate que leur entourage tente de « faire leur bonheur à tout prix ». Il est en effet très difficile pour des parents ou des amis proches d'accepter une réalité totalement différente. Il leur est encore plus difficile d'imaginer une possibilité de bonheur dans cette réalité étrange. Dès lors, ils courent de médecin en thérapeute à la recherche du remède miracle qui « sauvera » l'âme de celui qui semble s'éloigner de plus en plus du monde réel. Ils ne se rendent pas compte que leur attitude ne fait que renforcer la défense de celui qu'ils veulent aider. Ils n'imaginent pas non plus que cette attitude est bien souvent à l'origine du processus psychotique.

Il m'arrive de devoir accompagner les parents de ceux qui vivent une réalité psychotique. Je tente de leur faire comprendre que la meilleure façon de permettre à celui qui s'éloigne de reprendre un contact avec la vie est de rester avec eux-mêmes, sans chercher à envahir ou à tirer l'autre. Sans, non plus, culpabiliser de leur apparente impuissance face à la psychose. Leur véritable efficacité dépendra de l'exemple qu'ils pourront donner de leur propre insertion dans le concret, instant après instant, pour eux-mêmes. Témoigner sa vérité en la vivant n'est-il pas plus crédible que vouloir l'imposer aux autres ? Il ne s'agit pas de communiquer verbalement mais, simplement, d'ouvrir son cœur à la différence de l'autre. Celui-ci demande à être reconnu et accepté. Il a besoin d'un espace de sécurité où il pourra se poser et se révéler. Créer cet espace est bien plus difficile à réaliser que de sombrer dans l'activisme thérapeutique (qui est un besoin de contrôle, donc une défense). C'est faire preuve de confiance en celui qui s'éloigne dans la réalité psychotique. C'est, peut-être, précisément cette confiance que ce dernier attend.

Ce sujet mériterait un livre à lui seul.

6

C'EST L'INTENTION QUI COMPTE

Séparer ou unir. À chaque instant de notre vie nous avons le choix de diriger notre intention vers l'une ou l'autre des énergies de la force de vie qui nous anime.

Ce que nous faisons n'a pas d'importance
(la question d'Hélène)

Hélène est une femme âgée de quarante-huit ans, mariée à deux reprises et mère de trois enfants. À la suite de son second divorce, on lui a diagnostiqué un cancer du sein pour lequel elle a subi une mastectomie. Lorsque je la rencontre pour la première fois, Hélène est en cure de chimiothérapie postopératoire. Fatiguée de revivre toujours les mêmes problèmes dans sa vie sentimentale et convaincue que sa maladie avait un lien avec ses déboires conjugaux, Hélène a décidé d'entreprendre un travail psychologique et spirituel dans le cadre de conversations avec moi.

Un matin, elle me téléphona, désemparée. Elle souhaitait obtenir un conseil car elle était invitée à une fête, organisée par son fils aîné, à laquelle étaient également conviés ses deux ex-époux. N'ayant jamais fait la paix avec ces derniers, elle n'avait pas envie de les affronter, d'autant plus qu'elle se sentait très affaiblie par les dernières séances de chimiothérapie. Cependant, il y avait en elle une autre voix qui l'incitait à accepter l'invitation parce qu'il n'y avait aucune raison qu'elle se prive du plaisir d'assister à une fête organisée par son fils, et elle montrerait à ces deux « monstres » (les ex-époux) que, malgré sa maladie, elle n'était pas complètement grabataire et pouvait survivre à leur abandon. « Qu'en pensez-vous ?, me demanda-t-elle. — Rien », lui répondis-je. Hélène recommença alors à me donner toute une série d'arguments pour et toute une série de justifications contre le fait de se rendre à la fête de son fils. « Arrêtez-vous un instant. Et respirez ! lui dis-je calmement. Que ressentez-vous dans votre ventre ? Qu'est-ce que votre corps vous dit une fois que vous avez quitté votre mental ? » Hélène respira profondément. Il y eut un silence, puis, d'une voix posée et assurée, elle me répondit : « Je ne dois pas y aller. J'ai besoin de me reposer. Il faut que je prenne soin de moi. Voilà ce que mon corps me demande. Ce n'est pas le moment, pour moi, d'aller au combat. » Je ne dis rien. « Qu'en pensez-vous ? interrogea-t-elle, anxieuse. — C'est parfait », lui répondis-je sur un ton neutre.

La semaine suivante, Hélène vint me voir pour une conversation. À peine installée dans le fauteuil, elle me dit : « Je dois vous faire un aveu. J'ai changé d'avis. J'ai décidé d'assister à la fête. J'irai donc. » Je lui répondis aussitôt : « C'est parfait. » Elle resta perplexe un instant avant de réagir. « Je ne comprends pas, lorsque j'ai dit que je ne me rendrais pas à cette fête, vous m'avez déclaré que c'était parfait. À présent que j'ai changé d'avis, vous trouvez encore cela parfait. Que faut-il faire alors ? — Ce que vous ressentez, lui répondis-je en souriant avec tendresse. Que vous alliez ou que vous n'alliez pas à cette fête n'a aucune importance. Ce qui compte, c'est pourquoi vous choisissez de vous y rendre ou pourquoi, au contraire, vous préférez ne pas y assister. » Hélène resta bouche bée. Je poursuivis mon explication : « Imaginons que vous décidiez d'aller à la fête. Deux intentions très différentes peuvent motiver votre décision. Soit vous y allez pour prouver à vos deux ex-époux que vous pouvez très bien les affronter et que de toute façon, malgré votre maladie, vous vous passez très bien d'eux. C'est le Séparateur en vous qui agira. Soit vous assistez à la fête avec l'intention de rester calme et sereine, sans devoir fuir la présence de vos ex-époux, afin de profiter de la présence de certains amis chers qui s'y trouveront et, surtout, partager un moment de joie avec votre fils. C'est l'Unificateur en vous qui se manifestera. Imaginons, l'hypothèse contraire, que vous décidiez de ne pas vous rendre à la fête. Soit votre décision est pour vous un moyen de bouder les autres et de leur prouver que vous pouvez très bien vivre sans eux. C'est, à nouveau, le Séparateur qui se défendra. Soit votre décision est prise uniquement dans le but de reconnaître vos priorités et de vous procurer le calme et le repos dont vous avez besoin pour le moment, sans aucune arrière-pensée négative. C'est l'Unificateur en vous que vous aurez laissé s'exprimer. Ainsi, quelle que soit votre décision, il y aura toujours une occasion d'expérimenter l'énergie de séparation ou l'énergie d'union dans l'une ou l'autre situation. Ce que vous ferez n'est donc pas important. Ce qui compte, c'est comment et pourquoi vous le ferez. »

« Je pense », « Je sens », « Je veux »

Sentir, c'est choisir, penser, c'est décider

Hélène me répondit, légèrement agacée, que je venais de raisonner avec mon mental et que cela n'avait rien à voir avec le ressenti dont je lui avais parlé. Je lui expliquai la différence entre un choix et une décision (nous en avons parlé dans « Faire un choix » p. 106).

Décider, c'est peser le pour et le contre. La balance des arguments peut sans cesse basculer d'un côté ou de l'autre. On finit par la stabiliser, mais la décision prise n'est pas toujours le reflet de nos aspirations profondes. Simplement parce que, aveuglés par nos peurs, trop occupés à soupeser les plateaux de la balance, nous n'avons pas pris le temps d'écouter qui nous étions.

Choisir, c'est ressentir qui l'on est, dans l'instant. Si l'on est Séparateur, quelle que soit notre décision, nous aurons choisi d'être séparés. Si l'on est Unificateur, quelle que soit notre décision, nous aurons choisi de nous unir. La petite démonstration que je fis à Hélène, à propos des intentions opposées qui pouvaient motiver le fait de se rendre ou non à la fête de son fils, illustre bien cela.

La décision est un exercice mental. Le choix est le reflet de notre intention. Une décision est soumise au jugement (propriété du mental). Un choix n'est ni bon ni mauvais. Il ne se justifie pas. C'est nous en perpétuelle mouvance, en constante expérimentation du pouls de la vie. Parce qu'elle est susceptible d'être jugée, une décision est plus fréquemment l'expression du Séparateur en nous. Au contraire, parce qu'il implique une acceptation de ressentir qui l'on est avec humilité, un choix est souvent l'expression de l'Unificateur en nous. Celui-ci nous demande de faire confiance, car il connaît le chemin de notre bonheur.

Se fier à ses émotions est donc le moyen le plus sûr d'éviter les justifications mentales du Séparateur et de rester en contact avec l'Unificateur en nous.

J'en profite, ici, pour attirer votre attention sur un petit détail qui vous sera sans doute utile lors de votre travail d'observation de vous-même et des autres. En effet, il ne faut pas sous-estimer l'importance des mots que nous utilisons pour nous exprimer. Or, en vous écoutant parler ou en écoutant les autres, vous serez surpris de constater que certains s'expriment essentiellement en : « Je pense que », « Je sais », « Je crois », tandis que d'autres utilisent des : « Je sens », « Je ressens », « Il me semble », « Mon impression est ». Faites l'exercice, vous vous amuserez certainement beaucoup.

Il m'arrive souvent au cours de mes conversations psychologiques et spirituelles de demander à mes interlocuteurs de me dire ce qu'ils ressentent, dans l'instant. Régulièrement, la personne à qui je pose cette question prend un air sérieux, fronce les sourcils et me déclare sur un ton désolé : « Je ne sais pas ce que je sens. » Je lui réponds toujours : « Il ne s'agit pas de savoir ce que vous sentez. Il s'agit de sentir. De quitter votre tête, simplement. »

Écouter et regarder

Écouter est une activité de plus en plus difficile à réaliser parce qu'il s'agit d'une « activité passive » qui va à l'encontre de l'efficacité recherchée par nos sociétés modernes fondées sur l'« activité active ». Communiquer se résume donc souvent à envoyer de l'information à l'extérieur de soi, beaucoup plus rarement à se mettre en état de recevoir de l'information. En développant votre écoute de vous-même et des autres vous découvrirez qu'écouter n'est pas aussi passif qu'il y paraît. Cela demande un effort constant de rester, ici et maintenant, ouverts à l'information contenue dans l'instant, sans bloquer le flux des informations disponibles en les comparant à nos références du passé ou à nos attentes du futur. Je vous recommande de pratiquer l'écoute, vous serez étonné de voir, d'entendre, de sentir un tas d'informations dont vous ne soupçonniez absolument pas l'existence. Car l'information est dans tout et tout est information.

Lorsque je rencontre quelqu'un pour la première fois, je l'écoute toujours parler longuement. Et j'entends : « Je pense, je sais, je crois » ou : « Je sens, je ressens, j'ai l'impression. » Bien souvent, avant même que mon interlocuteur ouvre la bouche, je devine quel sera son mode d'expression. Il me suffit de regarder. Ceux qui travaillent préférentiellement dans le mental ont toute leur énergie au niveau de la tête. Ils pensent, ils savent, ils croient. Ceux qui écoutent leurs émotions dégagent beaucoup plus de vibrations au niveau de leur thorax (le cœur) et de leur ventre. Ils sentent leurs émotions et écoutent leur intuition.

Lors d'une conférence, une dame me demanda comment je pouvais voir l'énergie qui, prétendument, se dégageait du thorax de ceux qui vivaient plus volontiers à l'écoute de leurs émotions. En guise de réponse, je lui proposai de me dire sur quelle partie de mon corps son regard avait tendance à se porter, dans l'instant. Elle me répondit : « Votre ventre et votre poitrine. » Je lui expliquai qu'au moment où je lui avais demandé de faire l'exercice j'étais rentré en moi et je m'étais mis à ressentir mes émotions de l'instant ainsi que sa présence. Je lui demandai alors de me dire où ses yeux s'étaient posés pendant que je lui expliquais cela. Elle me répondit : « Votre tête, vos mains et vos yeux. » C'était normal puisque, pour élaborer une réponse bien structurée et compréhensible par tous, j'avais fait travailler mon mental. L'information se trouve à tous les niveaux de notre conscience, y compris dans le corps. Essayez, vous entendrez et vous verrez.

Par l'action de notre mental, nos émotions se transforment en images, en symboles et en concepts. Ainsi, les concepts cachent nos émotions sous des discours qui nous font parfois oublier leur essence, qui n'est qu'émotionnelle. L'émotion est donc une information précieuse lorsque nous voulons détecter le degré de connexion que nous avons avec le centre de nous-mêmes.

Nous pouvons raffiner notre observation en écoutant les « Je veux » que nous prononçons à longueur de discours[1]. Selon le degré d'association de ceux-ci

1. J'ai commencé à développer l'observation des signes de nos fonctionnements dans le mental, l'émotion et/ou la volonté, suite à la lecture de *The Modifiers*, New York, Institute for the New Age, 1977, du psychothérapeute américain Andre Leites, professeur à l'Institute of Core Energetics de New York.

avec nos « Je pense, je sais, je crois » ou avec nos « Je sens, je ressens, j'ai l'impression », nous découvrirons si nous mettons notre volonté au service de nos justifications mentales (correspondant très souvent aux jugements du Séparateur) ou, au contraire, si nous sommes disposés à répondre aux aspirations de l'être émotionnel (l'enfant intérieur) qui se cache derrière notre Masque.

Le diapason de l'intention

Une information plus puissante que les mots (l'étonnement d'Hélène)

Vous vous demandez peut-être comment Hélène a vécu la fête à laquelle elle avait décidé de participer. Quelques jours après l'événement, elle vint me voir et m'exprima son émerveillement et sa surprise d'avoir découvert à quel point le pouvoir de l'intention pouvait transformer une vie. En effet, avant de pénétrer dans la maison où était organisée la fête de son fils, Hélène s'était arrêtée sur le pas de la porte, avait inspiré profondément et s'était fait la promesse d'appliquer ce qu'elle avait appris sur le travail de l'observation de soi et, dans la mesure de ses possibilités, de tenter le travail de transformation de l'énergie séparatrice en énergie unificatrice.

Tout se déroula parfaitement bien jusqu'au moment où Hélène se retrouva en présence de son premier mari. Elle sentit alors ses fesses se contracter, son dos se raidir, ses mâchoires se crisper et les battements de son cœur s'accélérer à une vitesse angoissante. Toute son énergie se concentra dans le haut de son corps, comme si elle avait été une lionne prête à bondir sur un ennemi qui n'avait pourtant pas encore manifesté la moindre attention à son égard.

Respectant la promesse qu'elle s'était faite, elle observa sa défense et, après avoir respiré profondément en se répétant : « Il n'y a aucun danger », dans l'instant, elle se décontracta, laissa son énergie se répandre dans toutes les parties de son corps et, « lumineuse » (c'est le mot qu'elle utilisa pour me décrire son état du moment), elle s'approcha de son ex-mari. Celui-ci lui adressa un sourire tendre et affectueux, « comme il n'en avait plus montré depuis le divorce, il y a quinze ans », et il engagea avec elle une conversation détendue. À un moment de cet entretien, Hélène observa à nouveau les signes d'une défense qui s'installait en elle. Aussitôt, elle en « vit » la raison et fut capable de transformer l'élan séparateur qu'elle s'apprêtait à exprimer en une intention de rester en contact avec son ex-mari.

Elle n'en revenait pas. Elle réalisait que, pendant quinze années, elle avait été incapable de voir l'homme dont elle avait été amoureuse d'une manière réelle. Le fait d'abandonner les reproches qu'elle (son Masque) lui faisait lui avait tout à coup permis de transformer l'illusion en réalité. Car, c'était une évidence, même s'il n'était probablement plus celui qui pourrait vivre avec elle, son ex-mari n'était pas le monstre qu'elle avait prétendu. Mais le plus incroyable, me dit-elle, c'est que celui-ci avait totalement changé d'attitude avant même qu'elle s'approche de lui pour lui adresser la parole. « Comme s'il avait senti que j'avais, pour une fois, de bonnes dispositions à son égard », conclut Hélène.

C'est exactement ce qui s'était produit. Le fait d'aborder autrui sans défense permet à l'autre d'abandonner ses propres défenses. Cela vous paraîtra peut-être évident, certes, il est simplement curieux que nous ne parvenions pas à appliquer plus souvent cette loi élémentaire des relations humaines.

Comme le montre parfaitement l'exemple d'Hélène, la nature de notre intention est une information qui, bien qu'elle se cache souvent derrière notre langage, est beaucoup plus puissante que ce dernier. Dès lors, bien avant ou bien au-delà de nos mots et de nos gestes, il est possible à ceux qui nous entourent de capter notre intention d'une manière invisible, que je qualifierai de magnétique.

Le magnétisme de l'intention (le travail de Patricia)

Récemment, Patricia, l'une de mes amies, qui avait entamé une procédure de divorce, me téléphona pour me raconter ses déconvenues dans sa recherche d'un nouveau logement où elle comptait vivre avec ses enfants. Toutes les maisons qu'elle visitait lui plaisaient et pourtant, malgré des conditions généralement favorables, elle ne parvenait jamais à obtenir un contrat de location. Je lui demandai si elle était certaine de vouloir quitter la maison qu'elle occupait avec celui qui était encore son mari. Elle me répondit qu'il n'était absolument plus question de vivre sous le même toit que son mari après le divorce. Je lui demandai alors si elle n'avait pas encore quelque chose à régler dans cette maison. « Tout a été dit, me répondit-elle, agacée, et, de toute façon, chaque fois que j'essaie de parler à mon futur ex-mari, il fuit ! »

Vous avez repéré, comme je le fis lors de ce coup de téléphone, un blâme. Donc : le Masque de Patricia !

Je l'interrogeai sur la façon dont elle abordait son mari lorsqu'elle tentait d'avoir un dialogue avec lui. Elle réfléchit quelques secondes et me répondit qu'elle était consciente du fait qu'elle cherchait à obtenir des excuses de la part de son futur ex-mari. Je lui conseillai d'essayer, la prochaine fois qu'elle aurait l'occasion de lui parler, de clarifier son intention et de laisser l'Unificateur en elle s'exprimer sans défense. Ce qu'elle fit et, avant même qu'elle lui parle, son mari se montra ouvert à l'échange. Lorsqu'elle lui montra ses souffrances, sans chercher à l'en rendre responsable, celui-ci ouvrit son cœur et osa partager sa propre douleur.

Tout à coup, un homme et une femme, en instance de divorce, parvinrent à communiquer d'âme à âme comme, sans doute, jamais ils n'y étaient arrivés dans le passé. Ils pouvaient se voir non défendus, la peur et la douleur de l'un étant le miroir de la crainte et de la souffrance de l'autre. Si leur couple avait été un échec c'était parce que leur relation avait été celle de deux Masques. Ils étaient pourtant pareils et n'avaient donc pas besoin de se faire des reproches ou des excuses. En osant montrer qui elle était, sans défense, Patricia s'était guérie et en même temps elle avait permis à son futur ex-mari de se guérir.

Elle divorça de son mari, cependant, leur mariage s'était achevé dans l'harmonie puisque chacun avait retiré de cette expérience de couple un apprentissage et qu'ils avaient pu terminer dans plus de conscience d'eux-mêmes et de leur couple le travail qu'ils avaient commencé en se mariant. Quelques semaines plus tard, Patricia trouva « comme par miracle » la maison qui lui convenait parfaitement et toutes les formalités de la location de celle-ci se déroulèrent sans aucun problème.

Très souvent, dans ma vie ou dans celle des gens que je rencontre, j'observe des faits de cet ordre, où le hasard, la magie ou les miracles semblent les seules explications possibles à l'opportunité ou à la facilité des événements. À chaque fois, si je me donne la peine de bien observer le mystère, je découvre qu'il s'agit, en fait, simplement du pouvoir de l'intention.

Nous pourrions à nouveau parler ici du magnétisme de l'énergie-conscience. En effet, de la même manière que, lorsque nous sommes en relation avec quelqu'un, nous expérimentons l'« effet diapason » (dont nous avons déjà parlé dans « Croire que l'on est trompé, connaître la peur d'être trahi et contrôler », p. 179) qui fait que l'autre s'aligne sur la fréquence de notre vibration soit dans la défense et le combat, soit dans l'ouverture et la paix, l'énergie de notre intention est capable de faire vibrer le monde qui nous entoure à sa fréquence et d'attirer ainsi les conditions de réalisation de notre projet. Projet qui, nous l'avons découvert tout au long de ce livre, est maintien de séparation ou création d'union.

Imaginons, par exemple, un inventeur qui se considère le seul propriétaire de son idée. Sa peur de perdre le contrôle lors de la réalisation de cette idée le poussera à contrôler toutes les personnes ou les situations qui y seront rattachées. Le risque d'assister à un échec de ce processus créatif est alors important car la peur entraîne de la défense, et la défense crée de la résistance et finalement du blocage. Toute l'énergie attirée par l'idée de notre inventeur se figera au lieu de créer les conditions nécessaires pour amener encore davantage d'énergie dans le projet. C'est magnétique ! Tout cela est absolument invisible. Je vous encourage précisément à regarder ce qui est invisible. Vous verrez, il y a beaucoup à y découvrir.

Au-delà des frontières (une leçon téléphonique)

Un jour, je reçus un appel téléphonique des États-Unis. Il s'agissait d'une femme de cinquante ans, épouse d'un éditeur new-yorkais, qui me téléphonait sur les conseils de l'une de ses amies. Elle souffrait d'un cancer du pancréas inopérable et, ayant peu de contact avec ses médecins en dehors des cures de chimiothérapie qu'elle subissait, elle souhaitait parler avec moi des implications psychologiques et spirituelles de sa maladie.

Durant la première demi-heure de notre conversation téléphonique, je répondis à ses questions par le discours que j'avais l'habitude de tenir dans pareille situation. Cependant, je sentais que quelque chose ne passait pas entre cette femme et moi. Je pensai que c'était peut-être à cause de la distance et du décalage horaire entre l'Europe et le continent américain mais, très vite, je me rendis compte que mon interlocutrice était en défense et, ce qui était normal, qu'elle était très angoissée.

Soudain, je me rappelai l'Observateur, cet ami qui ne devrait jamais quitter notre épaule, et, stupéfait, je m'aperçus que si mon interlocutrice était en défense c'était parce que moi aussi j'étais caché derrière mon Masque. D'un coup, il m'apparut évident que je tentais de séduire cette femme. Simplement parce que son mari était un éditeur qui aurait peut-être pu m'aider à publier le livre que j'avais le projet d'écrire.

Je réalisai par la même occasion l'absurdité de ma défense. En effet, pourquoi avoir peur de ne pas obtenir l'aide nécessaire pour publier un livre qui n'était même pas encore écrit ? Je n'étais absolument pas dans le présent, mais bien dans un scénario futur qui n'était qu'une illusion. Et mon intention n'était que séparation puisque je cherchais à séduire mon interlocutrice pour me rassurer et lui prouver que ma vision du monde était supérieure à la sienne.

Dans l'instant, ce travail d'observation me permit de rire tendrement de moi-même (l'Observateur qui voit tout et ne juge rien a beaucoup d'humour) et de transformer l'intention du Séparateur en moi en intention de l'Unificateur. Sans changer les mots de mon discours, je l'animai de plus de présence dans l'instant, d'une plus grande écoute, d'une réelle communication et donc d'un vrai partage. La seconde demi-heure de notre entretien fut beaucoup plus constructive et je pus, finalement, lui conseiller de rencontrer l'un de mes amis avec lequel je partageais la même approche de la maladie physique.

Ainsi sans se connaître, sans se voir, à des milliers de kilomètres de distance, nous pouvons changer le cours des choses rien qu'en transformant notre intention. C'est peut-être là que réside le secret du pouvoir de la prière.

Les quatre niveaux de l'existence

Un autre outil de travail

En plus du modèle de la conscience Séparateur-Masque-Observateur-Unificateur, je propose généralement aux personnes que j'accompagne dans leur travail psycho-spirituel un modèle de l'individu que l'on pourrait appeler essence-intention-psychisme-corps physique.

Cet autre outil de travail peut nous aider à inscrire la réunification de nous-mêmes dans une perspective plus large et à envisager notre existence individuelle au-delà des limites du temps et de l'espace. Nous aurons donc à considérer, ici, la dimension spirituelle et mystique de l'être humain, ce que j'appellerai son essence, l'expression de cette dimension dans son individualité temporelle et spatiale, c'est-à-dire son intention, la concrétisation de celle-ci dans les vibrations subtiles et rapides de sa conscience : son psychisme et, finalement, l'impression de ce dernier dans les vibrations les plus lourdes et les plus lentes de sa conscience : son corps physique.

Dans cette vision, l'être humain est donc le lieu de révélation, d'expression et de précipitation de l'essence dans la matière.

	Séparation	Difficultés/résistances	Maladie
ESSENCE →	INTENTION →	PSYCHISME →	CORPS PHYSIQUE
	Union	Harmonie/bonheur	Bonne santé

Chaque étape de ce processus d'incarnation est dépendante de la précédente et conditionne la suivante.

L'essence dont nous sommes et que nous sommes

L'essence serait l'insondable substance de toute chose, ce mystère que nous imaginons comme une force vitale qui pulse dans une dimension que nous humains, avec notre esprit analytique et nos limitations spatiales et temporelles, nous ne pouvons appréhender en dehors de l'expérience que nous appelons la vie. L'essence serait donc ce qui nous relie tous, la condensation en dehors du temps et de l'espace de tous les possibles dont, au travers de notre existence individuelle, nous exprimons certains aspects particuliers. Ainsi, lorsque nous arrivons à entrer en contact avec notre essence, nous connaissons le sentiment merveilleux d'appartenir à quelque chose d'infini et, même, de devenir cet infini. C'est ce que nous appelons l'expérience mystique qui nous éveille au sens profond de notre vie et nous plonge dans l'humilité de l'insondable.

L'essence est cachée derrière nos peurs les plus vives et nos défenses les plus profondes. Elle est joie et force, sans limites. En entrant en contact avec notre essence, nous devenons capables de reconnaître l'essence d'un autre, des autres, de tous les autres, de tout. Nous vivons alors dans un univers débarrassé des illusions que notre précipitation dans l'espace et le temps de la matière avait créées en nous. Illusions nées de notre attardement dans l'expérience du passé et de nos projections dans l'expérience du futur. Illusions qui sont à la base de nos jugements. Jugements qui nous barrent l'accès à l'expérience du bonheur – c'est-à-dire à l'expérience de notre essence.

L'intention, expression de notre essence

En se diffusant dans la dimension de l'espace et du temps que nous connaissons, l'énergie de notre essence ralentit ses vibrations, et ses pulsations deviennent discernables à différents niveaux de l'expérience de la vie, comme si l'espace et le temps étaient la condition de révélation de la nature de notre essence. La décondensation de tous les possibles dans l'expérimentation. L'opportunité de regarder l'insondable, de le définir à travers des concepts – qui sont, par définition, d'approximatives visions de l'invisible – et de le nommer en délimitant notre connaissance. Faute de mieux, nos croyances et nos discours resteront donc des visions troubles de ce qui est inexprimable et innommable. Il n'y aura que l'expérience directe de l'essence vitale qui nous permettra d'approcher cette dimension indicible dans l'espace et le temps. Cette expérience sera faite, nous en avons longuement débattu dans ce livre, d'expansions et de contractions, de séparation et d'union. C'est au cœur de chaque chose, de l'infiniment grand à l'infiniment petit, que nous pourrons subodorer la nature profonde de tout. Et si nous acceptons d'ouvrir les yeux, sans limiter notre expérience par nos jugements, nous découvrirons que chaque chose est le reflet de la pulsation originelle. Ainsi, dans l'expérience humaine, l'intention est le lieu d'expression individuelle du pouls de la vie. Elle contient la séparation et l'union, deux possibilités d'expérimenter les ingrédients nécessaires à la création, nous pourrions dire : deux conditions du discernement des contrastes qui constituent l'essence. Notre erreur, nous le verrons plus loin, est de croire (de juger) qu'il y a un ingrédient meilleur que l'autre. Les deux sont indissociables et indispensables car ils sont l'essence.

La psyché, lieu de perception du bonheur

Lorsque l'intention – qui est de l'énergie (comme tout, depuis l'essence juqu'au corps physique) – commence à s'imprimer dans le monde de la matière, ses vibrations se ralentissent pour s'exprimer au travers des méandres de notre psychisme. L'essence, et donc l'intention, est ainsi expérimentée au travers de la réalité psychique.

En choisissant (choisir, c'est être) d'exprimer l'énergie séparatrice qui nous anime, nous créons une réalité séparée et figée dans le carcan de nos conclusions erronées et de nos jugements. Nous en avons discuté longuement précédemment, en laissant notre Séparateur se dissimuler derrière un masque, nous aggravons notre séparation à l'intérieur et à l'extérieur de nous. Nous nous éloignons de l'état d'unité que nous recherchons désespérément. Notre peur induit du jugement, le jugment provoque de la résistance, la résistance entraîne de la douleur. Nous créons notre expérience du malheur.

En transformant notre énergie de séparation en une intention unificatrice, nous créons une réalité unifiée, tant dans notre expérience intérieure que dans nos relations avec le monde extérieur. Nous replongeons alors dans les vibrations que nous avons connues lorsque nous flottions dans le liquide amniotique du ventre de notre mère. C'est ce que nous appelons le bonheur. Ainsi, même si elle n'est pas meilleure en soi que la séparation, l'union nous apparaît plus harmonieuse car elle recrée la condensation de notre essence, l'état d'avant l'expérience du discernement de l'essence.

*Le corps physique, matérialisation
de l'intention (le cancer de M. Jacques G.)*

La science qui occupe les pages des magazines, les émissions de télévision et nos conversations de salon est en retard par rapport à celle qui se découvre chaque jour dans les laboratoires et s'organise déjà dans la tête des chercheurs éclairés. Ce phénomène, dû à l'inertie de la communication sur la multitude des individus de la planète, est tout à fait normal. Ainsi, tandis que nous réfléchissons encore souvent sur les bases de la physique de Newton (principe de causalité), certains intègrent déjà la physique d'Einstein à leur pensée (principe de relativité) et d'autres, beaucoup plus rares, acceptent d'élargir leur raisonnement philosophique ou même scientifique aux vertiges conceptuels de la physique vibratoire et quantique.

Mon propos n'est pas ici de débattre de ce sujet sur lequel j'aurai largement l'occasion de m'étendre dans un ouvrage que je prépare actuellement[1] ; cependant, il est important que vous puissiez imaginer quelques instants que votre corps physique est à la fois un amalgame de particules et un ensemble d'ondes. Il existe de cette façon, simultanément, sous une forme matérielle et sous une forme vibratoire. Il est de deux dimensions à la fois, simplement parce qu'il est une expression des vibrations les plus subtiles de votre conscience dans la matière. Il est votre conscience matérialisée. Il est donc votre psychisme et, si nous remontons le processus d'incarnation dont je viens de vous proposer un

1. Depuis la première édition du présent ouvrage, l'auteur a publié *La Solution intérieure – vers une nouvelle médecine du corps et de l'esprit*, op. cit.

modèle, il est votre intention et par conséquent l'expression de votre essence. Il n'est donc pas étonnant que la dysharmonie que nous expérimentons à travers l'expérience psychique de l'intention de séparation se traduise par un inconfort physique qui, s'il perdure, entraîne une maladie physique. Certains chercheurs pensent que les maladies physiques et les troubles psychiques entraînant des perturbations biologiques sont le résultat d'un mécanisme de survie développé par notre cerveau soucieux de réduire nos conflits psychiques[1]. La recherche des liens entre la psychologie, la neurologie et l'immunologie décrit de plus en plus précisément cette dernière étape du processus d'incarnation de notre intention dans la réalité du corps physique[2].

Lorsque je pratiquais la chirurgie, j'ai rencontré des exemples souvent dramatiques de l'évolution de ce processus de conscientisation jusque dans le plan physique

---

1. Des médecins comme Claude Sabbah pensent que les conflits psychiques non résolus créent un stress permanent qui entraîne une dépense énergétique incompatible avec la survie à long terme. Dès lors, le cerveau transformerait le conflit psychique en un conflit biologique et donnerait l'ordre au corps de produire une maladie qui permettrait de refonctionner à un niveau énergétique moins élevé. La maladie serait donc une amie qui a quelque chose à nous dire.

2. Je développe ce sujet dans mon livre *La Solution intérieure*, *op. cit.* Par ailleurs, vous trouverez des informations concernant les rapports entre la spiritualité, la psychologie et le corps dans les ouvrages de Liliane Reuter, *Votre esprit est votre meilleur médecin...*, Paris, Robert Laffont, coll. « Réponses », 1999, de Guy Corneau, *La Guérison du cœur*, Paris, Robert Laffont, coll. « Réponses », 2000, de Dean Ornish, *Love and Survival. Eight Pathways Toward Intimacy*, New York, Harper Perrenial, 1999, d'Andrew Weil, *Le Corps médecin*, Paris, Jean-Claude Lattès, 1997, et de Bernie Siegel, *Messages de vie*, Paris, Robert Laffont, 1991, et *L'Amour, la médecine et les miracles*, Paris, Robert Laffont, 1989.

de l'existence. Il s'agissait toujours de patients qui, jusque-là, avaient refusé d'envisager une autre réalité que celle qu'ils regardaient (et créaient eux-mêmes) à travers la lentille de leurs croyances dualistes à propos du monde.

L'exemple que j'aimerais vous rapporter ici en est une illustration caractéristique. Si je l'ai choisi, ce n'est pas tant pour son côté spectaculaire que parce que ce fut la première fois que j'assistais en direct au processus de précipitation de l'intention dans le corps de l'un de mes patients.

En urologie, la discipline chirurgicale que j'ai pratiquée durant de nombreuses années, il existe une maladie de la vessie qui se présente sous la forme de polypes qui naissent au niveau de la muqueuse interne de l'organe. Le traitement de cette pathologie consiste à pratiquer l'ablation des polypes par voie endoscopique. Habituellement, ces petites tumeurs sont bénignes, cependant, elles ont tendance à récidiver après le traitement et, dans certains cas, au cours des récidives multiples, elles peuvent devenir malignes. On conseille donc aux patients de se soumettre à des contrôles réguliers afin de pouvoir détecter par un examen cystoscopique (vision directe de la muqueuse vésicale à l'aide d'un endoscope) les éventuelles récidives. C'est ce que j'avais donc proposé à M. Jacques G., qui avait présenté des polypes bénins de la vessie neuf mois avant le début de l'histoire que je vais vous raconter.

La première année du protocole de surveillance devait comporter un contrôle cystoscopique ainsi qu'une analyse d'urine à la recherche d'éventuelles cellules anormales tous les trois mois. Jusque-là, aucun des examens n'avait permis de déceler d'anomalie particulière. Cependant, le patient, âgé de soixante-sept ans, était d'humeur grincheuse et, de consultation en consultation, je le trouvais de moins en moins en forme. Lorsque je l'interrogeais sur sa vie, il bougonnait et concluait ses explications par des « de toute façon, on ne peut rien y changer » ou des « que voulez-vous que l'on y fasse, la vie n'est pas toujours amusante ». Son épouse, qui l'accompagnait, profitait toujours de l'occasion pour se plaindre de l'humeur maussade de son mari. Celui-ci haussait les épaules.

Lors de la dernière consultation, je trouvai le patient « gris » et je le lui dis. Son épouse m'expliqua alors qu'ils avaient des soucis car leur fils aîné était alcoolique et venait de perdre son emploi. La cystoscopie était normale, il n'y avait aucune formation tumorale au niveau de la muqueuse de la vessie, cependant, quelque chose d'indéfinissable, une intuition, me poussa à proposer au patient de nous revoir dans un délai plus court que les trois mois du protocole. Lorsque je reçus le résultat de l'examen des urines, quelques jours après la cystoscopie, je me félicitai de ma prudence étant donné la présence de « quelques anomalies atypiques de cellules de la muqueuse vésicale compatibles avec un état inflammatoire ».

Sept semaines plus tard, donc, je revis le patient pour un nouveau contrôle endoscopique. L'homme avait considérablement maigri, son teint était livide et ses yeux remplis de tristesse. Son épouse m'annonça que leur fils s'était suicidé quelques jours après notre dernière entrevue. M. Jacques G. était effondré. Il ne mangeait plus et passait son temps à pleurer en s'accusant de n'avoir pas su rendre son fils heureux. Déjà peu positive, sa vision de la vie était devenue totalement sombre. Son épouse avait dû le supplier, puis le forcer, pour qu'il accepte de se rendre à notre rendez-vous. Lorsque je regardai à l'intérieur de sa vessie, je n'en crus pas mes yeux. Les deux tiers de la muqueuse vésicale étaient couverts de polypes dont certains avaient une allure infiltrante, c'est-à-dire un risque d'être cancéreux.

Deux jours plus tard, M. Jacques G. était hospitalisé afin que je puisse pratiquer la résection de ces polypes par voie endoscopique sous anesthésie péridurale. L'examen anatomo-pathologique des tumeurs conclut à des polypes malins infiltrant les couches musculaires de la vessie. La sanction thérapeutique était de pratiquer une ablation complète de la vessie du patient avec une dérivation de ses uretères sur la peau (ce qui implique le port d'un sac collecteur d'urine collé sur la peau).

Vu la progression anormalement rapide de la maladie, je réalisai l'intervention sans tarder. L'examen anatomo-pathologique de la pièce opératoire confirma bien sûr la nature cancéreuse de l'affection et permit de préciser un degré de malignité très élevé. Malgré une absence de métastases ganglionnaires, il fallait donc redouter une évolution de la maladie à distance. Deux mois après l'opération, le patient présenta des douleurs osseuses. Un bilan mit en évidence des métastases dans le foie et au niveau du squelette osseux.

Trois mois plus tard, M. Jacques G. décéda. À aucun moment de sa maladie il ne voulut abandonner l'idée de sa culpabilité. Il n'adressa plus jamais un sourire à personne. Il mourut séparé de ceux qui avaient partagé sa vie, et totalement déconnecté de la beauté cachée en lui.

7

ET SI LA VIE AVAIT UN SENS…

Entreprendre un travail psychologique nous amène toujours à comprendre que nos conclusions erronées sont le résultat de nos expériences de l'enfance. Inévitablement, nos parents (ou les adultes qui s'occupaient de nous) se révèlent être directement impliqués dans la manière dont nous avons vécu ces expériences. Dès lors, beaucoup de ceux qui ont commencé un travail psychologique éprouvent un énorme ressentiment envers leurs parents ou, étant parents eux-mêmes, expriment une profonde culpabilité de n'avoir pas été capables d'éviter certaines maladresses dans l'éducation qu'ils ont prodiguée à leurs enfants. C'est ici que l'éclairage spirituel de leur travail prend toute son importance. En effet, je pense que l'analyse de notre conscience ne peut être menée à son terme jusqu'à la source de nous-mêmes, que lorsque nous l'inscrivons dans la perspective plus large de la signification de qui nous sommes. Croire que, seule, la recherche de plus de confort suffira à nous fournir la motivation et le courage nécessaires à cette entreprise est, à mon sens, une illusion.

La quête du sens

La solution est dans l'inconscient

À la lumière de nos connaissances actuelles, ce qui semble caractériser le niveau de conscience que nous considérons « humain », c'est la capacité que nous avons de nous regarder en train d'expérimenter la vie, ce que l'on appelle la conscience réflexive.

De tout temps, les humains ont cherché à comprendre qui ils étaient, comment fonctionnait le monde et quelle était leur place dans celui-ci. Leur expérimentation intuitive de la vie leur a permis d'entrevoir l'unité qui organisait à la fois leur monde intérieur et celui qui se déroulait à l'extérieur de la barrière de leur corps physique, au point de se demander s'il existait réellement une différence entre le dedans et le dehors. Cette confusion paraît bien normale lorsque l'on songe à la projection permanente que l'humain fait de son univers intérieur sur les objets du monde qui l'entoure.

Ainsi, progressivement, comme un enfant qui voit dans ses parents le reflet de ses conflits intérieurs – ceux des intentions séparatrices et unificatrices qui l'animent –, l'être humain a interprété le monde en y reconnaissant le bien et le mal qu'il avait définis au niveau de l'expérience psychique de sa propre nature. Les éléments naturels sont devenus la matérialisation des forces, tantôt obscures et séparatrices, tantôt lumineuses et unificatrices, de son inconscient. Et, comme ces forces vivaient en lui cachées sous des masques, il a fini par déguiser les éléments naturels en divinités porteuses des qualités habituelles de ces masques : l'amour-possession-soumission, le pouvoir-agressivité-domination et la sérénité-détachement-supériorité. C'était là, pour l'être humain, un moyen de sortir de lui les anges et les démons qui l'habitaient et de les contempler, voire de les apprivoiser, sans devoir admettre qu'ils étaient ses propres créations. Exactement de la même manière que notre Masque blâme les autres pour éviter de remettre en cause l'image parfaite qu'il tente d'imposer au monde.

Ainsi, l'être humain s'est créé des dieux à l'image de sa propre cruauté, de la même façon que, aujourd'hui, à la fois fascinés et bouleversés, nous regardons le sang couler à la télévision. D'ailleurs, le journal télévisé du soir n'a-t-il pas remplacé les cultes quotidiens ? Avez-vous déjà observé le temps que nous passons à relater, à commenter et à juger la vie des autres plutôt que, simplement, confier nos propres expériences et les sentiments qui les accompagnent ? Faites-en l'expérience, la prochaine fois que vous vous trouverez dans un endroit public, écoutez les conversations. Vous verrez, c'est stupéfiant. Songeons à l'intérêt que suscitent en nous les combats politiques de nos dirigeants. Ces luttes ne sont-elles pas de la même nature que celles que nous aimerions pouvoir mener contre nos voisins, si seulement nous osions montrer l'orgueil, la peur et l'égoïsme du Séparateur qui vit en nous ?

Ainsi, vous pourrez reconnaître les processus, décrits dans le modèle Séparateur-Masque-Observateur-Unificateur, à tous les niveaux de l'expérience humaine. Il vous suffira de relire l'histoire de l'humanité sous cet éclairage.

La psychologie moderne nous apprend que la solution de qui nous sommes est cachée dans notre inconscient. L'être humain l'a toujours su, mais il ne pouvait l'admettre, car, comme un enfant obnubilé par ses peurs, il lui a fallu du temps pour oser expérimenter une autre réalité.

Chaman, prêtre ou psychothérapeute ?

Il y a toujours eu des êtres humains soucieux de trouver un sens à leur expérience de la vie et enclins à le communiquer aux autres. C'est au travers de leur vision du monde et sous l'éclairage de leur idée du sens que les peuples et les civilisations qui se sont succédé sur la Terre ont bâti leur inconscient, celui que l'on a appelé l'inconscient collectif. Un monde peuplé des monstres et des figures archétypales terrifantes créés par le Séparateur qui vit en nous.

Dans les temps anciens, les magiciens et les sorciers apprivoisaient ces univers inconscients, dans l'expérience du contact direct avec la nature, en manipulant les forces qui s'y manifestaient. Ainsi, à travers l'expérience chamanique, l'inconscient prenait un sens et devenait une réalité tangible. Cette approche s'adressait à la perception et à l'émotion des êtres humains, il s'agissait d'une connaissance intuitive du sens de la vie.

Aujourd'hui encore, les individus de certains peuples organisent leur exploration d'eux-mêmes et du monde sur la base de cette approche au risque de rester prisonniers des limites que leur impose leur inconscient. En effet, comme nous l'avons découvert plus haut, les projections du contenu de notre Sac à déchets sur le monde extérieur nous empêchent d'échapper au jugement que nous avons sur nous-mêmes et confortent donc notre Séparateur dans ses croyances et notre Masque dans son rôle de gardien de l'estime de notre image idéalisée. L'évolution psychique et spirituelle des individus qui ne recourent qu'à la projection de leur Sac à déchets sur le monde extérieur est dès lors figée.

Malgré une interprétation plus intellectuelle du sens de la vie, les sages et les prêtres à l'origine des religions étaient les héritiers directs des magiciens et des sorciers. Leurs intuitions, souvent puissantes, nées dans l'expérience immédiate du pouls vital qui pulse en chacun de nous, ont permis, grâce à leur volonté de les soumettre à l'analyse de leur mental, de construire des théories dont l'essentiel, parce qu'il décrit l'essence des choses et des êtres, constitue des bases solides pour celui qui s'interroge sur le sens de la vie. Cependant, là aussi, le risque de figer l'évolution psychique et spirituelle de l'individu est important. En effet, en se rattachant à des préceptes révélés par une divinité extérieure ou enseignés par un maître supérieur, l'être humain, sans s'en rendre compte, projette à nouveau sur le monde extérieur le contenu de son inconscient. Cette fois, les forces qui l'habitent (Séparateur et Unificateur) ne seront plus projetées sur les éléments naturels dont il peut faire l'expérience directe et avoir une connaissance intuitive, mais bien sur des visages imaginaires (les dieux anthropomorphes) ou réels (les maîtres et les gourous).

À ceux qui fronceraient les sourcils en lisant ces lignes, je poserai deux questions. Les dieux des panthéons antiques n'avaient-ils pas nos défauts les plus honteux ? N'a-t-on pas dit un jour que Dieu avait fait l'homme à Son image ? Et si c'était l'homme qui avait façonné Dieu à son image… Voilà qui nous amène à prendre nos responsabilités et à oser réintégrer en nous les divinités que nous avons créées. Comme dans toute évolution psychique, il nous faut accepter l'évidence : le monde que nous décrivons et que nous expérimentons est le miroir de nous-mêmes, que ce monde soit visible ou invisible !

Aujourd'hui, en Occident, les psychothérapeutes ont tendance à remplacer les chamans et les prêtres. Sans doute parce que, au-delà des querelles d'écoles, la psychologie moderne permet à l'individu de reprendre une partie du pouvoir qu'il avait abandonné à ses créations extérieures. Néanmoins, parallèlement à un certain engouement pour les méthodes de la psychologie, beaucoup de gens se tournent vers une approche plus intuitive du sens de leur vie. Ils recherchent alors l'expérience directe dans des pratiques que nous pouvons rattacher à celles du chamanisme ou dans la réflexion sur le message des textes philosophiques et religieux. Cette quête spirituelle est sans doute révélatrice des limites de la psychologie moderne. En effet, celle-ci, née des efforts rationnels du courant scientifique du XIXe siècle, s'est construite sur le dogme de l'analyse toute-puissante. Il ne s'agissait plus, cette fois, d'une projection extérieure des forces obscures de notre inconscient, mais toujours d'une vision morcelée de nous-mêmes.

Ainsi, le Masque (image idéalisée) de l'homme occidental est devenu celui de la rationalité à tout prix et le Sac à déchets de notre inconscient collectif renferme nos plus belles intuitions que notre Séparateur, selon ses conclusions erronées, qualifie de superstitions. Cependant, comme tout individu à la recherche du sens de lui-même finit par devoir le faire, l'homme occidental d'aujourd'hui arrive à un stade de son évolution personnelle – et donc collective – où il lui faut envisager une vision plus large de lui-même, tomber son Masque de rationalité, admettre la force et la beauté de ses intuitions refoulées et, sous l'œil bienveillant de l'Unificateur qui l'habite, poursuivre sa quête en alliant mental et émotionnel, rationalité et intuition, concepts et expériences directes, analyse et sens, les deux n'étant pas opposés, une approche n'étant pas meilleure que l'autre. Elles sont simplement indissociables.

L'enfance de l'humanité

Je vous l'ai dit, le modèle Séparateur-Masque-Observateur-Unificateur s'applique non seulement à notre vie individuelle mais aussi à celle de nos collectivités politiques, économiques, philosophiques ou religieuses. Cela devrait nous sembler normal étant donné la loi de la complexité faite de principes simples dont je vous ai parlé dès l'avant-propos de ce livre. Nos civilisations n'étant que nos créations, elles ne peuvent pas traduire autre chose que nous-mêmes.

Certains vous diront que les civilisations qui se sont succédé sur la Terre ont considérablement évolué au fil des siècles et des millénaires. D'autres, au contraire, vous rappelleront que l'être humain, bien qu'il ait développé une maîtrise sophistiquée du monde qui l'entoure, reproduit toujours les mêmes erreurs sous l'emprise de son orgueil, de ses peurs et de son égoïsme (les aspects du Séparateur). J'aimerais adopter une analyse intermédiaire en présentant l'être humain comme un enfant qui découvre l'Univers de la même manière que l'enfant que nous avons été a découvert le monde. Seule l'échelle de temps change. En effet, si la conscience individuelle dispose de soixante, quatre-vingts ou parfois cent ans pour tenter de retrouver son unité en reconnaissant et en acceptant, par son travail d'observation, le Séparateur et l'Unificateur en elle, l'humanité dispose de siècles, de millénaires et, qui sait ? peut-être de l'éternité, pour effectuer ce travail en tant que conscience humaine globale, toujours selon le principe de l'emboîtement infini des principes simples vers plus de complexité, plus de conscience. L'humanité d'aujourd'hui serait donc cette jeune adulte qui commence à ressentir l'inconfort et l'étroitesse de son Masque. Il lui faudra donc développer un Observateur – sa conscience réflexive – capable de tout voir et de ne rien juger et, comme dans le travail psychologique et spirituel individuel, allier l'analyse et le sens.

J'entends souvent des gens douter d'une possible évolution spirituelle de leurs semblables. Je leur demande alors de bien vouloir examiner leur propre évolution psychique et spirituelle. Cela prend du temps, beaucoup de temps. Toute une vie et peut-être bien davantage. La stagnation qu'ils dénoncent est seulement apparente. Qu'ils songent aux leçons collectives que nous avons apprises des conflits guerriers du XXe siècle. « Oui, mais on n'a pas arrêté de se battre pour autant ! » me rétorque-t-on. Bien entendu. Cessons-nous de faire des reproches à notre conjoint malgré le désagrément des disputes que ceux-ci génèrent ? L'émergence d'organisations mondiales de protection ou d'entraide humanitaire constitue une étape majeure dans le développement de notre Observateur collectif. C'est même, déjà, un début de travail de transformation de l'énergie séparatrice en énergie unificatrice. Un petit pas, certes, à l'échelle de la souffrance engendrée par l'énergie séparatrice qui anime encore nos sociétés. Mais un pas, tout de même.

De la même manière que nos sociétés modernes ont refoulé dans le Sac à déchets de leur inconscient collectif les intuitions, qualifiées de superstitions, de la vision chamanique et religieuse du monde, elles ont réprimé les symboles de cette approche intuitive, c'est-à-dire les valeurs d'ouverture et de conciliation de la féminité.

Pensons ici aux siècles d'infériorisation de la femme. L'association de celle-ci au mal n'était rien d'autre que le refus de reconnaître les démons qui dormaient en chaque individu. Non pas que les femmes soient des démons mais simplement parce que la féminité symbolisait l'intuition et donc l'inconscient dans lequel se tapissaient ces monstres. Vous remarquerez d'ailleurs que la femme, paradoxalement, évoquait dans le même temps la beauté et la fluidité du monde. Le paradoxe n'est toutefois qu'apparent puisque la beauté et la fluidité dont il est question ici sont précisément tout ce que nous nous défendons d'expérimenter en restant cachés sous nos masques ! Ici aussi, j'ai envie d'attirer l'attention des pessimistes sur la récente émergence des valeurs féminines et donc de la voix des femmes au sein de nos sociétés modernes. Il faut y voir encore un petit pas sur le chemin de l'unification de la conscience collective de l'humanité.

La route est longue, faite de montées et de descentes, de courbes et de lignes droites. À certains endroits la marche est rapide, à d'autres elle se ralentit. Il arrive même que l'on fasse demi-tour. Pourtant, le sens de la marche est facile à repérer. Derrière nous, il fait sombre. Devant nous pointe une lumière dont, à mesure que nous nous en approchons, nous devinons la merveilleuse intensité. Nous sommes les seuls à décider de la vitesse de notre progression. Cependant, rappelez-vous : il n'y aucun jugement à avoir sur rien. Notre progression est notre progression. Elle est ce que nous sommes. Et nous sommes bien plus que le temps et l'espace dont nous avons besoin pour découvrir qui nous sommes !

Personne n'est coupable

Une personnalité pour apprendre

La vie est injuste ! Voilà une affirmation que l'on entend souvent. Un blâme à la vie. Une réaction de notre Masque.

Lors de mes conversations psycho-spirituelles, beaucoup de gens me posent la question du sens des blessures qui ont participé à l'élaboration de notre personnalité. Pourquoi certains ont-ils connu la peur d'être rejetés et d'autres celle d'être abandonnés ? Pourquoi certains craignent-ils d'être envahis ou trahis, alors que d'autres redoutent de ne pas pouvoir montrer qui ils sont ? La réponse est peut-être celle que nous apporterons à la question : « Qu'est-ce que mes blessures, mes défenses et les difficultés créées par ma personnalité m'ont appris sur moi et sur la vie ? »

Je constate souvent que les êtres humains ont tendance à croire que leur progression dans la vie est directement proportionnelle à l'accroissement de leur confort – confort matériel par l'accumulation de biens, confort affectif par l'entretien de relations amicales avec le plus grand nombre de personnes, quitte à jouer la comédie de son Masque, confort sentimental en s'assurant de la fidélité du partenaire de vie grâce à un rapport amour-soumission-dépendance. Il s'agit en fait d'une conclusion erronée du Séparateur en manque d'unité. Progression n'est pas synonyme de confort mais bien d'apprentissage. Et apprendre n'est pas souvent confortable !

Ainsi, nos personnalités comportent des zones d'ombre dont l'éclairage constitue le meilleur moyen d'apprendre. « D'apprendre quoi ? » me demanderez-vous. Sans doute ce qui est le plus essentiel, la substance de tout ce que nous sommes et de tout ce que nous créons, la nature de la force de la vie, la pulsation séparatrice et unificatrice. Comme si, en ralentissant sa vibration, la formidable énergie de la vie avait, dans le temps et l'espace, à travers l'intention, le psychisme et finalement le corps physique, l'occasion de se regarder et de dire qui elle est. D'épreuve en épreuve, la conscience individuelle que nous sommes peut découvrir, progressivement, qu'elle est en fait toute la conscience[1]. Cela nécessite d'en explorer, dans le temps et dans l'espace, tous les aspects et toutes les dimensions. C'est parce que nous connaissons la peur du rejet que nous pourrons croire à notre réalité individuelle et apprendre à occuper une place dans le monde physique. C'est parce que nous vivons dans la crainte d'être abandonnés que nous devrons croire en notre pouvoir créateur et apprendre à créer ce dont nous avons besoin. C'est parce que nous redoutons d'être envahis que nous définirons nos limites tout en osant entrer en relation avec les autres et leur dévoiler nos créations. C'est parce que nous connaissons la trahison que nous accorderons une valeur à la confiance et que,

1. Nous pouvons, ici encore, nous référer au paradigme scientifique de l'hologramme selon lequel l'information de tout est dans tout.

finalement, nous accepterons de partager ces créations. C'est parce que nous croyons ne pas être acceptés tels que nous sommes que nous aurons l'occasion de choisir entre l'authenticité et la négation de nous-mêmes. Élaborées au cours de notre découverte du monde des dualités temporelles et spatiales, nos défenses nous ont permis de définir notre personne et de nous individualiser dans le temps et dans l'espace. En expérimentant la séparation et l'union, nous permettons la révélation de l'infinie variété des contrastes. Lieu de manifestation des opposés, nous sommes le creuset d'une création en perpétuel renouvellement. C'est la beauté de notre condition.

Nous sommes des transformateurs d'énergie

Ainsi, nous l'avons découvert tout au long de la réflexion proposée dans ce livre, par le travail d'observation et de transformation, à l'échelle individuelle, mais aussi à l'échelle de notre collectivité et de notre civilisation, chacun de nous peut changer la nature de l'énergie exprimée dans le monde. Nous sommes donc des transformateurs d'énergie. Des polisseurs de roches brutes en cristal.

« Pourquoi devrions-nous remplacer la séparation par de l'unification puisque nous avons vu que l'une n'était pas synonyme de mal et l'autre de bien ? » me demandent parfois les gens. Nous ne le devons pas, nous le faisons, car c'est le sens du monde. En transformant la séparation en union, nous recréons l'unité de la dimension condensée et insondable, qui existe en dehors de l'espace et du temps, dans la dimension duelle et discernable du temps et de l'espace. Nous permettons ainsi au pouls vital d'exister puisque, par essence, il est séparation et union. C'est peut-être le sens du projet de rendre visible ce qui est invisible, de créer le Ciel sur la Terre. Nous voilà plongés en plein dans la dimension spirituelle et mystique de la vie.

Les aspects de la vie sont infinis et sans cesse renouvelés, il n'est dès lors pas étonnant que, en tant qu'expression individuelle de ceux-ci, nous soyons confrontés à leur expérimentation sous des formes variées et toutes différentes.

Lorsque nous nous indignons de constater que des enfants sont obligés de connaître des frustrations, des abus et des violences alors que d'autres grandissent dans la sécurité, le confort et l'affection de leur famille, nous émettons un jugement sur la valeur de ces expériences. Or qui peut, dans la perspective de « progrès est synonyme d'apprentissage », savoir si la valeur des leçons de ces deux types d'expériences n'est pas la même ? En dehors du jugement (fondé sur la croyance du Séparateur selon laquelle « progrès est synonyme de confort »), la valeur de nos vies individuelles devient très relative.

Prenons, par exemple, l'importance de l'argent dans notre vie. Qu'ils en possèdent énormément ou pas du tout, les gens que je rencontre lors de mes conversations psycho-spirituelles expriment des difficultés intérieures identiques. Au-delà des formes et des apparences, les leçons sont souvent les mêmes. Les Masques affichent le même amour-soumission-dépendance, le même pouvoir-agression-domination, la même sérénité-détachement-supériorité. Les Séparateurs tentent de cacher les mêmes peurs de rejet, d'abandon, d'invasion, de trahison ou de manque d'authenticité, le même égoïsme et le même orgueil. Les Unificateurs, lorsqu'ils peuvent s'exprimer, témoignent la même compassion, la même sagesse et la même paix. Ce qui peut paraître confortable pour les uns (généralement ceux qui ne vivent pas l'expérience enviée) est souvent inconfortable pour ceux qui le vivent. Dans le cas de l'argent, l'angoisse de devoir se battre pour en posséder est exactement de la même substance que celle d'être pris dans l'engrenage de tout contrôler pour ne pas en perdre. Lorsque l'on examine les origines de cette angoisse, on constate que celui qui a peur de ne pas posséder assez d'argent a en lui un enfant blessé qui redoute l'abandon, tandis que celui qui a peur de perdre l'argent qu'il possède cache souvent un enfant qui craint la trahison.

C'est comme si nos peurs et nos conclusions erronées étaient exactement le plan de notre mission de vie. Ainsi, dans l'examen de nos croyances, nous découvrirons les aspects de la conscience que nous n'avons pas encore expérimentés dans l'espace et dans le temps. Les facettes de la vie étant infiniment nombreuses, nous n'avons jamais terminé notre expérience de celles-ci.

Le plus beau métier du monde

Il n'y a donc pas de place pour la culpabilité des parents envers leurs enfants ou le jugement des enfants à l'égard de leurs parents. Bien sûr, il existe des cas, dramatiques, où des parents commettent volontairement des actes préjudiciables à leurs enfants. Il est très difficile de ne pas porter un jugement sur de tels actes tant ceux-ci nous semblent immoraux en ce sens qu'ils ne participent pas à l'épanouissement de tous les individus impliqués dans la situation. Pourtant, nous l'avons vu dans les exemples d'Henri (p. 44) et d'Antoine (p. 125), lorsque le travail psychologique et spirituel est mené à son terme, après avoir découvert à quel point, au-delà des apparences, les êtres humains sont les mêmes, les victimes de tels actes finissent par éprouver une véritable compassion pour leurs agresseurs. Cette compassion est un amour véritable et conscient très différent de l'amour qu'ils affichaient avant leur travail dans le seul but inconscient de préserver l'image parfaite de leurs parents-dieux.

Les parents ne sont pas des dieux. Découvrir leur imperfection est souvent difficile à accepter, voire inacceptable pour l'enfant qui a peur. Devenus de véritables adultes, c'est-à-dire des enfants qui n'ont plus peur, nous devrions être capables de voir nos parents comme ils sont ou ont été. Nous devrions les remercier pour l'opportunité d'exister qu'ils nous ont offerte. Car, en participant directement à l'élaboration de notre personnalité, ils nous ont donné l'occasion d'apprendre. J'encourage tous les enfants et tous les parents à se rappeler cela parce que, bien au-delà des filiations génétiques, nous sommes tous l'enfant de quelqu'un et le parent d'un autre. Et un parent est aussi un enfant qui a souffert. En le reconnaissant, nous devenons capables d'aimer, nous-mêmes et les autres, pour ce que nous sommes réellement et, ainsi, d'échapper aux héritages négatifs que nous nous transmettons de génération en génération simplement parce que nous croyons être différents, sous-entendu meilleurs, que les autres.

Le travail collectif
(une conversation dans le métro)

Être parent est donc le plus beau et le plus difficile des métiers du monde. Quels que soient les principes d'éducation de nos enfants, nous ne pourrons jamais éviter à un enfant au cours de son développement de connaître les blessures du rejet, de l'abandon, de l'humiliation, de la trahison ou de la restriction de sa spontanéité. Si nous voulons tendre vers plus de justesse dans l'accompagnement de nos enfants, il nous incombe d'abord d'être plus justes et plus cléments avec nous-mêmes afin de créer de moins en moins de cercles vicieux négatifs dans lesquels nous n'entraînerons plus les autres. D'abord se donner à soi-même et, ensuite, dans cet état de plénitude, pouvoir donner à un autre. C'est là notre véritable responsabilité. Toujours plus de conscience de nous-mêmes participera à notre harmonie intérieure et, de là, à celle du monde.

Nous sommes en interaction permanente les uns avec les autres. Ainsi mon activité d'accompagnement psycho-spirituel m'a fait découvrir l'importance de la famille et à quel point tous ses membres étaient reliés. Bien souvent, au cours du travail d'un des membres d'une famille, j'ai été amené à rencontrer plusieurs autres personnes de celle-ci – parents, grands-parents, frères ou sœurs – car lorsque quelqu'un se met à bouger, il y a beaucoup de chances pour que tout le monde bouge. Beaucoup de psychothérapeutes s'interdisent de travailler avec plusieurs membres d'une même famille. Je pense au contraire que, dans une perspective spirituelle du travail psychologique, le fait d'offrir des outils d'observation communs aux différents protagonistes de la dynamique familliale est un instrument important de pacification et un déclencheur de progrès rapides. Néanmoins, cela me demande une auto-surveillance constante afin d'éviter une manipulation ou des transgressions des règles de confidentialité que j'établis avec chacune des personnes que je rencontre. Cet aspect, absolument passionnant, de mon activité fera peut-être l'objet d'un exposé plus long, ailleurs.

En observant (tout voir, ne rien juger) la substance de nos relations humaines, nous découvrirons (avec humour) qui nous sommes, qui est l'autre, ce qu'est l'Univers. Nous aurons alors répondu aux questions fondamentales que la conscience humaine se pose depuis son émergence.

Récemment, je me trouvais dans une voiture du métro parisien, lorsque je surpris une conversation entre trois femmes d'une trentaine d'années : Ingrid, Sandrine et Valérie. Ingrid, manifestement très énervée, était en train de critiquer son ancien patron et la femme de celui-ci qui était « stupide à un point qu'on ne pouvait pas imaginer ! ». En écoutant un peu plus attentivement cette conversation, je compris qu'Ingrid venait de perdre son emploi. Ses propos étaient très agressifs et trahissaient la vision négative du Séparateur en elle. Sandrine, dont j'avais compris qu'elle travaillait au sein d'une organisation d'aide humanitaire, adressa un sourire tendre à Ingrid. Elle insista sur le côté positif de la vie et elle proposa d'introduire Ingrid dans son organisation humanitaire. « Aider les autres est formidable, disait-elle. Cela t'évitera de devoir coucher avec ton patron… » À l'instant précis où Sandrine prononça cette allusion sur la moralité de son amie Ingrid, ses yeux trahirent une agressivité contenue à l'égard de son amie. « Comment oses-tu insinuer que je couchais avec mon patron ! s'indigna

Ingrid. — C'est ce que l'on raconte, répondit Sandrine, dont les lèvres affichaient toujours un tendre sourire et les yeux beaucoup d'agressivité. — Je te remercie de m'enfoncer encore davantage, le jour où je perds mon emploi, fit remarquer Ingrid. — Il n'y a peut-être pas de fumée sans feu. Tu es toujours tellement agressive vis-à-vis des gens, il n'est pas étonnant que de tels bruits courent sur toi », répondit Sandrine.

À l'évidence, l'apparente gentillesse et le sourire qu'affichait Sandrine étaient le fait de son Masque. Je ressentais d'ailleurs en l'observant un malaise que je n'avais pas ressenti en découvrant le Séparateur d'Ingrid. Un Séparateur, même s'il est négatif, a au moins l'avantage de ne pas mentir. Lorsqu'elle s'était mise à mettre en doute la moralité de son amie, Sandrine avait quitté son Masque pour laisser son Séparateur exprimer son besoin d'être différente et supérieure à Ingrid. Cela prouvait que, au fond d'elle, Sandrine n'éprouvait pas l'amour pour les autres auquel son Masque tentait de faire croire. Sans doute parce qu'elle devait encore apprendre à s'aimer elle-même.

C'est alors qu'intervint Valérie : « Vous êtes fascinantes, toutes les deux. Toi, Sandrine, tu nous fais croire que tu es douce et ouverte aux autres et, à la première occasion, tu juges une de tes amies qui est dans l'embarras. Drôle de façon de montrer l'amour qui t'anime. Et toi, Ingrid, tu t'étonnes de l'agressivité et du jugement hâtif de Sandrine alors que tu es, toi-même, agressive et que tu n'hésites pas à lancer des affirmations parfois blessantes pour les autres. En fait, vous êtes les mêmes ! »

Lorsque cette conversation s'acheva, je constatai que j'avais oublié de descendre à la station où je devais me rendre. Mais peu m'importait, je venais d'assister, en direct, au travail de l'Observateur de Valérie. Ces trois femmes étaient merveilleuses car humaines. Avaient-elles seulement pensé une seconde que le prodigieux dialogue qu'elles venaient d'avoir avait permis aux différentes parties de la conscience de se regarder, de se comprendre, de s'accepter et d'exister ? Elles avaient travaillé non seulement pour leur conscience individuelle, mais aussi pour celle, plus large – mais la même – qui nous relie tous.

« Cueillir une fleur dérange une étoile »
(le credo de Théodore Monod)

Nous ne sommes pas seulement les membres d'un réseau de consciences humaines. En effet, si la conscience est de l'énergie et l'énergie de la conscience, alors, puisque tout est énergie, tout est conscience, à des niveaux vibratoires différents, certes, mais de la conscience tout de même. La difficulté que nous avons à accepter cette vérité tient au fait que nous comparons tout à un standard de référence que nous considérons comme le plus abouti actuellement, c'est-à-dire nous, les expressions de la conscience humaine. Il ne faut cependant pas confondre conscience et conscience réflexive. La conscience serait, dans mon propos, l'expression du pouls de la vie. La conscience réflexive serait cet état de l'expression du pouls de la vie qui est capable de se regarder et de transformer les apparentes dualités du monde physique en une unité. Peut-être que cet état n'est qu'une étape dans l'évolution qui, du minéral à l'humain en passant par le végétal et l'animal, va vers toujours plus de conscience. Chaque parcelle de nous-mêmes a été ou sera un élément d'autre chose. Les étapes de la croissance du fœtus humain ne résument-elles pas l'histoire des règnes animaux qui se sont succédé sur la Terre ? Les couches superficielles de notre cortex cérébral ne recouvrent-elles pas les vestiges du cerveau des grands reptiles qui nous ont précédés sur la planète ? Notre corps physique n'est-il pas le résultat d'une incessante régénération de ses constituants à partir des éléments que nous ingérons quotidiennement – éléments dont l'origine remonte aux premiers instants de l'Univers ? Nous sommes à la fois minéral, végétal et animal et, en même temps, nous sommes plus que la somme de tout cela. Peut-être parce que, par notre expérience du pouls de la vie, nous entraînons tout ce qui existe dans le processus de la conscience réflexive. Nous pourrions très bien imaginer que l'étape ultérieure sera non plus celle, duelle, de la conscience d'être conscient mais la conscience tout simplement, à l'état pur, unifiée et contractée de la pulsation vitale.

Mais arrêtons de nous étourdir de considérations métaphysiques car, finalement, en évitant les trahisons du langage, seule notre expérience de la vie peut nous en faire approcher le mystère.

Pratiquer la méditation peut nous faire voyager sur les fréquences infinies de la conscience et nous permettre d'en admirer l'harmonie comme un prisme nous permet de discerner les merveilleuses couleurs de la lumière. Je vous invite à fermer les yeux quelques instants et à écouter la symphonie de l'Univers. Une musique, des mélodies, des notes, un formidable ensemble de vibrations qui, d'une harmonique à une autre, nous emportent de l'infiniment petit à l'infiniment grand et de l'infiniment grand à l'infiniment petit. Chaque particule de l'Univers, chaque atome, chaque molécule, chaque substance, chaque structure, chaque organisme est l'occasion de comprendre l'unité de tout ce qui est. Un miroir dans lequel se reflète l'Univers.

Nous pouvons aussi ouvrir les yeux, nous replonger dans le flux de notre vie et faire de chacune de nos expériences une méditation. Nous comprendrons alors que la vie est une véritable œuvre collective dans laquelle chacun possède une place unique et indispensable. Puissions-nous en être conscients et nous remercier, les uns et les autres, d'y participer.

Les jouets du destin

Nous avons découvert notre pouvoir et notre responsabilité dans le processus créateur de notre vie, cependant, comment pourrions-nous accepter une quelconque influence de notre part sur l'avènement des drames qui semblent s'abattre sur nous comme des punitions du destin ?

Il est toujours délicat d'aborder ce sujet avec ceux qui sont accablés par la douleur. En effet, si de plus en plus de gens commencent à accepter la maladie comme un reflet de qui ils sont et une occasion d'approfondir la connaissance d'eux-mêmes, il en va tout autrement lorsque l'on cherche à comprendre le sens d'événements tels que des catastrophes naturelles, des malformations congénitales ou la mort d'un être proche. Que ces événements soient dus au hasard ou non n'a pas beaucoup d'importance. Ce qui compte, c'est de voir comment ils participent au processus créateur de notre vie et à l'apprentissage que nous faisons de celui-ci.

Nous serons surpris de constater que les épreuves de notre vie correspondent exactement à la leçon que nos peurs et nos défenses nous indiquent. Vues sous cet angle, nous pouvons alors tirer un enseignement des fatalités du destin et les intégrer dans notre évolution. Nous leur aurons donné un sens. Néanmoins, nous pourrons nous poser la question de savoir si ces événements dramatiques nous arrivent pour que nous puissions apprendre ou si c'est nous qui trouvons une occasion d'apprendre à travers les épreuves qui nous tombent dessus par hasard. La perspective est en effet très différente. Dans le premier cas, il faudrait y voir l'intervention d'une logique qui participerait à notre projet de croissance spirituelle – une loi magnétique qui attirerait à nous les événements s'accordant avec notre vibration. Dans le second cas, nous serions les créateurs d'un projet dans lequel nous intégrerions des faits nés du hasard en leur donnant un sens.

Jusqu'à ce que notre niveau de conscience nous permette de mieux comprendre la trame invisible de l'Univers, nous sommes forcés d'admettre avec humilité que nous n'avons pas de réponse claire à ce sujet. Cependant, quelle que soit notre croyance à propos de la mécanique de notre projet, l'essentiel est d'en avoir un. C'est la condition de la croissance psychique et spirituelle d'un être humain. C'est le moyen d'évolution de l'humanité.

Mourir unifié

Une pulsation sans fin

La mort, dans nos sociétés occidentales préoccupées de rester cachées derrière leurs Masques du pouvoir et de la sérénité, est une étape de l'existence niée et refoulée. Notre idée du bonheur-confort-contrôle nous empêche de considérer cet instant de la vie autrement que comme une souffrance et un échec. Pourtant, cette expérience – l'ultime expérience de notre conscience dans le monde de la dualité – pourrait être l'occasion, si elle n'a pas eu lieu au cours de la vie, de la réunification de celui qui doit la vivre. Et s'il y a une expérience que nous sommes certains de tous vivre un jour, c'est bien celle de mourir.

Pour ceux qui l'examinent au travers des yeux de leur Unificateur, la mort signifie le retour tant attendu à l'état d'unité, une fois que nous sommes débarrassés des illusions de la dualité. À l'inverse, pour ceux qui le regardent du point de vue du Séparateur, cet événement représente l'anéantissement tant redouté depuis les premières expériences de la peur de l'abandon, du rejet, de l'invasion, de la trahison ou de l'inauthenticité. Cependant, rien ne prouve que la conscience, cette expression du pouls vital, ne continue pas, au-delà de l'expérience de mourir, à suivre les mouvements incessants de l'expansion et de la contraction, de la séparation et de l'union. Les récits de la tradition antique, les images archétypales de l'Enfer et du Paradis ou les témoignages de certaines personnes ayant vécu des états modifiés de conscience à travers la méditation ou des expériences proches de la mort dans des stades de coma avancé nous incitent à penser que la conscience poursuit son travail en dehors du monde physique sur les mêmes modes que ceux que nous, vivants, nous expérimentons à présent. Pour certains il semble tout à fait possible que, de la même manière que nous revivons au cours de nos rêves les problèmes que nous connaissons durant notre état de veille, nous poursuivions dans la mort les rêves de notre vie. Ainsi, l'Enfer serait cet état de conscience vécu uniquement dans la projection des images monstrueuses des peurs de notre Séparateur[1] alors que le Paradis pourrait correspondre aux images idéalisées de nos masques. L'Observateur et l'Unificateur poursuivraient, de leur côté, même après la mort, leur travail d'éclairage de notre conscience en dissipant progressivement les illusions que nous avons créées au cours de notre expérience de la dualité[2].

D'autres objecteront que la grande différence entre le cas veille-sommeil et celui mort-vie est que la mort fait disparaître le corps physique. Tout dépend alors du fait de savoir si le cerveau est le créateur de la conscience ou simplement le récepteur ou le reflet de celle-ci. En d'autres termes, est-ce la dimension physique qui engendre la dimension immatérielle ou le contraire ? Je ne m'attarderai pas sur ce sujet ici, car il nécessiterait un débat reposant sur des conceptions philosophiques et scientifiques qui n'est pas, comme je vous le disais dans l'avant-propos, le but de ce livre[3]. Néanmoins, le modèle essence – intention – psychisme – corps physique (p. 213) prend parti pour la conception d'un cerveau (ainsi que le reste du corps, d'ailleurs), reflet physique de l'essence. Ce merveilleux organe

1. Songeons aux tableaux du peintre brabançon Jérôme Bosch.
2. Je recommande ici la lecture du livre de Sogyal Rinpoché, *Le Livre tibétain de la vie et de la mort*, Paris, La Table ronde, coll. « Les Chemins de la sagesse », 1992. Par ailleurs, je vous conseille également la lecture de l'enquête de Patrice Van Eersel, *La Source noire, révélations aux portes de la mort*, Paris, Grasset, 1986, et celle du livre de Régis et Brigitte Dutheil, *L'Homme superlumineux*, Paris, Sand, coll. « Recherches », 1990.
3. Pour ceux qui voudraient approfondir ce point dès à présent, je recommande la lecture du livre de Rupert Sheldrake, *La Mémoire de l'Univers*, Monaco, Le Rocher, 1990, dans lequel ce biologiste anglais développe la notion de matrice de la matière qu'il appelle les champs morphiques.

représentant l'un des lieux de l'expression et de l'expérience physiques de la précipitation essence-intention-psychisme, au même titre que les autres organes du corps avec, toutefois, un rôle spécifique d'intégration, d'analyse et de mentalisation de l'information.

Quelle que soit notre croyance, religieuse, philosophique ou scientifique par rapport à la mort, il est indéniable que le sort que nous lui réservons dans notre culture occidentale est véritablement catastrophique[1]. Pourtant, même si nous ne croyons pas à la survie de la conscience après l'expérience de la vie physique, nous ne pouvons nier que, à force de ne pas vouloir regarder la mort en face, nous, les vivants, nous amputons notre vie d'une dimension qui nous aiderait à panser un grand nombre des blessures de l'enfant qui vit en nous. En niant et en refoulant la mort, nous fragilisons et nous obscurcissons notre vie. De la même manière que l'exploration et l'acceptation de notre inconscient transforment notre existence, la compréhension et l'apprivoisement de la mort pourraient bouleverser notre vision de nous-mêmes et du monde. Car, comme l'inconscient, la mort est une autre face de qui nous sommes.

Se réincarner ?

Les médecins, dont je fais partie, sont bien souvent les premiers confrontés à la fin de la vie physique. Pourtant, ils y sont peut-être les plus mal préparés. En effet, les longues études auxquelles ils doivent se

---

1. Je vous recommande ici la lecture des ouvrages d'Elisabeth Kübler-Ross, notamment *La Mort, dernière étape de la croissance*, Monaco, Le Rocher, 1985, Pocket n° 4773, et du livre *La Mort intime*, de Marie de Hennezel, Paris, Robert Laffont, coll. « Aider la vie », 1995, Pocket n° 10102.

soumettre avant de pouvoir pratiquer leur art ne comprennent aucune formation philosophique et psychologique spécifique à la noble tâche de l'accompagnement des mourants. C'est bien dommage, car ce manque de préparation est à l'origine de beaucoup de solitude, de désespoir et de douleur tant chez les patients que chez les médecins eux-mêmes. D'autant plus que, bien souvent, le choix d'une carrière médicale est motivé par des blessures d'abandon et de trahison qui entraînent des défenses de besoin de reconnaissance et, surtout, de contrôle sur le monde extérieur, donc sur la maladie et la mort. Seule une ouverture de la conscience des étudiants en médecine à ces réalités pourrait changer la situation de déni face à la mort que nous connaissons aujourd'hui dans le système médical occidental. Cela est bien entendu l'objet d'un autre débat sur lequel j'aurai, peut-être, un jour, l'occasion de parler. Tout cela pour vous expliquer aussi pourquoi, depuis de très nombreuses années, ma recherche personnelle a tourné autour d'un essai de compréhension de l'événement que nous appelons la mort. C'est ainsi que la croyance que certains ont dans la réincarnation m'a incité à étudier les religions orientales, et ce avec d'autant plus d'intérêt que je constatais, depuis une vingtaine d'années, le ralliement d'un nombre croissant d'Occidentaux à cette vision de la vie et de la mort.

Au cours de mes différentes expériences, j'ai effectué ce que l'on appelle une régression sous hypnose dans les vies antérieures[1]. Je vous en relate ici le déroulement car il éclairera mon propos concernant la réincarnation.

1. Vous trouverez des renseignements sur les régressions dans les vies antérieures en lisant le livre de Patrick Drouot, *Des vies*

Durant cette expérience, j'ai « vu » trois scènes absolument précises se rapportant à trois époques antérieures à la nôtre. La première scène se situait dans l'ancienne Égypte et le personnage principal – que j'identifiai comme ma conscience sous les traits d'un prêtre égyptien – venait d'être assassiné par d'autres prêtres parce qu'il avait voulu révéler une vérité au peuple contre l'avis du clergé. Je ressentis alors une grande culpabilité du fait de mon échec et je compris que je m'étais peut-être exprimé trop violemment pour réussir. La deuxième scène se déroulait à la cour d'Élisabeth Ire d'Angleterre. Ma conscience avait la forme d'un homme âgé qui, ayant conspiré contre le pouvoir, s'était fait couper la tête. À nouveau, je ressentis de la culpabilité et je compris que la vérité que je voulais imposer était le prétexte à exprimer l'orgueil qui m'habitait. La troisième scène se passait dans la chaumière d'une femme qui, guérissant avec les mains, était suspectée de sorcellerie et avait été menacée de mort. Je « vis » cette forme féminine de ma conscience mourir seule dans son lit, abandonnée par ses amis du fait qu'elle avait nié ses pouvoirs de guérison pour échapper au bûcher.

Il est intéressant de noter que j'ai connu, dès mon plus jeune âge, une passion pour l'Antiquité égyptienne et la période élisabéthaine. Les trois vies antérieures « vues » au cours de cette régression hypnotique semblaient éclairer ma vie actuelle : une enfance assez mystique ouverte sur le monde irrationnel, puis l'investissement dans une carrière médicale

---

antérieures aux vies futures, Monaco, Le Rocher, 1993, et celui de Raymond Moody, *Voyage dans les vies antérieures. Une autre thérapie : le retour dans le passé par l'hypnose*, Paris, Robert Laffont, coll. « Les Énigmes de l'Univers », 1990.

au prix d'un développement exclusif de ma rationalité et, finalement, le changement de cadre de mes recherches et de mon activité professionnelle en choisissant d'arrêter la pratique de la chirurgie en milieu hospitalier, à la suite d'un long combat entre mon besoin d'imposer à mon univers professionnel sceptique et compétitif une autre vision de la vie et mon envie d'abandonner la nécessité de prouver ma vérité aux autres (ma blessure de trahison et ma défense de manipulation et de contrôle). Ainsi, mon expérience des vies antérieures avait été plus rapide et plus efficace qu'une psychanalyse, du même type d'efficacité que certains rêves que nous faisons et qui nous éclairent sur le sens profond de notre vie.

Je ne peux nier la réalité de l'expérience que je viens de vous relater, en revanche, je ne peux pas prouver la réalité des vies que je vous ai décrites. Cela ne me semble pas avoir beaucoup d'importance. En effet, comme je vous le faisais remarquer plus haut, le scénario de ces vies peut s'apparenter à un rêve où j'aurais utilisé des souvenirs, comme ma passion pour l'Egypte ancienne ou la période élisabéthaine, de la même manière que je mets en scène dans mes rêves nocturnes des personnages que je côtoie le jour. Ainsi, la fonction des vies antérieures est peut-être du même ordre que celle de nos rêves. Je reste néanmoins tout à fait ouvert à l'interprétation inverse qui dirait que ma passion pour l'Antiquité égyptienne et la période élisabéthaine est le résultat – la séquelle ou le lointain souvenir – de vies antérieures dont ma conscience aurait réellement fait l'expérience. Ma blessure de trahison et ma tendance à me défendre en contrôlant deviendraient alors un héritage millénaire d'une conscience qui, de vie en vie, tente de dépasser ses peurs.

Les partisans de la réincarnation utilisent cet argument pour expliquer certaines prédispositions psychiques ou certaines déficiences physiques présentes dès la naissance. Personnellement, ma vision peut-être encore trop étroite du mystère de la vie ne m'autorise pas à croire ou à ne pas croire à la réincarnation. Car, comme je vous l'ai dit tout au début de ce livre, il faut savoir que l'on croit plutôt que croire que l'ont sait. Ma croyance ne devient une réalité pour moi, à un moment donné de mon histoire, que lorsque mon expérience de la vie me permet, en pleine conscience, de l'intégrer dans ma vérité. Ce n'est pas encore le cas pour la réincarnation. Un jour, peut-être. En attendant, ce que je sais, c'est que la vie est une expérience. À moins qu'elle ne soit un rêve...

Le pouvoir de tout changer jusqu'au dernier jour (le cadeau d'Yvan)

J'entends très souvent des gens me dire qu'ils aimeraient changer leur vie. Je leur réponds qu'il ne tient qu'à eux de réaliser leur désir et de se donner ce dont ils croient avoir réellement besoin. Généralement, ils me répondent qu'ils ont des responsabilités vis-à-vis d'autres gens qui les empêchent de transformer le cours de leur vie. Ils insistent sur les pressions de la société, sur le temps qu'il leur reste à vivre ou sur leur besoin d'argent. Ils me parlent rarement de leur peur, de leur manque d'imagination et des croyances qui les maintiennent dans un état de victime plutôt que de les inciter à prendre leurs véritables responsabilités et honorer qui ils sont. Je leur explique alors que développer le maximum de conscience par rapport à leur désir est le meilleur moyen de le réaliser un jour.

Cela nécessite d'entreprendre un travail sur les bases de ce que nous avons partagé ensemble dans ce livre en s'efforçant de rester confiant et en se rappelant qu'il n'est jamais trop tard pour changer sa réalité. L'histoire d'Yvan en est la preuve.

Un matin de septembre, un homme me téléphona. Il se prénommait Yvan, avait une soixantaine d'années et souhaitait me rencontrer afin de discuter de son cancer de la vessie en voie de généralisation. Je lui répondis que je ne pratiquais plus l'urologie, cependant, il insista pour connaître mon avis sur l'attitude de ses médecins. Quelques mois auparavant, Yvan avait subi une ablation totale de la vessie. La présence de cellules malignes au niveau des ganglions péri-vésicaux avait incité ses médecins à lui administrer une chimiothérapie complémentaire. Malgré ce traitement maximal, sa maladie avait progressé. On lui proposait une nouvelle chimiothérapie comportant d'autres produits, néanmoins, il commençait à perdre confiance car il n'obtenait jamais de réponse précise à ses questions. Ingénieur de formation, Yvan avait développé un mental très puissant et le manque de clarté, voire de franchise, qu'il constatait chez ses médecins ne faisait qu'accroître son angoisse. Son fils, qui vivait aux États-Unis, lui avait parlé d'une chimiothérapie « miracle », cependant, malgré le fait qu'on lui avait affirmé l'existence d'un protocole similaire en Europe, personne ne se décidait à entamer un traitement.

À l'écoute du récit d'Yvan et au vu de certains documents de son dossier médical, je savais que, hélas, sa maladie avait atteint un stade irrémédiable. Aucune chimiothérapie ne pourrait améliorer son état et, même s'il existait des protocoles expérimentaux, le cas d'Yvan ne présentait pas les critères d'éligibilité requis par ceux-ci. Je lui expliquai donc que, quoi que l'on fasse, il ne guérirait pas de sa maladie et je lui proposai de réfléchir avec lui sur les décisions pratiques et les directions philosophiques qu'il souhaitait prendre pour récupérer son pouvoir sur sa vie. En effet, comme beaucoup de gens, Yvan avait abandonné sa maladie, son corps et, de là, le cours de sa vie, entre les mains de ses médecins. Il devait cependant se rendre compte que ceux-ci, outre qu'ils ne connaissaient pas les solutions nécessaires à la guérison de sa maladie, ne possédaient pas les réponses essentielles aux questions de sa vie.

Je lui exposai donc les principes dont nous avons parlé dans ce livre en guise de base de réflexion à son travail de reprise de son pouvoir et de réunification de lui-même. Il me remercia chaleureusement en me déclarant que mes idées étaient intéressantes mais très éloignées de sa vision de la vie. Il ne souhaitait pas me revoir.

Quelques semaines plus tard, Yvan me rappela. Son état s'était considérablement aggravé et il désirait reprendre notre conversation à propos du pouvoir qu'il pouvait encore exercer sur sa vie et sa maladie. Il était donc prêt à entreprendre un travail d'observation.

Au cours de nos entretiens, Yvan me raconta son enfance, sa jeunesse, son départ pour l'Afrique, son mariage, la naissance de son fils et de sa fille, son divorce, son retour en Europe. Il ne s'était jamais remarié et, en évoquant ses souvenirs à propos de sa mère, il commença à comprendre que ceux-ci avaient influencé ses rapports avec les femmes en général et avec son ex-épouse et sa fille en particulier. Progressivement, une à une, les illusions de sa vie s'évanouissaient. Souvent, son jugement, très actif au début de son travail, le plongeait dans l'autocritique, la perte de l'estime de l'image idéalisée de lui-même et finalement la souffrance. Mais, à mesure que son Observateur se développait, il voyait de plus en plus objectivement qui il avait été et qui étaient ceux qui avaient partagé sa vie.

Ainsi, le fait de comprendre à quel point son fils lui ressemblait lui fit prendre conscience que l'admiration et la fierté qu'il éprouvait pour ce dernier étaient de la même nature que le sentiment de supériorité et l'orgueil qui avaient été les moteurs de sa vie. Lorsqu'il découvrit combien il redoutait et avait réprimé en lui la douceur, les émotions et la féminité qu'il voyait chez sa fille, il se mit à regretter de s'être éloigné de celle-ci.

« J'ai été un monstre ! Je n'ai rien compris à la vie ! Je me suis trompé ! Je croyais faire du bien et je n'ai créé que de la souffrance et de la séparation ! » Yvan hurla sa colère et sa douleur. « Je voudrais tout recommencer. C'est affreux, je n'aurai plus le temps de réparer. Il est trop tard. J'ai gâché ma vie ! » Il pleura et sanglota de longues heures, lui dont la fierté avait été de ne jamais verser une larme. Je lui dis alors que juger et regretter n'avaient pas de sens. Sa vie avait été ce qu'elle avait été. C'était sa beauté. S'il n'avait pas expérimenté la peur, l'égoïsme et l'orgueil du Séparateur en lui, il n'aurait jamais pu découvrir la compassion, la sagesse et la paix qui s'installaient en lui. Si, à présent, il connaissait le visage de l'Unificateur en lui, c'était parce que, courageusement, il avait accepté d'ôter ses Masques d'amour-soumission-dépendance, de pouvoir-agressivité-contrôle et de sérénité-détachement-supériorité. Il fallait qu'il éprouve la véritable fierté d'avoir accompli le travail de récupération de son véritable pouvoir.

Yvan appela alors sa fille, qui vivait à Hong Kong, et il se réconcilia avec elle en montrant chez lui les émotions et les sentiments qu'il avait si longtemps refusé de voir chez elle. Il essaya de montrer à son fils les limites des défenses qu'il constatait chez celui-ci et sur lesquelles il avait lui-même construit toute sa vie.

Un soir, Yvan, très affaibli, me remercia pour le travail accompli. Je lui rappelai que ce travail était le sien. Personne ne l'avait effectué à sa place, c'était impossible ! Si quelqu'un devait dire merci, c'était moi. Car il n'y a sans doute pas de plus belle chose que de voir un être humain réussir sa vie en se libérant des illusions de celle-ci. Quelques jours plus tard, Yvan décédait. Il m'avait appris que l'on pouvait tout changer jusqu'au dernier instant de sa vie. Il laissa beaucoup de paix et d'amour derrière lui.

8
ET SI LA VIE ÉTAIT UN RÊVE...

Avez-vous déjà tenté de vous passer de sommeil durant plusieurs jours ? Si c'est le cas vous aurez constaté que cela représente une épreuve très difficile, voire impossible. Dormir est nécessaire, pas tellement pour reposer notre corps fatigué – ce à quoi un repos éveillé peut suffire – mais surtout parce que nous avons besoin de rêver. Le rêve est en effet une activité indispensable à notre survie. Sans lui, nous ne pouvons pas réaliser l'aménagement de nos conflits psychiques de la veille, notre système nerveux reste sous tension, nos défenses immunitaires s'affaiblissent et les fonctions de nos organes se dérèglent.

À la lumière du rapprochement, que nous avons envisagé tout au long de ce livre, entre la pulsation de la vie et le fonctionnement de notre conscience, nous pourrions comparer l'état de veille à l'expérience du monde de la dualité où la matière – donc les formes séparées – est discernable du fait que tout va moins vite que la vitesse de la lumière. Le sommeil, au contraire, pourrait être rattaché au monde de l'unité où nos pensées deviennent une réalité qui dépasse la vitesse de la lumière. Dormir nous replongerait donc dans la conscience où nous étions avant notre arrivée dans le monde physique, au tout début de notre expérience intra-utérine.

Ainsi, veille et sommeil constituent deux aspects de notre expérience du pouls de la vie. Ils sont indissociables et complémentaires, comme le sont les deux phases de notre respiration – inspiration et expiration – ou les battements de notre cœur – systole et diastole. Veille et sommeil s'interpénètrent et s'influencent en permanence. En rêvant, nous utilisons les objets et les personnes que nous avons découverts lorsque nous étions en état de veille pour redonner vie à la partie refoulée et cachée de notre personnalité, l'inconscient. Considérés du point de vue de notre état de veille, les scénarios et les personnages de nos rêves sont symboliques alors que dans le monde du rêve ils sont une réalité. D'ailleurs, lorsque nous sommes réveillés, la nature de nos rêves conditionne un grand nombre des événements de notre vie.

Beaucoup de gens se souviennent rarement de leurs rêves et pensent qu'ils ne rêvent pas souvent. Ils se trompent. Nous rêvons tous, chaque fois que nous dormons. Cependant, nous ne nous autorisons pas toujours à nous souvenir des messages de notre inconscient. Plus nous serons connectés avec l'essence de nous-mêmes, plus nous nous souviendrons facilement de nos rêves, et nous aurons ainsi accès à la formidable source d'informations qu'ils contiennent sur qui nous sommes réellement. En revanche, plus nous aurons de jugement sur nous-mêmes – et par conséquent plus nous aurons tendance à nier et à refouler –, plus il nous sera difficile d'interpréter le sens de nos rêves.

Si vous souhaitez travailler avec la partie de vous qui s'exprime durant votre sommeil[1], je vous recommande de vous mettre en condition de travail : promettez-vous, avant de vous endormir, de vous souvenir de vos rêves au réveil ; disposez un cahier et un stylo à côté de votre lit afin de noter vos rêves dès le réveil ; une fois réveillé, gardez les yeux fermés et ne bougez pas avant de vous être souvenu de vos aventures oniriques.

Le symbolisme de nos rêves

Nos rêves contiennent des messages qui peuvent nous paraître difficiles à décrypter. Pourtant, si vous faites l'effort de vous en souvenir et, surtout, de ne pas en juger le contenu, vous constaterez que leur sens est souvent très évident. Il s'agit de considérer l'analyse de vos rêves comme une partie de votre travail d'observation. Si vous êtes aidé par un thérapeute, veillez à trouver le sens de vos rêves par vous-même, cela sera d'autant plus bénéfique. En effet, il y a plusieurs interprétations possibles d'un rêve et, même si un thérapeute peut l'interpréter d'une manière parfaitement compatible avec votre histoire, il est toujours plus judicieux (et gratifiant) de découvrir par soi-même ce que, en dormant, on a voulu se dire. Car nos rêves c'est nous, ne l'oubliez pas !

Les deux rêves que je vais vous raconter vous illustreront la différence entre, d'une part, une tentative

---

1. Nous avons commencé à aborder ce sujet p. 72, dans la rubrique intitulée : « Les messages de notre inconscient (le rêve de Béatrice) ».

d'interprétation objective et sans jugement et, d'autre part, un blocage de l'interprétation dû à un refus d'abandonner l'image idéalisée de soi.

Mettre au monde un enfant (les angoisses de Thierry)

Quelque temps avant d'entreprendre la rédaction de ce livre, je m'interrogeais sur l'opportunité et la valeur d'un tel travail. J'étais tiraillé par des jugements intérieurs qui, sans cesse, me comparaient aux grands noms de la psychologie contemporaine et me rappelaient le peu d'intérêt de ma modeste contribution. Je connus alors une phase de dépression due à la perte de l'estime de l'image idéalisée de moi-même (la perte de la fausse estime de moi).

Une nuit, je fis un rêve absolument merveilleux. J'étais une femme d'origine arabe. Je me voyais, debout, les jambes écartées, et j'appelais ma fille qui regardait la télévision dans la pièce voisine. Entre mes jambes, la tête d'un bébé s'annonçait. J'étais en train d'accoucher. Ne recevant aucune réponse de ma fille, je l'appelai une seconde fois. Il fallait qu'elle me conduise à l'hôpital, j'allais mettre au monde un bébé et j'étais terrorisée à l'idée d'être privée de la sécurité d'un service hospitalier. Je ne reçus toujours pas de réponse. Je décidai alors de saisir la tête du bébé dans mes mains et, toujours debout, je procédai à mon propre accouchement. L'enfant (un garçon) sorti de mon ventre, je le brandis fièrement vers le ciel quand, soudain, je constatai que sa tête était déformée. Il me souriait. J'étais désespérée. Je ressentis alors de violentes contractions dans le bas de mon ventre. C'était mon utérus qui tentait d'expulser le placenta.

L'angoisse m'envahit à nouveau. Je criai pour avoir du secours car je redoutais une hémorragie post-partum. Il fallait qu'un gynécologue m'aide à évacuer le placenta. Mais trop tard, le sang coulait. Je saisis alors le cordon ombilical, j'y fis un nœud, je le sectionnai et je tirai dessus afin de faire sortir le placenta de mon ventre. Celui-ci s'évacua d'un coup et, lorsque je l'inspectai, il était entier. J'étais donc sauvée, le risque d'hémorragie était passé. Je vis alors mon bébé qui me souriait toujours et, soudain, son visage, déformé à la naissance, prit l'apparence de celui d'un superbe nourrisson. Et je me réveillai.

La journée qui suivit ce rêve, je me sentis en pleine forme. J'avais de la confiance et du courage pour entamer l'écriture de mon livre.

Examinons les éléments du rêve et leur origine. La femme arabe : deux jours auparavant, j'avais vu une émission télévisée sur la condition des femmes en Algérie. L'accouchement : la veille, j'avais expliqué à un ami que mon livre était comme un bébé arrivé à terme et qu'il me fallait prendre le temps d'en accoucher. La fille qui ne répond pas : la veille, j'avais rencontré, lors de mes conversations psycho-spirituelles, deux personnes à qui j'avais expliqué la nécessité de trouver en soi ce que l'on croyait devoir obtenir des autres. L'hôpital : compte tenu de mon passé médical, l'hopital représentait une institution sérieuse à laquelle j'avais sacrifié beaucoup de temps et d'énergie afin d'obtenir une reconnaissance.

Le message était donc clair. Je pouvais écrire mon livre, cela ne présentait aucun danger, même si je n'étais pas reconnu par les autres. Il fallait que j'écrive d'abord pour moi. Je n'avais pas besoin que l'on m'aide. J'étais capable de mener à bien cette entreprise tout seul. Si je parvenais à dépasser mes peurs, mon bébé serait un magnifique nourrisson qui m'apporterait beaucoup de joie (son sourire). Je le compris dès mon réveil, et, aujourd'hui encore, les images de ce rêve semblent très réelles lorsque j'y pense.

Redevenir un enfant (le jugement d'Élisabeth)

Élisabeth est une femme de quarante-six ans, mariée et mère de trois enfants. Au cours de son travail psycho-spirituel, elle avait identifié deux blessures de son enfance encore particulièrement vives : l'abandon et l'inauthenticité. Cela lui avait permis d'analyser sa peur de ne pas pouvoir survivre par elle-même et celle de ne pas pouvoir montrer son imperfection. Elle avait donc compris sa défense, qui consistait à porter un Masque d'amour-soumission-dépendance (tant sa crainte d'être abandonnée par son époux était importante) et sa défense rigide qui la rendait esclave de son perfectionnisme, toujours préoccupée de s'adapter aux situations (afin de plaire à son époux, ce qui renforçait sa défense contre l'abandon).

Malgré son important travail d'observation, Élisabeth était découragée par la lenteur de son processus psychologique. Tantôt elle accusait son époux de refuser de communiquer avec elle (son Masque blâmait pour ne pas devoir avouer ses propres résistances au changement), tantôt son perfectionnisme la rendait coupable de ne pas progresser plus rapidement (la perte de l'estime du faux soi). Tout cela avait pour effet de la déprimer énormément.

Une nuit, Élisabeth fit un rêve qu'elle osa me raconter seulement plusieurs semaines après, tant sa honte était grande. Elle s'était vue nue, assise sur la cuvette en porcelaine des toilettes, en train de déféquer. En plus de ses selles, elle perdait du sang menstruel par le vagin. Soudain, elle vit le cousin de son mari, un homme qu'elle n'appréciait pas particulièrement. Celui-ci lui nettoya l'anus et essuya le sang qui coulait de son vagin. Elle se réveilla brusquement, honteuse et encore plus déprimée qu'avant.

Lorsque je lui demandai comment elle interprétait son rêve, Élisabeth me répondit qu'elle n'avait pas la moindre idée de ce que ce « cauchemar » pouvait signifier. Je lui demandai alors de respirer profondément et de me dire les mots ou les images qui lui venaient à l'esprit, dans l'instant. Elle s'exécuta et déclara avec conviction : « Je pense que c'est dégoûtant ! » Je lui demandai d'examiner son rêve non pas d'un point de vue moral mais plutôt d'un point de vue symbolique. Elle s'en révéla incapable.

Je lui proposai alors d'analyser, avec moi, les différents éléments de son rêve. Le sang menstruel pouvait représenter la vie, mais aussi la féminité et la blessure qui saigne. Les selles : la défécation avait soulagé Élisabeth, mais elle trouvait cela très sale. Le cousin de son mari : c'était un homme qui, à la suite d'un travail sur lui-même, avait beaucoup changé ces derniers mois. Le fait que le cousin lui nettoie l'anus et essuie le sang : Élisabeth avait l'impression d'être retombée en enfance, elle en éprouvait de la honte.

Je lui demandai dans quel état d'esprit elle s'était endormie le soir de son rêve. Elle me répondit qu'elle s'était sentie très triste et abandonnée car elle avait passé la soirée seule devant la télévision, son mari s'étant couché bien avant elle, sans lui avoir adressé un mot.

Tous les éléments étaient donc réunis pour comprendre le message que l'inconscient d'Élisabeth lui adressait. L'attitude de son mari avait réveillé sa peur d'être abandonnée. La petite fille en elle avait donc demandé l'aide d'un personnage qui pouvait la comprendre puisqu'il avait fait un travail personnel (ce qu'elle aimerait que son mari soit capable de faire). Cela l'avait soulagée et elle avait pu se « laisser aller » (ce sont ses mots) en déféquant. Le sang de sa féminité blessée avait été essuyé par le personnage compatissant. Le fait que la scène ait une connotation scatologique et intime devait ébranler le perfectionnisme et la rigidité d'Élisabeth. Malheureusement, dès qu'elle s'était réveillée, sa défense s'était réorganisée et, en jugeant dégoûtante cette merveilleuse expression d'elle-même, elle n'avait pas pu comprendre que le personnage compatissant de son rêve était, en fait, la partie d'elle-même qui pouvait prendre soin de la petite fille blessée et la guérir de sa peur. Élisabeth souffrait d'un manque de confiance en elle. À la lumière de ce rêve, elle réalisa que ses jugements figeaient le cadre de sa vie. Son inconfort naissait du fait qu'elle était tiraillée entre, d'une part, l'envie de vivre d'une façon moins conventionnelle et, d'autre part, la peur de changer sa situation actuelle qui était pour elle synonyme de sécurité. Une sécurité peu épanouissante, certes, mais une sécurité malgré tout. Le jugement d'Élisabeth était à l'origine des blocages qui s'installaient dans la progression de son travail psychologique. « Mais alors, je me bats contre moi-même ! » conclut-elle. Elle ne pouvait pas mieux définir la nature de sa défense. La conscience n'est-elle pas infiniment merveilleuse ?

Il n'y a pas de hasard

Le choix des personnages et des scénarios de nos rêves n'est soumis à aucun hasard, jusque dans les moindres détails. Tout a une signification, même si nous mettons parfois très longtemps à la découvrir tant nos défenses et nos jugements nous empêchent de voir la réalité du rêve comme elle est[1].

C'est exactement le même processus que dans l'observation de notre conscience en période de veille. Aucun de nos choix ou de nos actes et aucune des conséquences de ceux-ci n'est le fait d'un hasard. Même lorsque nous croyons être les instruments, voire les victimes d'un destin tout-puissant, si nous décortiquons honnêtement tous les éléments qui participent aux circonstances de ce que nous appelons le hasard, nous trouverons une relation de cause à effet qui conduit à créer, comme dans un rêve, le cadre d'un enseignement de vie. Il n'est pas nécessaire d'évoquer une quelconque divinité ou l'influence de forces bénéfiques ou maléfiques. Il s'agit tout simplement de reconnaître l'expression du pouls vital qui anime tout ce qui existe. Séparation et union se cachent derrière tout ce qui est, tant dans la réalité de nos rêves que dans celle des événements de notre vie en état de veille. Plus nous développerons notre Observateur objectif et compatissant, plus nous serons capables de

1. Ce n'est qu'à la cinquième relecture du manuscrit de ce livre que j'ai réalisé que la femme algérienne de mon rêve symbolisait la femme intérieure, l'être fluide et intuitif en moi, et que le petit garçon auquel elle donnait naissance était l'homme que je pouvais devenir si j'avais le courage d'exprimer mon intuition et mes émotions au travers de l'écriture. Mon rêve m'indiquait donc la voie de la réconciliation de mes polarités.

voir la trame de l'immense réseau qui relie tout ce qui existe. Nous comprendrons alors que nous sommes tous en interaction permanente.

Si nous acceptons de descendre du piédestal sur lequel l'être humain a tendance à se tenir, en observant les fonctionnements de la nature qui nous entoure, nous finirons par découvrir, émerveillés, que, au-delà des relations entre humains, tout, absolument tout, est relié. Tout est l'expression de principes simples, sous des formes de complexité croissante dont nous, les humains, représentons, sans doute, un exemple assez sophistiqué. Tout est de l'énergie et, au-delà des formes, l'énergie ne connaît pas de contours et de frontières. Elle est, mouvements et vibrations, indivisible. La science et la mystique finiront, je le sens, je le pense et je l'espère, par se rejoindre dans cette compréhension[1]. En acceptant de travailler sur nous-mêmes, par notre observation de qui nous sommes, nous finissons par connaître qui est l'autre et par extension ce qu'est le monde. Nous participons alors à l'affinage de cette compréhension. Nous vivons une expérience à la fois scientifique et mystique, avec une analyse et un sens.

Les enseignements que nous pouvons tirer de l'analyse de nos rêves sont de la même nature que les leçons que nous découvrons à travers l'expérience des événements de notre vie.

---

1. Je vous recommande ici la lecture des ouvrages de Régis et Brigitte Dutheil, *L'Homme superlumineux, op. cit.*, *La Médecine superlumineuse*, Paris, Sand, coll. « Recherches », 1992 ; de Patrice Van Eersel, *Le Cinquième Rêve, le dauphin, l'homme, l'évolution*, Paris, Grasset, 1993 ; de Marilyn Ferguson, *Les Enfants du Verseau*, Paris, Calmann-Lévy, 1981, et *La Révolution du cerveau*, Paris, Calmann-Lévy, 1986 ; de Michael Talbot, *L'Univers est un hologramme, op. cit.*

Reprenons l'exemple d'Élisabeth. Sa peur de l'abandon s'était construite sur sa croyance qu'elle n'aurait jamais les capacités de subvenir seule à ses besoins. Elle avait donc décidé d'épouser un mari dynamique, stable et riche. Pourtant, comme par hasard, malgré ces qualités, celui-ci ne lui apportait pas les signes sécurisants qu'elle attendait. C'était un homme secret et indépendant qui ne se privait jamais de regarder les autres femmes, une véritable torture pour une épouse qui n'a pas confiance en elle-même. Elisabeth avait cru échapper au danger qu'elle redoutait et celui-ci s'était présenté sous d'autres formes. C'est ce qui l'avait finalement incitée à entreprendre son travail d'observation et de réunification d'elle-même. Sa malchance était donc sa chance. Ce n'est pas toujours facile à admettre.

Examinez votre vie, vous constaterez que ce genre de situation vous arrive régulièrement. Voulant échapper aux expériences qui nous obligent à revivre et donc à guérir nos blessures de l'enfance, nous finissons toujours, sans nous en rendre compte, par créer et provoquer des circonstances semblables à celles que nous cherchions à éviter. C'est ce que nous appelons le destin. Nous sommes donc, finalement, contraints d'affronter les expériences que nous redoutions. C'est plutôt heureux puisque c'est notre seule possibilité de guérir nos blessures et de nous libérer de nos peurs. Le problème est que nous mettons parfois du temps avant de nous rendre compte de notre chance. Comme dans nos rêves, nous jugeons l'information et nous la refoulons au point de l'oublier. Mais n'ayez crainte, si nous ne saisissons pas l'opportunité aujourd'hui, nous créerons une nouvelle occasion demain. La vie est bien plus magique que nous ne le pensons…

Tout est nécessaire, rien n'est important

Nous remémorer nos rêves est difficile et, lorsque nous y parvenons, souvent, nos souvenirs restent imprécis. De la même manière, lorsque nous rêvons, nous semblons avoir perdu la mémoire de notre identité en état de veille. Comme si la communication entre le monde du rêve – univers de l'unité – et le monde que nous expérimentons dans notre vie à l'état de veille – univers de la dualité – ne pouvait être transparente. Pourtant, la substance de nos expériences de veille est la même que celle de nos rêves. Les conflits, les espoirs et les frustrations sont semblables des deux côtés de la barrière. Seules les solutions nous apparaissent différentes. En effet, à l'état de veille, animés par la pensée du Séparateur en nous, nous n'expérimentons souvent qu'une partie de nous-mêmes (notre Masque) et donc nous n'envisageons qu'une vision dualiste du monde. En revanche, durant nos rêves, étant en contact avec le contenu du Sac à déchets de notre inconscient, nous expérimentons un état plus unifié de nous-mêmes et nous devenons capables d'écouter les conseils de compassion, de sagesse et de paix de l'Unificateur qui vit en nous. La veille et le rêve sont donc, comme le Séparateur et l'Unificateur, deux aspects d'une même réalité : nous, c'est-à-dire une expression du pouls de la vie.

Par notre travail d'observation objective et compatissante, durant notre état de veille, nous pouvons recréer les conditions de notre état de rêve. Les événements de notre vie prendront alors la même dimension symbolique que ceux de nos rêves. Ainsi, l'amour, la sexualité, le temps, l'argent et la société que nous avons tendance à considérer comme des éléments en dehors de nous et capables de nous manipuler se révéleront être des expressions symboliques de qui nous sommes, des matérialisations de l'énergie-conscience dont nous sommes et que nous sommes. Je vous propose donc d'examiner ces différents ingrédients de notre « rêve éveillé » d'un peu plus près. Vous allez voir, c'est fascinant.

Les illusions de l'amour

Être aimé est la préoccupation majeure de l'être humain. C'est absolument normal puisque, nous l'avons vu, être aimé signifie recevoir le confort nécessaire pour retrouver l'état d'unité. Pour être aimé, il faut pouvoir aimer. Aimer est donc l'activité principale de l'être humain. Pour nous en convaincre, il nous suffira d'examiner le contenu des livres que nous lisons, des films que nous regardons ou des chansons que nous écoutons. Cependant, la confusion entre amour et confort crée une croyance selon laquelle seule une image idéalisée de nous-mêmes peut être l'objet de l'amour des autres. Nous renions donc qui nous sommes vraiment et nous devenons des « monstres d'amour » capables des pires mensonges, des plus incroyables manipulations et de la plus sadique des cruautés pour obtenir quelque chose qui ressemble à l'amour mais qui, de toute évidence, n'en a ni le goût ni la saveur. Un bien pâle reflet de ce que nous pourrions connaître. Une illusion bien éloignée de la réalité. Le drame de notre vie.

Derrière le mot amour se cachent des modes de relations humaines très différents. Au cours de notre travail psycho-spirituel, nous apprendrons à les reconnaître et à choisir celui que nous voulons explorer.

Le premier type de relation d'amour dans lequel nous nous engageons habituellement est fondé sur une attraction qui prendra parfois, du fait de sa force, l'allure d'une passion. Nous reconnaissons en l'autre ce que nous croyons ne pas avoir en nous. Simplement parce que nous avons oublié que nous le possédions aussi avant de l'avoir refoulé pour construire l'image idéalisée de nous-mêmes que nous cherchons à faire aimer dans le monde. Ressentant notre incomplétude, nous avons besoin de fusionner avec l'autre, notre « moitié », notre « complément ». L'autre est donc souvent notre opposé. Ainsi, quelqu'un qui croit ne pas être suffisant pour assurer sa propre survie (peur de l'abandon) reconnaîtra son complément dans la personnalité opposée de quelqu'un qui aura besoin d'imposer sa vérité et de contrôler les autres (peur de la trahison). L'attraction est magnétique. Il n'y a pas de hasard là-dedans. Nous trouvons toujours ce dont nous avons besoin pour apprendre à dépasser nos peurs. Rappelez-vous le deuil de Madeleine (p. 91). Ce type de relation d'amour est donc fait d'identifications et de comparaisons, d'attirance et de rejet, de dépendance et de possession. C'est le lieu des plus belles fusions et des plus vifs conflits. Séparation et union s'y expriment dans leurs contrastes les plus aigus. On y pénètre en ne connaissant rien de qui l'on est et on en sort en ayant découvert sa propre image dans l'autre. Car on finit toujours par en sortir, à moins d'être capable d'accroître sa conscience par rapport aux illusions de ce type de relation.

En reconnaissant que l'autre est notre miroir, nous pouvons transformer la relation amoureuse en un rapport harmonieux et créatif. Nous entrons alors dans un second type de relation. Nous renonçons à vouloir transformer l'autre, nous cessons de le blâmer (puisque nous avons laissé tomber notre Masque) et nous commençons à panser nos blessures d'enfant tout en permettant à l'autre de guérir les siennes. En cessant de nous défendre, nous incitons l'autre à abandonner ses défenses. En effet, dans nos rapports de couple et dans nos relations amicales ou professionnelles, nous agressons l'autre parce que nous avons peur qu'il nous agresse ou nous envahisse. Si nous avions la conscience de notre peur (le travail de l'Observateur), nous pourrions, dans l'instant, l'exprimer à l'autre au lieu de la cacher derrière notre réaction. Et, par la même occasion, nous permettrions à l'autre de reconnaître que lui aussi était en défense et cherchait effectivement à nous agresser ou à nous envahir. En disant notre vérité, nous permettons à l'autre d'exprimer la sienne. En étant vrai, nous offrons à l'autre la possibilité d'être vrai à son tour.

Beaucoup de gens, au début de leur travail psycho-spirituel, ont tendance à nier les motivations réelles de leurs actes. Ils ne peuvent accepter d'abîmer leur image parfaite. Leur jugement est encore trop fort. Je les rassure, alors, en leur parlant de moi. Car nous sommes tous les mêmes, seuls les symboles de notre « rêve éveillé » changent.

Récemment, je faisais le voyage de Bruxelles à Genève afin de me rendre à Château-d'Œx pour écrire. Le train qui m'amenait à Genève arrivant tard dans la soirée, j'avais appelé une amie suisse, pensant qu'elle pourrait m'héberger et peut-être même me conduire le lendemain dans la montagne. « Cela nous donnera l'occasion de partager un moment ensemble », avais-je ajouté. Mon amie vint donc me chercher à la gare, nous avons dîné ensemble et le lendemain, à ma demande, elle me fit visiter la ville de Genève avant de me conduire, en début de soirée, à Château-d'Œx. Étant donné l'heure tardive, elle me demanda si elle pouvait rester dormir à la montagne et elle me proposa d'y faire une promenade le lendemain. J'acceptai bien que, au fond de moi, cette idée ne m'enchantât pas. Mais il fallait que je sois sympathique : mon amie m'avait conduit jusqu'ici, je ne pouvais pas la renvoyer comme une servante.

Le lendemain, je me surpris à être distant, à la limite du désagréable, précisant à plusieurs reprises que le soir même je commencerais à travailler. Nous fîmes une promenade dans la montagne et mon amie me quitta, comme prévu, en fin d'après-midi. J'étais énervé, incapable de me mettre au travail. Pourtant, j'avais passé ma journée à penser à la fin de celle-ci, espérant être seul le plus vite possible. Mon désir réalisé, je ressentais un profond malaise. Je pris alors mon téléphone et j'appelai mon amie, à Genève, pour lui expliquer ce que l'Observateur en moi venait de constater : mon attitude amicale lors de ma visite à Genève et mon acceptation d'héberger mon amie à Château-d'Œx n'étaient que des expressions de mon Masque. Derrière se cachait mon Séparateur, qui avait voulu manipuler pour obtenir ce dont il avait besoin : un lit à Genève et un chauffeur pour se rendre à la montagne. Une fois que mon Séparateur avait obtenu ce qu'il désirait, il n'avait plus eu de raison de se cacher derrière mon Masque de l'amour et, progressivement, au cours de la promenade que nous fîmes dans la montagne, il avait manifesté son intention d'être seul.

Lorsque mon amie entendit l'analyse de mon Observateur, elle me remercia pour mon honnêteté et me dit qu'elle aussi s'était rendu compte qu'elle était en défense. Elle aussi avait cherché à me manipuler car sa peur d'être seule (elle venait de divorcer) l'avait poussée à envahir mes projets. Elle m'avoua que, si je ne l'en avais pas empêchée avec fermeté, elle serait certainement restée plusieurs jours en ma compagnie à Château-d'Œx. Ainsi, en montrant qui j'étais à mon amie, sans autre intention que celle de n'être pas en défense, je lui ai permis de me montrer, à son tour, qui elle était. Comme vous le constatez, nous vivons la majorité de notre temps en défense. La notion d'amour et d'amitié est dès lors très relative. Au téléphone, ce jour-là, mon amie et moi étions animés d'un amour véritable. Nous avions dépassé le stade de la relation possession-dépendance. Nous étions prêts à entamer une relation de respect. Le respect de soi-même et de l'autre. Deux semaines plus tard, mon amie me téléphona et me proposa de venir me rendre visite à Château-d'Œx. Je lui répondis que mon travail d'écriture absorbait tout mon temps et que je n'étais pas disponible. J'ajoutai que j'aurais aimé partager un moment avec elle mais que je préférais l'envisager lorsque je serais plus disponible. Elle se mit à rire et me dit qu'elle appréciait ma franchise. Elle admirait le respect que j'avais de mon temps et de mon besoin d'être isolé pour écrire. Elle se rendait compte que sa peur d'être abandonnée était à l'origine de son envie de me rendre visite, elle connaissait ses besoins, respectait les miens et trouverait un moyen de combler autrement le vide qu'elle redoutait.

Dans ce second type de relation, nous ne vivons plus en fonction de l'autre. Nous sommes capables de créer notre vie tout en partageant un projet commun avec quelqu'un. Le couple devient un lieu d'apprentissage permanent de soi-même. Notre évolution personnelle sert celle de l'autre et réciproquement. Parfois, nous pouvons même œuvrer ensemble et, ayant appris la nature unique de ce qui nous anime tous, nous devenons capables d'entrer en relation amoureuse avec le monde.

Qu'elles soient professionnelles, amicales ou sentimentales, la majorité des relations humaines commencent sur les bases immatures d'un « Je te donne pour que tu me donnes », d'un « Je t'aime pour que tu m'aimes ». Elles sont dès lors, tôt ou tard, vouées à l'échec et à la rupture, à moins qu'elles puissent évoluer vers un « Je me donne, donc je suis capable de te donner », « Je m'aime, donc je t'aime », « Je me respecte, donc je te respecte ».

Vous le voyez, rien n'est le fait du hasard. Nous sommes de formidables romanciers. N'oublions pas que nous devons notre talent aux quatre écrivains qui vivent en nous, le Masque, le Séparateur, l'Observateur et l'Unificateur. Ils ne sont jamais en mal d'inspiration.

Les prétextes du sexe

Notre travail d'observation nous fait découvrir que nous sommes attirés par des partenaires qui nous rappellent subtilement le ou les parents desquels nous désirons l'amour dont nous croyons manquer. Tant que nous ne sommes pas conscients de ce désir d'amour parfait de la part nos parents, nous sommes condamnés à tenter d'atteindre cette illusion en reproduisant les situations traumatisantes de l'enfance, espérant pouvoir les vaincre. La séduction est l'une de nos armes favorites. Nous l'utilisons dans des formes de compulsion inconsciente qui nous dirigent par le bout du nez. Le seul moyen de retrouver notre liberté est de comprendre que l'on n'est jamais vaincu et que l'on ne peut jamais gagner. Tout simplement parce que la vie n'est pas un combat.

La sexualité, lieu privilégié de la sensation de la force vitale qui nous anime, est utilisée dans notre « rêve éveillé » comme un symbole révélateur des blessures de notre enfance. Ainsi, sa signification ne sera pas la même selon que nous vivons dans la peur d'être rejetés, abandonnés, envahis, trahis ou de ne pouvoir être authentiques. On comprend dès lors les malentendus que la sexualité provoque dans les relations amoureuses puisque chacun lui attribuera une valeur différente tout en lui accordant une importance incontournable en tant que moyen de retrouver son état d'unité.

Celui qui a peur d'être rejeté (croyance : ne pas avoir le droit d'exister, défense : la fuite) considérera sa sexualité comme un moyen de se prouver qu'il existe en ressentant la force vitale en lui. Craignant le contact avec autrui, il commencera à se masturber assez précocement et aura tendance à la vivre dans le fantasme, ce qui lui permettra de rester en dehors d'un monde jugé hostile.

Celui qui a peur d'être abandonné (croyance : ne pas pouvoir survivre par lui-même, défense : la possession du monde extérieur) trouvera dans sa sexualité une façon de créer du contact et de l'intimité. Avoir des rapports sexuels sera pour lui un moyen de posséder l'autre et de se garantir son attachement. Il lui faudra des preuves de fidélité et il attachera plus d'importance à la fréquence qu'à la qualité de ses rapports sexuels.

Celui qui a peur d'être envahi (croyance : risque d'être humilié, défense : se cacher) vivra sa sexualité comme l'une des nombreuses émotions qu'il tente de dissimuler. L'acte sexuel aura pour lui une connotation sale et coupable. Il éprouvera un véritable plaisir à vivre sa sexualité en cachette, comme un acte de liberté défendu. Cela pourra expliquer son intérêt pour la pornographie. Cependant, sa culpabilité aboutira parfois à son impuissance ou à sa frigidité.

Celui qui a peur d'être trahi (croyance : on ne peut pas faire confiance aux autres, défense : le contrôle sur le monde extérieur) connaîtra dans sa sexualité beaucoup de fantasmes de domination sadique ou au contraire de soumission masochiste. Le rapport sexuel sera pour lui un prétexte pour manipuler l'autre, en éveillant chez lui un sentiment de jalousie.

Celui qui a peur de ne pouvoir être authentique (croyance : on n'est jamais assez parfait, défense : la rigidité) aura beaucoup de mal à relier sa sexualité et ses sentiments. Il n'osera jamais s'abandonner complètement au cours du rapport sexuel et aura tendance à rechercher compulsivement avec de multiples partenaires une satisfaction qu'il ne s'autorise pas dès qu'il est question d'émotions[1]. De plus séduire sera l'occasion de se prouver sa perfection, d'autant plus facilement que cela ne l'obligera pas à montrer qui il est véritablement.

Vous vous serez probablement reconnu dans plusieurs de ces descriptions. C'est tout à fait naturel puisque nous avons tous plusieurs blessures en nous.

---

1. Ce sujet est longuement traité p. 186, dans la rubrique « Croire que l'on ne peut être authentique, connaître la peur d'être imparfait et se rigidifier ».

Étant des êtres complexes et en constante évolution, nous privilégions parfois un type de comportement par rapport à un autre, selon que nous expérimentons l'une ou l'autre de nos peurs.

À travers nos pratiques sexuelles, nous recherchons l'orgasme. Cette impression d'abandon infini nous rappelle la joie intense de l'état d'unité que nous connaissions avant notre naissance. Aucun des plaisirs que nous tenterons de recréer dans le monde physique de la dualité n'atteindra celui de la toute-puissance créatrice de l'unité. Nous serons donc amenés à rechercher compulsivement une sensation de plénitude qui nous échappe.

Lécher, mordre, sucer, avaler, mouiller, caresser, gémir font partie des moyens que nous avons développés précocement pour entrer en relation avec le monde physique. Il n'est donc pas étonnant qu'ils constituent les bases de notre activité sexuelle puisque celle-ci est directement dépendante de l'enfant qui vit en nous, ce bébé nostalgique qui garde le souvenir confus de son expérience d'avant la naissance.

Lors de mes conversations psycho-spirituelles, je rencontre beaucoup de gens qui se plaignent de la lassitude sexuelle qui s'installe dans leur couple. Ils décrivent une régression progressive de la spontanéité et de la fantaisie de leurs jeux sexuels. Il s'agit pour eux d'une cause de déception et de frustration par rapport à leur idée de départ selon laquelle le temps apportait l'occasion d'accroître l'intimité d'un couple et la créativité de sa sexualité. Comme si la spontanéité du bébé qui vivait en eux, après avoir été utilisée pour séduire l'autre, était réprimée et remplacée par une pudeur à laquelle ils donnent le nom d'habitude.

Certains, au cours de leur travail d'observation, découvrent que derrière la lassitude qu'ils ont dénoncée se cache une peur de montrer qui ils sont à leur partenaire. Cette crainte de vivre démasqué révèle une angoisse de perdre l'autre. En effet, selon nos croyances erronées, le renoncement à l'image idéalisée de soi expose au risque d'être abandonné par l'autre. C'est évidemment tout le contraire. En n'osant plus exprimer et partager ses fantasmes sexuels, non seulement on ne satisfait plus ses propres besoins, mais, en outre, on empêche l'autre d'oser exprimer et partager ses envies. Les deux partenaires s'enferment ainsi dans un cercle vicieux qui, progressivement, de frustration en insatisfaction, les éloigne l'un de l'autre, sexuellement au début, affectivement par la suite.

La confusion du masculin et du féminin

Il est une croyance très tenace selon laquelle la nature masculine ou féminine de l'énergie qui anime nos comportements est totalement dépendante de la possession d'un pénis ou d'un clitoris. Il est bien sûr évident que le mode de sensation sexuelle d'un homme n'est pas le même que celui d'une femme – des particularités anatomiques et physiologiques bien distinctes entraîneront des différences notoires dans le vécu de la sexualité. Cependant, la sexualité ne se limite pas aux activités du coït.

En dehors de l'acte sexuel proprement dit, il semble que les comportements caractéristiques de l'homme et de la femme soient fortement influencés par les codes culturels qu'on leur a inculqués dans l'enfance. Ainsi, la jalousie d'une femme mariée à un homme monogame n'aura pas lieu d'être chez une femme partageant la vie d'un homme polygame. Ce n'est pas pour autant qu'une femme vivant au sein d'une culture polygame ne connaîtra pas la jalousie. Simplement, les prétextes – les symboles – de sa jalousie seront différents. Dans le même ordre d'idées, pensons aux différences culturelles du symbolisme érotique. Ainsi, dans certaines régions de l'Inde, la cheville de la femme doit être couverte alors que, en Occident, peu d'hommes éprouvent une émotion particulière à la vue de cette partie du corps.

On dit souvent que les femmes sont intuitives et les hommes rationnels. À travers la distribution des rôles qu'elle a réservés aux hommes et aux femmes, notre culture renforce cette différence d'approche de la vie. À moins que ce ne soient les hommes et les femmes qui soient à l'origine de la culture et qu'ils n'aient choisi d'assumer les rôles qui leur paraissaient les plus faciles à prendre en charge compte tenu de certaines prédispositions naturelles[1]. Les deux sont sans doute vrai. Le cercle vicieux tourne bien. Malheureusement, il ne fabrique que des êtres incomplets et donc dépourvus face à l'expérience de la vie. Intuition sans raison n'est pas très efficace dans la réalité physique. Raison sans intuition non plus !

Symboliquement, le sexe de la femme évoque la réceptivité, donc la passivité, alors que le sexe de l'homme se manifeste de manière volontaire, donc active. Je rencontre souvent des femmes qui se plaignent des attitudes trop passives de leurs

1. Il semble, par exemple, que les femmes fonctionnent plus volontiers sur le mode de leur hémisphère cérébral droit (intuition, accès à l'inconscient) tandis que les hommes utilisent davantage leur hémisphère cérébral gauche (analyse, rationalisation).

partenaires masculins. Elles leur reprochent de ne pas prendre de responsabilités, de ne pas s'engager, de ne pas les protéger, bref, de ne pas être « des hommes ». Au cours de leur travail d'observation, ces femmes découvrent que, pour des raisons remontant à leur enfance, elles ont préférentiellement développé leur potentiel d'énergie masculine au détriment de leur partie féminine. Il est dès lors pratiquement inévitable (c'est de l'énergie, c'est magnétique !) qu'elles aient tendance à attirer dans leur vie des hommes dont l'énergie exprimée est plutôt féminine. Le fait qu'elles (leur Masque) dénoncent cette féminité prouve qu'elles l'ont jugée péjorativement chez elles et refoulée dans leur Sac à déchets pour satisfaire à l'image idéalisée qu'elles ont cru devoir imposer dans le monde. En acceptant de vivre leur féminité et de la partager avec leur entourage, ces femmes finiront par attirer des hommes plus masculins à la recherche de l'énergie féminine qu'ils n'ont pas développée en eux (également pour répondre à l'image idéalisée que l'on attendait d'eux, ou qu'ils croyaient que l'on attendait d'eux).

J'ai connu une famille où, sur six générations, toutes les femmes avaient développé leur masculinité à un point tel qu'elles avaient toutes épousé des hommes exprimant leur partie féminine. Aucun de ces mariages n'avait évolué de manière épanouissante et l'idée d'une malédiction inévitable avait fini par s'incruster dans l'inconscient de tous les membres de cette famille. Jusqu'au jour où Emma, l'héritière de cette lignée maudite, vint me voir avec le désir de rompre cet atavisme. Au cours de son travail, celle-ci découvrit l'existence d'un secret de famille qui cachait la mort, six générations auparavant, d'une aïeule autoritaire assassinée par son mari homosexuel. Une croyance s'était installée dans l'inconscient de la famille selon laquelle les femmes devaient assurer la sécurité du clan et se méfier des hommes, en particulier de la féminité de ceux-ci. Reniant leur propre féminité et n'attirant plus que des hommes féminins, ces femmes avaient renforcé leur croyance ancestrale et répétaient un schéma dont Emma souhaitait sortir. Son travail de transformation a donc nécessité une acceptation et un développement de sa féminité, c'est-à-dire de tout ce qu'elle avait appris à juger négatif et considérait comme une faiblesse.

Ainsi, masculinité et féminité ne dépendent pas que du sexe. Ce sont deux polarités de l'énergie qui nous anime. Tant que nous restons au niveau de la conscience du Masque, nous croyons devoir privilégier l'une ou l'autre de ces énergies. Si nous écoutons l'Unificateur en nous, nous apprendrons bien vite que l'harmonie passe par l'équilibre et que l'équilibre requiert la réunion de toutes les potentialités. Le nombre croissant des expériences d'homosexualité et de bisexualité dans la société occidentale est sans doute un épisode de notre « rêve éveillé collectif » qui nous apprendra à mieux connaître les potentialités de l'être humain.

La relativité du temps

Un jour, un confrère chirurgien me rapporta une fable qu'il tenait du chef de son village, dans le sud de l'Inde.

C'était l'histoire d'un jeune homme pressé et d'un vieillard assis sur le bord de la route. Le jeune homme, chargé des produits de la récolte de ses champs, se rendait à la ville en courant. Apercevant le vieillard, il lui demanda ce qu'il faisait, là, assis sur le bord du chemin. Le vieil homme répondit : « Rien. » À son tour, il interrogea le jeune homme : « Et toi, où vas-tu, en courant, chargé de ce lourd fardeau ? — Je me rends à la ville. C'est le jour du marché. J'y vendrai du beau grain et quelques fruits bien mûrs », répondit le jeune homme avant de reprendre sa course. Quelques jours plus tard, le jeune homme courait à nouveau en direction de la ville, chargé de son lourd sac de grain. Il reconnut le vieil homme, toujours assis au bord de la route. Étonné, il lui demanda : « Que fais-tu, encore assis là ? » Le vieillard lui répondit qu'il ne faisait toujours rien de spécial. « Je te laisse, lui dit le jeune homme, je suis pressé, je dois me rendre au marché ! » Les semaines passèrent, puis les mois, et, tous les trois ou quatre jours, le jeune homme rencontrait le vieillard sur le bord de la route. Un jour, trop intrigué, il s'arrêta et posa son sac de grain quelques instants. Le vieillard lui sourit et lui demanda : « Pourquoi es-tu toujours si pressé ? — Je n'ai pas le temps de me reposer, moi. Je dois courir à la ville pour vendre mon grain, lui répondit le jeune homme. Mais toi, depuis quand es-tu assis au bord de cette route ? — Depuis toujours, lui répondit le vieil homme, qui enchaîna par une question : Pourquoi te rends-tu si souvent au marché ? — Pour gagner de l'argent. Je me dépêche de récolter beaucoup d'argent, rétorqua le jeune homme. — Et pourquoi ? interrogea le vieillard. — Pour pouvoir arrêter de travailler, me reposer et réfléchir au sens de la vie, répondit le jeune homme, encore essoufflé, le regard fatigué. Mais toi, pourquoi restes-tu assis au bord de la route ? demanda-t-il. — Je fais depuis toujours ce que tu espères pouvoir t'accorder un jour. Je me repose et je médite sur le sens de notre vie », répondit le vieillard en tendant une cruche d'eau fraîche au jeune homme. Celui-ci en but une grande gorgée, essuya son front dégoulinant de sueur et vint s'asseoir à côté du vieillard.

La valeur que nous accordons au temps et la manière dont nous l'utilisons sont directement liées à nos croyances concernant la vie et donc aux blessures et aux peurs de l'enfant qui vit en nous.

Ainsi, celui qui croit ne pas avoir le droit d'exister (peur du rejet) expérimente le temps à travers ses fuites, ses fantasmes et ses rêves. Il n'est ni dans le présent, ni dans le passé, ni dans le futur. Il est nulle part et partout à la fois, dans une dimension non linéaire où les causes n'ont pas d'effets. Le temps n'aura donc pas de valeur par rapport aux événements de sa vie qui prendront facilement l'allure de faux hasards et de coïncidences heureuses ou malheureuses. Par ailleurs, ce manque de maîtrise du temps lui fournira un alibi qui lui permettra d'échapper à l'établissement de véritables contacts avec les autres.

Celui qui croit ne pas pouvoir survivre par lui-même (la peur de l'abandon) considérera le temps comme un objet à posséder, un moyen de se rassurer. Constamment à la recherche du temps perdu et dans l'attente du temps à venir, il ne profitera jamais de l'instant présent. Il vivra dans la crainte de ne pas avoir assez de temps et finira par en manquer réellement tant ses frustrations, sa nostalgie et ses déceptions lui feront oublier que le véritable pouvoir que l'on peut exercer sur le temps ne se manifeste que dans l'instant.

Celui qui croit qu'il faut se cacher (la peur d'être envahi), à force de se couper de ses émotions et de s'interdire l'expérience de ses sensations, restera figé dans un présent sans futur. Le temps lui paraîtra s'écouler lentement et ne présentera à ses yeux que peu d'intérêt puisqu'il n'aura rien à lui offrir.

Celui qui croit qu'il faut tout contrôler dans la vie (la peur d'être trahi) dépensera toute son énergie à maîtriser le cours du temps. Il aura l'impression de ne jamais avoir assez de temps pour achever tout ce qu'il veut réaliser et, à force de vivre dans les projets sans prendre le temps de leur donner vie, il vivra dans un futur qui ne viendra jamais. Sa course contre le temps n'aura donc pas de fin. Par son refus de considérer le présent comme la seule réalité tangible, il n'obtiendra jamais de véritable pouvoir sur le cours des événements et il restera donc insatisfait. Cela renforcera sa croyance à propos de son manque de temps.

Celui qui croit qu'il ne peut pas être authentique (la peur de ne pas être accepté comme on est), à force de tout rigidifier dans sa vie, expérimentera le temps comme une mécanique infernale. Obnubilé par le mouvement de celle-ci, toujours en quête de perfection, il sera incapable de vivre l'instant présent car sa réalité se construit dans une dimension linéaire où les causes ne cessent jamais d'entraîner des effets. Demain sera toujours meilleur et hier est toujours un regret car il n'a jamais été réellement vécu.

Nous voyons donc que la découverte scientifique de la relativité du temps est également une réalité psychique, une expression symbolique de qui nous sommes dans notre « rêve éveillé » à l'intérieur de la dimension de l'espace et du temps terrestres. Et, vous le constatez, quelles que soient nos peurs, nos croyances et nos défenses, vivre au présent nous semble rarement une évidence.

La valeur de l'argent

L'argent est, comme la sexualité, une énergie qui révèle qui nous sommes. Donc, si nous nous donnons la peine d'observer nos rapports avec l'argent et la manière dont nous le considérons, nous pouvons apprendre à nous connaître.

Je me suis rendu compte, dans ma propre vie et au cours de mes conversations psycho-spirituelles, que le sujet de l'argent était très délicat à aborder. Le miroir de nous-mêmes qu'il représente est, en effet, trop réfléchissant pour ne pas déranger l'image idéalisée que notre Masque aimerait pouvoir continuer d'y contempler. C'est donc un excellent sujet d'exploration pour qui veut comprendre son « rêve éveillé » et entamer son travail d'unification de soi.

Dans chacune de nos attitudes face à l'argent, nous trouverons l'une de nos défenses. Ainsi, celui qui se défend par la fuite (la peur d'être rejeté et de ne pas avoir le droit d'exister), effrayé par les réalités du monde physique, préférera plutôt se passer d'argent que de devoir s'incarner dans l'espace et le temps pour créer les moyens de gagner de l'argent. Son Masque, voulant justifier sa défense, affichera un détachement des valeurs matérielles qu'il présentera comme une preuve d'évolution spirituelle, sous-entendu : une supériorité par rapport au commun des mortels.

Celui qui se défend en tentant de posséder le monde (la peur de l'abandon) se révélera avide d'argent. Assimilant l'argent à de la nourriture indispensable à sa survie, il aura toujours peur d'en manquer et considérera qu'il n'en a jamais assez. Il apprivoisera bien cette énergie et trouvera toutes les astuces pour l'accroître. Malheureusement, il fera rapidement de l'argent un maître au lieu de le considérer comme un serviteur.

Celui qui se défend en se cachant (la peur d'être envahi et humilié) connaîtra un rapport très ambigu avec l'argent. D'une part, il se sentira coupable d'en jouir, puisqu'il évite de vivre des émotions, et il aura tendance à nier en posséder, puisqu'il a l'habitude de dissimuler qui il est. Par ailleurs, il éprouvera de la jalousie et du ressentiment vis-à-vis de ceux qui osent jouir des bienfaits de l'argent tout en ne se cachant pas d'en posséder. Le discours de son Masque sera plein de contradictions et, selon les bonnes habitudes de celui-ci, le blâme se traduira par des préceptes moralisateurs et hypocrites.

Celui qui se défend en contrôlant (la peur d'être trahi) utilisera l'argent comme un moyen de manipuler et dominer les autres. Sa générosité sera rarement désintéressée.

Enfin, celui qui se défend par la rigidité (la peur de ne pas être accepté comme on est) fera de l'argent une preuve de sa parfaite adaptation dans la société et un instrument de sa fierté. Il aura une attitude ostentatoire destinée à éveiller l'admiration des autres et donc la preuve de leur reconnaissance.

Vous avez sans doute reconnu l'une ou l'autre de vos connaissances. Moi aussi. Et en ce qui vous concerne ? Ne l'oubliez pas, nous sommes tous pareils. Nous avons tous été blessés dans notre enfance. Nous connaissons tous plusieurs peurs. Vous souriez ? C'est plutôt bon signe puisque l'humour (le véritable humour) est la qualité de l'Observateur qui vit en nous. Tout voir et ne rien juger, vous vous rappelez ? Après tout, il n'y a aucune honte à avouer ses fautes puisque les fautes n'existent pas. Vous le savez, à présent, ce que nous appelons des fautes ne sont que les réactions à nos peurs.

La faute de la société

À en croire certaines personnes, la principale responsable de nos frustrations et de nos douleurs, c'est la société. Elles n'ont probablement jamais pensé que l'on a la société que l'on mérite, puisque l'on a la société que l'on veut. Vous me direz peut-être que je peux me permettre de telles affirmations parce que je vis dans une région du monde où règne la démocratie. C'est vrai et c'est faux.

En effet, si nous considérons une dictature constituée d'individus opprimés, nous aurons tendance à n'y voir que la faute d'un petit nombre de dirigeants et le malheur de tous les autres. Ce faisant, nous oublierons d'examiner la succession des événements qui a abouti à l'instauration d'un tel régime politique. Si nous nous penchons sur ces événements, en observateur objectif et compatissant, nous découvrirons comment les individus de cette société d'oppression ont progressivement abandonné leur pouvoir à autrui et nous verrons les conclusions erronées et les croyances sur lesquelles s'est fondée l'organisation de ce groupe d'êtres humains. Exactement de la même manière que cela se passe à l'échelle de nos vies individuelles.

Comme dans un jeu de poupées russes, nous pouvons analyser n'importe quel groupement humain de la manière dont nous nous observons individuellement. Ainsi, de la plus petite tribu d'Afrique à la plus grande des civilisations modernes, en passant par les associations privées, les groupements religieux, les trusts financiers, les entreprises, les régions ou les nations, tout ensemble d'êtres humains est un reflet de la conscience de ceux qui le constituent.

De la même façon que nous avons en nous un Séparateur, un Masque et un Unificateur, les groupes d'êtres humains sont animés par une énergie séparatrice, affichent une image idéalisée d'eux-mêmes et, s'ils acceptent de se remettre en question, peuvent évoluer vers plus d'harmonie en abandonnant leurs peurs et leurs défenses pour vivre dans l'énergie de l'unification.

Ainsi, de la même manière que notre conscience individuelle est une occasion d'apprentissage et de transformation de l'énergie séparatrice en énergie unificatrice, tous les groupements humains sont des potentialités de mutation d'une expérience de séparation en une expérience d'union. Mais, n'en déplaise à ceux qui préfèrent la condition de victime, les sociétés humaines étant constituées d'êtres humains, c'est à l'être humain de travailler, pour commencer, au changement dans sa vie individuelle.

Il est évident qu'un individu ne peut réformer une société à lui tout seul, cependant, puisque nous sommes tous en interaction permanente, nous pouvons, en tant qu'individus, rien qu'en adoptant une attitude unificatrice dans nos relations de proximité, influencer considérablement l'évolution spirituelle de la planète sur laquelle nous vivons. Adopter une attitude unificatrice implique d'aligner notre intention, notre psychisme et finalement les expressions de notre corps physique dans cet effort. C'est un travail qui demande une attention constante, une honnêteté totale et une acceptation entière de la réalité. Cette tâche ne peut être réalisée ni en nous apitoyant sur le passé ni en priant pour le futur. Cette entreprise ne devient une réalité que dans le présent, instant après instant, sur le chemin de notre projet. C'est notre responsabilité.

La condition humaine

Vivre et apprendre

La prochaine fois que vous sortirez dans votre jardin ou que vous ferez une promenade à travers les champs et les bois, asseyez-vous quelques minutes à même le sol et regardez. Vous découvrirez un monde fébrile et fascinant qui ne se doutera même pas de votre présence. Fourmis, sauterelles, vers de terre et pucerons. Herbes, pissenlits, trèfles et chardons. Aucun de ces animaux, aucune de ces plantes ne soupçonnera la possibilité de votre existence. Vous caresserez les pétales d'un coquelicot et le diagnostic d'un phénomène violent et inexplicable sera posé par le Conseil scientifique des végétaux. Une chenille grimpera sur le dos de votre main et la découverte d'un continent chaud et lisse sera proclamée par l'Association des animaux rampants. Les univers se côtoient, s'imbriquent les uns dans les autres et pourtant ne se voient pas. Explorer un terrain de tennis est aussi extraordinaire pour une fourmi que parcourir la distance de la Terre à la Lune pour un humain.

De notre point de vue humain, il est très difficile de connaître le fonctionnement subtil des univers qui nous entourent. Simplement parce que nous n'avons que la référence de notre univers pour organiser nos croyances à propos de celui des minéraux, des végétaux, des animaux, des planètes ou des galaxies. Il est déjà si difficile de comprendre le fonctionnement subtil des autres humains… et même celui de notre propre univers intérieur ! Pourtant, nous l'avons vu, en apprenant à nous connaître nous-mêmes, nous pouvons connaître l'autre. Et peut-être bien davantage…

Chaque forme de vie possède les moyens physiques et l'état de conscience adaptés à l'univers dans lequel elle est destinée à vivre. Chaque forme de vie peut sortir de son univers pour en explorer d'autres. Cela lui demandera d'adapter ses moyens physiques et de modifier son état de conscience. C'est ce que nous, les humains, semblons avoir décidé de faire. Mais a-t-on la possibilité d'en décider ? La force de vie n'entraîne-t-elle pas toutes ses manifestations vers toujours plus de discernement de l'infinité de ses formes ? Vers toujours plus de conscience ?

Une existence humaine serait comparable à un programme d'études dans lequel chaque enseignement est indispensable à notre apprentissage. Cependant, aucune des structures pédagogiques mises en place pour que nous puissions expérimenter, comprendre et tirer des leçons ne semble importante. Lorsque nous avons assimilé un enseignement, nous pouvons passer à autre chose, sans nous retourner vers le passé, où notre conscience, un peu plus éclairée après chaque enseignement, ne verrait que de l'obscurité.

Le rythme de cet apprentissage dépend de la compétence du professeur et de la bonne volonté de l'élève. Or, petit détail qu'il ne faut jamais oublier, dans ce programme d'études, le professeur est aussi l'élève. Nous avons toute l'ingéniosité requise pour créer nos structures pédagogiques. Nous n'avons pas toujours la motivation suffisante pour vouloir les abandonner et en découvrir de nouvelles. Mais la vitesse de notre apprentissage n'a aucune importance, c'est nous qui choisissons, et, tant que l'enseignement n'est pas assimilé, nous restons dans le contexte pédagogique nécessaire à notre leçon. La vie n'est-elle pas extraordinairement bien conçue ?

Certains tenteront de biaiser avec la vie en décrétant qu'ils sont détachés de ses structures pédagogiques et qu'ils sont prêts à vivre des expériences d'un ordre plus subtil. Comprenez : de dimension spirituelle. Ceux-là n'ont rien compris. En effet, c'est précisément dans l'expérience du monde physique, à travers notre corps, nos émotions et nos intentions que nous pouvons appréhender le mystère et le sens de la vie. Nulle part ailleurs. En tous les cas, pas tant que nous serons des êtres humains fabriqués d'intentions, de sentiments et de matière. J'aimerais attirer l'attention de ceux qui recherchent une spiritualité désincarnée sur le fait que la réalité n'est jamais aussi belle que lorsque l'on peut la voir, la sentir, l'entendre, la goûter et la toucher. C'est la vie.

Nous ne pourrons jamais transformer l'intention séparatrice en une intention unificatrice en nous détachant de la réalité matérielle de la vie. Car comment pourrions-nous exercer une influence sur quelque chose dont nous nierions l'existence ? Il existe de nombreux moyens d'exercer son action sur le monde de la dualité pour l'entraîner vers plus d'unité. Prier, méditer, penser, créer, fabriquer, échanger, partager…, toutes les activités humaines ont une valeur. La valeur de l'intention qui les habite. Elles peuvent donc toutes avoir la même valeur. Séparation ou union.

Cependant, que nous choisissions de passer notre vie à méditer sur les sommets de l'Himalaya ou que nous travaillions dix heures par jour au fond d'une mine de charbon, notre intention unificatrice ne pourra se manifester que lorsque nous aurons accepté de reconnaître et d'expérimenter toutes nos émotions psychiques et toutes nos sensations physiques.

Un jour, je m'entretenais de la réincarnation avec un vieux sage indien. « Peut-être devrons-nous revenir sous la forme d'un enfant démuni et affamé au milieu d'un désert africain…, sinon, comment pourrions-nous nous souvenir de ce que cela représente ? Comment pourrions-nous connaître la compassion ? » me dit-il en souriant. La compassion, un mot qui nous vient du latin *cum* et *pati* : souffrir avec. Je lui répondis : « Nous pouvons peut-être déjà accepter de souffrir dans la vie que nous expérimentons actuellement. Ce ne sont pas les occasions qui manquent. »

En acceptant d'explorer les blessures de l'enfant qui souffre en nous, nous découvrirons que, unifiés, nous pouvons en dépasser la douleur car ces blessures ne sont que le résultat de notre vision séparatrice du monde. Nous pourrons aussi comprendre l'autre et l'aider à dépasser ses propres douleurs, qui ne sont pas différentes des nôtres. Alors seulement nous cesserons de souffrir car nous aurons éclairé notre vie d'une intention unificatrice. Alors seulement nous connaîtrons la compassion.

En ne projetant plus notre vision séparatrice sur le monde, nous commencerons à voir la réalité comme elle est et nous aurons alors la possibilité de choisir ce que nous avons réellement besoin de vivre. Nous arrêterons d'être comme des enfants qui hurlent de colère parce que leurs biscuits au chocolat préférés ne se trouvent pas dans les rayons du magasin. Pourtant, à côté d'eux, à portée de main, se trouve une pile de biscuits et, un peu plus loin, du chocolat. Il suffirait de les mélanger pour créer ce qu'ils désirent tant. Hélas, c'est impossible, ils ont trop de larmes dans les yeux pour distinguer ce qu'il y a sur les rayons du magasin.

Nous sommes tous les mêmes et pourtant tellement différents. Nous sommes les expressions individuelles de quelque chose de plus grand. En ouvrant les yeux sur cette dimension de la vie, nos différences nous apparaîtront comme des illusions et notre individualité deviendra une réalité relative. Une réalité plus vaste, immense, aussi grande que l'ensemble des expressions individuelles dont nous faisons partie. La boucle sera donc bouclée, du moins à notre niveau de conscience. Car qui sait ce qu'il y a à découvrir après ?

Développer toujours plus de conscience permet à l'individu d'abandonner ses croyances pour expérimenter une réalité plus vaste. Ce travail influence toute sa descendance et finit par rompre les atavismes négatifs qui se transmettent à travers les générations. Cette nouvelle vision de soi et du monde entraîne des changements profonds au sein de la civilisation. Ainsi, à partir d'une transformation personnelle et individuelle, on aboutit à une véritable reprogrammation de l'être humain, à une évolution de l'espèce entière. Nous n'avons malheureusement pas souvent conscience de l'ampleur de notre pouvoir, de la beauté de notre mission et de l'importance de notre responsabilité.

Naître et mourir

Nous avons vu que la veille et le sommeil constituaient les aspects d'une même réalité, deux états de conscience qui nous permettent d'expérimenter la séparation et l'unification de la pulsation vitale. Ces deux expériences font partie de ce que nous appelons l'existence humaine.

Si nous voulons placer cette existence humaine dans un contexte plus vaste, il nous faut envisager une autre forme d'expérience, celle que nous appelons la mort. Or, par analogie avec le phénomène de perte de souvenir entre l'expérience de la veille et celle du rêve, on peut penser que la même chose se passe entre l'expérience de l'existence et celle de la mort, à un degré de conscience supérieur puisque la mort représenterait, par rapport au rêve, un état de conscience encore plus unifié.

Vous voyez, le principe de l'emboîtement des poupées russes intervient à nouveau ici. Une complexité faite de principes simples. Une progression harmonique vers toujours plus de conscience. Veille et rêve sont une expérience de séparation et union. Ensemble, ils constituent l'existence. Existence et mort sont une expérience de dualité et d'unité. Ensemble, elles forment la vie. Elles sont l'expression de la pulsation vitale.

Certaines philosophies, dont la philosophie bouddhiste, proposent de placer la vie dans un contexte encore plus large. C'est ici qu'intervient la réincarnation, dont nous avons déjà parlé. Sans y adhérer, je ne peux la rejeter car, après tout, un pouls est une succession de pulsations, un ensemble de plusieurs cycles d'expansion et de contraction.

Que la réincarnation soit une réalité ou non ne change rien à l'évidence que la conscience humaine se perpétue de génération en génération. Ainsi, même si en tant qu'Occidentaux nous n'adhérons pas à la croyance du cycle des réincarnations karmiques, il est indiscutable que, tant qu'elles n'ont pas été comprises et transformées, les dysharmonies de la conscience restent inscrites dans sa substance en attendant de pouvoir, un jour, s'en effacer comme une ombre disparaît dans la lumière.

Si, en lisant ces lignes, vous êtes soudain pris de vertige, respirez. Ne concluez pas d'emblée que tout cela est le résultat d'un délire mystique. Respirez et fermez les yeux quelques secondes. Faites taire, une à une, les voix qui s'expriment en vous. Et écoutez. Écoutez le silence. Sentez qui vous êtes. Percevez votre vibration. Augmentez-la. Vous appartenez à quelque chose de plus grand. Vous changez d'état de conscience. Vous percevez le changement de votre vibration ? Augmentez-la encore. Vous appartenez à quelque chose d'encore plus grand. Votre état de conscience devient de plus en plus subtil. Vous êtes sur le chemin de la connaissance. Vous êtes en train de faire l'expérience de ce qui est infini et insondable.

Une énergie que l'on pourrait appeler Amour

Ainsi, à travers les cycles des saisons, l'alternance du jour et de la nuit, les battements de notre cœur, le rythme de notre respiration, nos expériences de joies et de peines, notre état de veille et nos rêves, notre existence et notre mort, nous expérimentons la pulsation ininterrompue de la force de vie. Sans pouvoir jamais l'appréhender dans son entièreté et sa profondeur, car elle est infinie et insondable.

L'expérience humaine de cette réalité – de ce que nous percevons comme une réalité, devrais-je dire – est vécue au travers d'un niveau de conscience que nous avons envisagé sous la forme d'une précipitation de l'essence dans l'intention, de l'intention dans la psyché et de la psyché dans le corps physique.

Une vibration qui se ralentit dans le temps et dans l'espace pour devenir discernable et tangible dans l'expérience de cette dimension. Ainsi, notre expérience psychique et physique est pour nous, humains, le moyen de pressentir la nature de notre essence.

Au fil de notre progression sur le chemin de la réunification de soi, nous pourrons découvrir que séparation et union ne sont que l'expression d'une seule chose. Personnellement, derrière les illusions du mal et du bien, de la guerre et de la paix, de la haine et de l'amour, je ne vois qu'une seule et unique énergie, celle qui anime mon cœur dans ma poitrine, me donne la force d'écrire ces lignes et fait tourner la Terre autour du Soleil. Je n'ai pas trouvé de meilleur nom à lui donner que celui d'Amour inconditionnel, infini et insondable.

9
CONNAÎTRE LE CHEMIN NE SUFFIT PAS, IL FAUT L'EMPRUNTER

Tout a déjà été dit, depuis longtemps

Une erreur d'interprétation

La civilisation occidentale s'est développée autour de la croyance qu'il existait un dieu et un démon. Dieu, l'incarnation du bien, et Satan, l'incarnation du mal, étaient considérés comme deux forces opposées et rivales. Ainsi, leur rencontre était un combat, inévitable et sans merci, et la vie humaine devenait le lieu de cette lutte. L'enjeu de celle-ci était le triomphe du bien sur le mal. La responsabilité de l'être humain était de remporter cette victoire. Sa culpabilité était d'échouer dans sa mission.

Que l'idée nous plaise ou non, cette vision du bon et du mauvais, profondément ancrée dans notre inconscient collectif, est la première de nos conclusions erronées, la principale de nos croyances dualistes, une erreur d'interprétation du message biblique.

Attardons-nous quelques instants sur ce point qui me semble très important étant donné les conséquences que cette erreur d'interprétation a entraînées dans le cours de l'histoire occidentale.

En effet, à ses origines, le mythe chrétien nous enseigne une tout autre vérité. Satan n'y est pas présenté comme une force égale et opposée à Dieu mais bien comme une création de Dieu, car Dieu est le créateur de tout ce qui existe. Cela change tout !

Dieu a deux fils, Christ et Lucifer, deux messagers auxquels il confie la mission de porter sa lumière à travers l'Univers. Lucifer refuse la loi de son père et veut créer son propre royaume. Ayant doté ses deux fils de la liberté de leurs choix, Dieu offre à Lucifer la possibilité de choisir une loi différente et lui propose d'en faire l'expérience sur la Terre. Lucifer investit donc la Terre et devient l'ange déchu, c'est-à-dire Satan. Les piliers de la loi que Satan installe sur la Terre sont la peur, l'égoïsme, l'orgueil et la séparation. L'expérience qu'il en fait ne provoque que frustrations et souffrances. Adam et Ève, en choisissant de désobéir à Dieu – donc de suivre la loi de Satan – pour goûter le fruit défendu et accéder à la Connaissance, se condamnent à l'éloignement du paradis de leurs origines. Ils ne connaîtront donc plus que frustrations et souffrances. Il ne s'agit pas d'une punition de Dieu mais simplement d'une conséquence de la séparation qui constitue la réalité de Satan. Refusant de reconnaître la responsabilité de son échec, Satan accuse son père, dont il fera un dieu sanguinaire et cruel. Cela nous explique pourquoi Abraham s'apprêtait à sacrifier son propre fils, alors que Dieu ne lui réclamait qu'un mouton. Les récits de l'Ancien Testament sont remplis des exemples de cette projection de la réalité de Satan sur l'image de son père.

N'en pouvant plus d'assister au spectacle désolant de la loi de Satan, Christ décide de s'incarner, à son tour, sur la Terre afin de convaincre son frère qu'il existe une autre réalité : celle de la loi de Dieu. Christ est donc le messager de l'unification. Son énergie s'exprime dans le monde sous la forme de Jésus-Christ mais aussi celle de Bouddha, de Mahomet et de tous les êtres humains qui expérimentent l'unification d'eux-mêmes et celle du monde. Car Satan est le Séparateur en nous et Christ est l'Unificateur en nous. Christ et Satan représentant les deux aspects de leur père, Dieu est union et séparation car Dieu est la Force de vie, la pulsation qui anime toute chose. Sa loi est l'Amour et l'Amour respecte la liberté de choisir. L'expérience de la séparation est donc inévitable.

Vous imaginez ma surprise lorsque, ayant développé le modèle de la conscience Séparateur-Masque-Observateur-Unificateur que je vous ai proposé dans ce livre, j'ai découvert sa parfaite concordance avec le mythe chrétien. L'imagerie puissante de ce mythe est probablement à l'origine des mauvaises interprétations dont il a été l'objet. Il est intéressant de noter que, comme un enfant qui découvre le monde dans la peur, les religions occidentales sont nées dans la clandestinité et la répression. Elles ont, par conséquent, tiré des conclusions erronées et élaboré des croyances fondées sur la peur du rejet, de l'invasion et de la trahison. Leur Séparateur activé, elles ont façonné des Masques qui ont créé les discours hermétiques et hypocrites que nous leur reprochons aujourd'hui.

Si l'essence originale de ce mythe avait été comprise sous l'éclairage de l'Unificateur en nous, au lieu de servir les croyances dualistes du Séparateur en nous, la civilisation occidentale aurait sans doute évité deux mille ans de jugements et de massacres. L'image de la femme n'aurait pas été associée au démon mais au contraire à cette partie qui sommeille en chacun de nous et qui, au risque de devoir affronter la souffrance, recherche la Connaissance, le discernement des pulsations de la force de vie.

Une vision moins imagée

Trop attachées aux images de leurs mythes fondateurs, les grandes religions monothéistes ont de plus en plus de mal à trouver un public capable de se reconnaître dans les vérités qu'elles véhiculent. Pourtant, tout est là. La psychologie contemporaine n'est que la traduction scientifique des légendes et des paraboles qui illustrent les écritures sacrées. Depuis très longtemps, l'être humain a sondé les abîmes de son âme, il a palpé les battements de la pulsation qui l'anime, il connaît le chemin qui conduit à l'harmonie[1]. Il sait que son niveau de conscience est celui du choix et que sa condition est celle de la liberté.

L'Orient, et en particulier la cosmologie bouddhiste, nous enseigne les mêmes vérités. L'être humain y représente cette partie de la conscience qui s'est séparée de l'ensemble de celle-ci. Chaque individu a le choix d'expérimenter la séparation tout simplement parce que le

---

1. Je vous recommande de lire ou de relire la poésie de l'ancienne Égypte, de la Grèce ou de la Rome antique ainsi que la tragédie grecque et les contes des *Milles et Une Nuits*.

choix est toujours possible. Tous les choix seront finalement effectués afin que l'ensemble de la Création puisse être exploré consciemment.

Le discours moins imagé de la philosophie bouddhiste est sans doute la raison de l'intérêt qu'elle suscite aujourd'hui en Occident. Intérêt d'autant plus fort que cette religion ne traîne pas derrière elle autant de massacres et d'injustices que la religion catholique. Un message n'est en effet jamais aussi puissant que lorsqu'il est capable d'inciter à l'expérience de sa théorie dans la pratique.

Personnellement, je vois le bilan historique actuel des religions juive, chrétienne et musulmane comme une expérience de séparation qui commence à se transformer en une expérience d'union. Cette transformation pourrait être rapide si les adeptes de ces religions acceptaient de vivre dans l'énergie unificatrice qui nous enseigne que personne ne détient la vérité, que personne n'est meilleur qu'un autre et que seule l'humilité nous permet d'entrevoir le reflet de ce qui est depuis toujours et sera pour toujours. Rappelez-vous, nous avions parlé de l'Amour...

Devenir un maître pour soi-même

Un ami sur l'épaule

On me demande souvent comment faire pour éclairer sa vie. Je réponds toujours qu'il suffit de l'observer.

Le travail d'observation de soi avec honnêteté (tout voir) et compassion (ne rien juger) est la première étape d'un travail psycho-spirituel. Les moyens d'observation peuvent être multiples et variés. Lire un roman, regarder un film, écouter un poème, entretenir une conversation, admirer un coucher de soleil, épier un enfant qui joue, faire l'amour, se disputer, s'ouvrir aux confidences d'un ami…, tout est une occasion privilégiée d'observer qui est l'autre et qui nous sommes, dans l'instant.

Les activités de la vie quotidienne sont, pour moi, le meilleur moyen de méditer et d'être connecté, en permanence, à l'intérieur et à l'extérieur de moi, plongé dans une dimension où il me semble comprendre le monde au-delà de ses apparences. Développer l'Observateur en soi revient à acquérir la capacité de rester dans le présent, en se posant sans cesse la question de savoir ce qui se passe ici et maintenant. C'est choisir d'arrêter sa course contre le temps, oublier ses regrets du passé et calmer ses angoisses du futur. C'est être ouvert et faire confiance.

Je recommande souvent, à ceux qui souhaitent entreprendre un tel travail en conscience, d'imaginer l'Observateur en eux comme un ami qui se tiendrait sur leur épaule. Régulièrement, dans les circonstances difficiles de votre vie, lorsque la peur de voir vos blessures se rouvrir s'empare de vous, je vous conseille de poser une main sur votre épaule et de vous rappeler que vous n'êtes pas seul. Vous êtes avec vous. Et vous êtes beaucoup plus que vous ne l'imaginez.

Je recommande aussi de tenir un journal. Écrire sur le papier évite de recourir à la projection sur autrui de certains aspects de nous-mêmes. Car nous avons besoin d'un miroir pour discerner et comprendre qui nous sommes. Idéalement, il faudrait prendre, chaque jour, quelques minutes afin de passer en revue les événements de notre journée et les commenter dans notre journal. En effet, la régularité de cette activité enclenche un processus intérieur qui nous met en contact avec le Séparateur, le Masque, le Sac à déchets de notre inconscient et l'Unificateur en nous. Ce processus facilite l'émergence de nos émotions réprimées à la surface de notre conscience. Nous pouvons aussi consigner nos rêves dans notre journal et, quelque temps après, y découvrir des significations auxquelles nos défenses nous empêchent d'accéder d'emblée.

Personnellement, il m'arrive, dans certaines périodes de processus psychiques et spirituels intenses, d'emporter mon journal avec moi tout au long de la journée et d'y écrire ou d'y dessiner mes émotions dès que j'en ressens la nécessité. Généralement, cette manière instantanée d'effectuer mon travail d'observation m'ouvre rapidement les yeux et me permet de commencer sans délai un travail de transformation.

Le journal est un lieu, à l'instar du silence de la méditation, où nous pouvons entamer un dialogue conscient entre le Masque, le Séparateur et l'Unificateur qui nous habitent. Nous l'avons découvert ensemble : avec un peu d'habitude, il est facile de reconnaître les voix de ces trois personnes car elles possèdent un timbre et une intonation propres à chacune.

Le piège de notre perfectionnisme

L'exploration de notre conscience est un travail sans fin. Lorsque nous ouvrons une porte, c'est pour en découvrir une nouvelle, à l'infini. Au lieu de nous décourager, cela devrait nous réjouir, car n'est-ce pas la preuve que nous sommes beaucoup plus que nous ne l'imaginons ?

L'apprentissage de qui nous sommes est une expérience que je qualifie de spiralée. Nous découvrons un aspect de notre personnalité, nous l'acceptons, nous en transformons l'intention séparatrice en une intention unificatrice, nous ressentons le véritable plaisir de l'unité, nous sommes contents, nous pensons pouvoir passer à autre chose... et nous nous trompons. Chacune de nos blessures, chacune de nos peurs, s'exprime sous des formes très variées. La symbolique de notre « rêve éveillé » est très riche. À peine avons-nous réglé une situation conflictuelle que, déjà, une autre surgit à l'horizon de notre vie. Nous pouvons alors connaître déception et découragement.

Si nous observons honnêtement la raison de ces sentiments négatifs par rapport à notre travail, nous découvrirons que nous éprouvons en fait une perte de l'estime que nous avions de nous-mêmes. Nous voulions être de gentils et consciencieux étudiants parfaitement appliqués à leur évolution psychique et spirituelle et nous avions oublié l'essentiel : développer notre spiritualité, c'est découvrir que l'on est imparfait et que notre imperfection est, en fait, notre perfection.

Le meilleur moyen de s'assurer de sa progression est d'abandonner les jugements que l'on a sur soi-même et de considérer chacune de ses pensées, positives ou négatives, et chacun de ses actes, séparateurs ou unificateurs, comme une expérience de plus, un moyen d'apprendre davantage et de parcourir les tours de la spirale qui nous conduit au cœur de nous-mêmes.

Le respect de la pulsation vitale

Nous connaîtrons, au cours de notre travail psycho-spirituel, des phases d'expansion enthousiaste suivies de périodes de contraction pessimiste. Le même phénomène se produit, au cours d'une journée, lorsque, sans raison apparente, nous vivons des instants joyeux où tout nous paraît possible suivis de moments tristes durant lesquels nous avons l'impression de ne plus avoir aucune énergie pour accomplir le moindre de nos projets. Ce phénomène d'expansion et de contraction de la conscience n'est que l'une des expressions du pouls de la vie. Nous l'avons vu, cette pulsation se manifeste dans tout ce qui existe. L'expansion est active, la contraction est passive. L'expansion sépare et permet de discerner dans l'expérience ; la contraction réunit et donne l'occasion d'intégrer l'expérience. L'expansion est une exploration extérieure ; la contraction est une méditation intérieure.

Bien souvent, nous sommes capables de pressentir la survenue des phases de contraction. Celles-ci suivent toujours une période d'expansion. Le contraste est d'autant plus désagréable à vivre que l'expansion précédant la contraction est grande. Le mouvement actif de l'expansion doit pouvoir revenir à son point de départ. Si nous nous opposons au retour passif du mouvement de la pulsation vitale, nous entraînons une résistance qui, tôt ou tard, devra céder. Ainsi, en voulant résister à la contraction, nous l'aggravons. Au contraire, en l'accueillant comme un moment privilégié, que nous pouvons mettre à profit pour intégrer les découvertes effectuées durant la phase d'expansion, nous permettons à cette dernière de réapparaître spontanément une fois le travail d'assimilation terminé. Car c'est à cela que sert cette alternance. C'est la même alternance qui plonge notre conscience en état de veille dans nos rêves nocturnes, pour éclairer la compréhension des éléments que nous avons explorés le jour.

Lorsque la contraction survient, je vous recommande d'écouter vos désirs et de vous procurer ce dont vous avez besoin. Vous ne voulez voir personne, eh bien, ne voyez personne. Vous avez envie de vous coucher tôt, n'hésitez pas : allez vous coucher tôt. Vivez le présent. Faites-vous plaisir. Ne culpabilisez pas. Ne vous jugez pas. Vous expérimenterez ainsi la délicieuse satisfaction de vous donner la tendresse que vous méritez. Vous connaîtrez la véritable estime de vous-même et vous serez prêt pour l'expansion suivante.

Perfectionnistes, nous sommes toujours prêts à nous sacrifier sur l'autel de l'hyperactivité. Parcourir un chemin spirituel, c'est aussi apprendre à respecter le rythme du pouls vital. Accepter que nous ne soyons pas toujours parfaitement efficaces, rapides, vifs et alertes. C'est le meilleur moyen d'éviter la dépression qui menace ceux qui, à force de porter le Masque du gentil et consciencieux étudiant parfaitement appliqué à son évolution psychique et spirituelle, devront tôt ou tard se soumettre au rythme des contractions et des expansions de la pulsation de la vie.

Garder son pouvoir

Parcourir seul le chemin qui mène à la réunification de soi n'est pas facile. Nous éprouverons parfois le besoin de partager nos doutes et nos découragements. Nous souhaiterons peut-être pouvoir exprimer les larmes et les colères qui remontent depuis les profondeurs de notre enfance. Nous réaliserons aussi que le regard de l'autre est un précieux miroir qui nous évite de rester cachés trop longtemps derrière nos Masques. Cependant, le regard de ceux qui nous connaissent ne nous suffira pas car il nous sera difficile d'abandonner nos réflexes de fuite, de possession, de dissimulation, de contrôle ou de perfection face à des êtres qui représentent un enjeu affectif. Il nous faut une oreille bienveillante et compréhensive, un œil qui voit tout et ne juge rien. Quelqu'un qui nous aide à développer l'Observateur qui sommeille en nous.

Psychiatres, psychanalystes freudiens, lacaniens ou jungiens, adeptes du divan ou au contraire de la conversation face à face, thérapeutes spécialisés en thérapies de groupe, analyse transactionnelle, programmation neurolinguistique (PNL), bioénergie, Core Energetics, Gestalt-thérapie, art-thérapie, rebirth, thérapie primale, sophrologie, hypnose, relaxation, haptonomie…, ce ne sont pas les possibilités d'accompagnement qui manquent[1].

Lorsque l'on me demande mon avis sur le choix d'un type d'approche par rapport à un autre, j'explique toujours qu'il me semble important d'envisager le travail sous le double aspect psychologique et spirituel. Comme vous l'aurez découvert tout au long de cet ouvrage, la spiritualité n'a, dans mon propos, aucune connotation religieuse. Pour moi, la spiritualité définit le sens que chacun attribue à ses expériences et le but que chacun peut donner à sa vie. Elle n'implique aucune croyance en une intervention divine extérieure à la conscience humaine. Elle ne l'exclut pas non plus. Comme je le précisais, en note, dès l'avant-propos de ce livre, pour moi, être spirituel, c'est être conscient de ses peurs et de ses défenses, c'est reconnaître et accepter ses sentiments, ce qui, inévitablement, engendre le respect, la sollicitude et la compassion envers soi et autrui.

Ainsi, je pense que l'accompagnant psychologique et spirituel ne devrait pas rester en retrait, caché derrière son masque de thérapeute. En effet, même si les

1. Vous trouverez des suggestions de lectures concernant ces différentes approches dans la bibliographie à la fin de ce livre.

symboles de chaque expérience individuelle sont différents, il s'agit de la rencontre de deux êtres humains, construits de la même façon et ayant vécu la même histoire. Personnellement, je n'hésite jamais à faire allusion aux observations de ma propre vie, cela aide la personne qui découvre le travail psycho-spirituel à intégrer la notion de non-jugment. Sa progression en sera facilitée et accélérée.

Pour que l'accompagnant puisse accomplir son rôle en restant démasqué, sans que cela représente un danger pour lui et pour la personne qu'il accompagne, il faut qu'il soit parvenu à un stade avancé dans son travail personnel et qu'il poursuive une observation permanente de lui-même qui, outre une pratique personnelle, nécessite la supervision d'un tiers.

À propos du ryhtme des conversations, j'insiste toujours sur l'intérêt d'une régularité qui provoque et soutient les processus inconscients du travail. Néanmoins, il me semble fondamental (je le répète : fondamental !) de laisser le choix à la personne que l'on accompagne de définir les modalités de son travail. Car c'est son travail. Il s'agit ici de mettre les gens devant leur responsabilité et de leur rendre leur véritable pouvoir. J'ai longtemps vécu dans un système de soins où, tant dans l'esprit des patients que dans celui des médecins, il était entendu que le patient remette son pouvoir à ceux qui « savent » et sont capables de le prendre en charge. La relation de pouvoir qui existe entre les protagonistes de ce type de relation va à l'encontre des principes psychologiques et spirituels que je vous ai exposés dans ce livre.

La psychanalyse a véhiculé la croyance selon laquelle il faut du temps, beaucoup de temps, même, pour se guérir des expériences douloureuses de l'enfance. Je pense le contraire. Mon expérience m'a prouvé que le contact et l'expression de notre dimension émotionnelle à travers le corps permettaient de changer profondément et rapidement les engrammes négatifs de celui qui accepte d'en tenter l'expérience[1]. Les défenses mentales que la psychanalyse classique crée par son approche intellectuelle du travail d'observation et de transformation sont ainsi court-circuitées.

Le but est de fournir à celui qui souhaite élargir sa réalité les moyens nécessaires à la perception de sa dimension émotionnelle afin qu'il puisse poursuivre son travail tout au long de sa vie. Car, nous l'avons vu, le travail n'est jamais terminé. Ce n'est, cependant, peut-être pas une raison pour enfermer quelqu'un dans un schéma de dépendance « thérapeutique ».

Bien entendu il faut distinguer ici l'accompagnement des névroses de l'approche des psychoses[2]. La prise en charge de ces dernières demande un travail beaucoup plus profond et patient. Il est en effet important de considérer que les distorsions psychiques rencontrées dans la psychose sont inscrites jusque dans le plan physique de la conscience. La chimie cérébrale s'en trouve dès lors perturbée au point qu'il faille souvent recourir à une intervention médicamenteuse.

Celui qui souhaite accompagner autrui dans un travail de réunification de soi devra s'efforcer d'éviter ses propres réflexes de fuite, de possession, de dissimulation, de contrôle ou de perfection face à une personne

---

1. Je vous recommande la lecture du livre d'Arthur Janov, *Le corps se souvient. Guérir en revivant sa souffrance*, Monaco, Le Rocher, 1997.
2. Nous avons abordé la différence entre ces deux modes de relation au monde dans la rubrique « De la névrose à la psychose », p. 194.

qui vient, précisément, apprendre à les repérer, à les accepter et à les transformer. Le langage utilisé sera donc très important. Il n'y aura pas de place pour des « c'est bien », « c'est mieux », « c'est moins bien », « c'est mal », « il faut », « vous devriez », « c'est normal » ou « c'est anormal ». Il est très difficile de tenir un discours neutre tout en restant à la fois concret et rempli de compassion pour l'autre. Cependant, c'est très efficace. Le lieu et le temps de la conversation devraient être un endroit et un moment de parfaite confiance et de totale sécurité, en dehors de tout jugement ou de toute manipulation.

Il est important que l'accompagnant fasse prendre conscience à la personne qui vient le voir de l'immense pouvoir qui est en elle. Il n'y a pas de place ici pour une relation entre un gourou détenteur de la vérité et un disciple obligé de suivre son exemple. Il s'agit de permettre à l'autre de devenir son propre maître. C'est le rôle d'un vrai maître : être son propre maître, permettre à l'autre de devenir, à son tour, son propre maître et ne pas avoir peur de voir, un jour peut-être, son élève interpréter différemment l'expérience de la vie ou pousser plus loin encore le pouvoir de la maîtrise. Cette attitude n'a rien à voir avec celle des gourous en tout genre, si fréquents dès que l'on aborde la spiritualité. Ceux-là sont animés d'une intention séparatrice qui les maintient à distance de leurs disciples, cachés derrière leur Masque de la sérénité. Ils exploitent, consciemment ou non, le perfectionnisme et la culpabilité de leurs disciples pour garder sur eux l'avantage d'une connaissance soi-disant plus subtile.

Ce n'est que parce que l'on a souffert et parce que l'on souffre encore que l'on peut comprendre la souffrance de l'autre. En restant coupé de sa souffrance, on risque de blesser autrui sans le vouloir, ni même le savoir, car on reste inconscient des conséquences de ses actes. Plus on est en contact avec ses sentiments, fussent-ils douloureux, plus on agira avec compassion et humanité.

Un jour, un confrère chirurgien, qui cherchait à comprendre pourquoi j'avais mis un terme à ma carrière hospitalière, me demanda si le calme et la confiance que j'affichais face aux incertitudes de ma nouvelle vie étaient dus à la prise de Prozac®. Je lui répondis que nous n'avions absolument pas la même vision de la vie. Lui pensait que pour être heureux il faut vivre endormi, anesthésié par des drogues ou étourdi par une activité fébrile. Moi je croyais que pour être heureux il faut vivre éveillé, quitte à expérimenter les réalités de l'inconfort et de la souffrance. Car derrière l'illusion se cache un monde merveilleux que n'importe lequel de nos rêves ne pourra jamais créer. Nous sommes, tous, les créateurs de notre propre vie. Nous pouvons, à chaque instant, tout changer. N'oublions jamais que le niveau de conscience de l'être humain est celui du choix et sa condition la liberté.

Se réconcilier

Le travail psycho-spirituel est une aventure individuelle et intime. Cependant, l'être humain est une conscience en relation avec d'autres consciences. Il nous faudra donc éviter l'isolement.

Souvent, lors de mes conversations psycho-spirituelles, j'ai remarqué que les gens avaient tendance à ne retenir que les aspects du travail qui leur convenaient. Ainsi, la nécessité de se prendre en charge et de se procurer ce dont on a besoin devient rapidement une réaction égoïste qui n'est dictée que par le Séparateur en défense. Il n'est cependant pas possible de tricher très longtemps car l'Observateur (rôle de l'accompagnant en attendant le développement d'un Observateur personnel assez puissant) pointera du doigt les blâmes du Masque et l'Unificateur rappellera que la compassion n'est pas seulement une notion théorique.

Le travail de l'Observateur nous révèle la colère qui gronde en nous. Lorsque cette rage, si longtemps refoulée, remontera à la surface de notre conscience, il sera préférable de la revivre et de l'exprimer en face d'une personne neutre plutôt que d'entrer en conflit avec des personnes proches. En effet, devant une attitude qu'ils ne nous connaissaient pas, nos proches auront tendance à se défendre et donc à nous juger. Sans compter que, un mécanisme de défense en remplaçant un autre, la tentation de culpabiliser l'autre afin de préserver l'image idéalisée de nous-mêmes est toujours très grande. Dès lors, en exprimant une colère refoulée à un proche, nous n'aurons pas toujours l'intention juste de simplement dire qui nous sommes. Et, nous l'avons vu, en se défendant, on incite, je dirai même on oblige, l'autre à se défendre.

Le psychodrame[1] ou l'utilisation d'objets symboliques comme un coussin que l'on peut injurier ou frapper seront des moyens efficaces pour aider à l'extériorisation de la colère réprimée[2]. Par la suite,

---

1. Le psychodrame est une technique inventée dans les années 1920 par le psychiatre Jacob Lévy-Moreno et permet l'expérimentation sans risque des conflits tout en révélant certains blocages dans l'expression de ceux-ci.
2. Elisabeth Kübler-Ross a proposé l'utilisation de tuyaux en caoutchouc afin de frapper et de détruire des annuaires téléphoniques. Alexander Lowen (bioénergie) et John Pierrakos (Core

une fois que celle-ci aura été expérimentée et que la peur qui la motivait aura été démystifiée, certains auront l'opportunité et le courage d'aller trouver les personnes vis-à-vis desquelles ils éprouvaient du ressentiment. Souvent, ces personnes n'ont pas conscience des énergies d'union et de séparation qui nous habitent, elles auront donc l'impression d'être jugées par celui qui partagera les découvertes de son travail psycho-spirituel. C'est une démarche difficile car il faudra constamment réajuster son intention unificatrice de simplement montrer qui l'on est pour permettre à l'autre de nous montrer qui il est.

Parler de soi est toujours le meilleur moyen d'entrer en contact avec un autre. Dire qui l'on est, partager ce que l'on ressent nous permettent de témoigner notre vérité sans défense, sans agression. L'autre peut donc nous entendre et, rassuré, il pourra peut-être lui aussi se dévoiler. Nous hésitons souvent à faire le premier pas. Nous osons rarement nous présenter devant l'autre sans armure de combat. Le pari de la paix est un choix difficile, pourtant, c'est le seul qui soit juste, particulièrement pour celui qui, ayant développé son Observateur, sera conscient du Masque derrière lequel il a tendance à se cacher.

Je rencontre souvent des parents d'adolescent désemparés face au manque de communication avec leur enfant. « Avant il nous racontait tout, aujourd'hui il esquive nos questions », déplorent-ils. Je leur demande alors s'ils pensent parfois à parler d'eux-mêmes, à confier leurs propres troubles et leurs propres souffrances au lieu d'adopter une attitude inquisitrice

---

Energetics) ont proposé de frapper des coussins ou d'autres objets à l'aide des mains, des pieds ou d'une batte en caoutchouc.

qui, du fait de leur statut de parents-dieux, ne peut qu'inciter leur enfant à cacher ses inquiétudes considérées comme anormales face au modèle parental encore parfait (puisque encore non démasqué). Il n'est jamais facile de se mettre tout nu devant quelqu'un qui reste habillé.

Le couple, par la force du jeu de miroirs qu'il représente et du fait de l'importance de ce que nous avons peur d'y perdre, constitue certainement le lieu le plus difficile du dialogue véritablement démasqué – c'est un paradoxe. Pourtant, seul ce dialogue vrai permet l'épanouissement de ses protagonistes. Y parvenir implique la capacité d'un contact profond avec soi-même, condition indispensable au contact essentiel avec l'autre. Être en contact avec soi-même nécessite de s'être réconcilié avec soi. C'est la voie de la réconciliation avec l'autre.

Si vous choisissez un jour d'entreprendre ce travail de réconciliation, ne vous découragez pas à la première défense de votre interlocuteur. N'oubliez pas que celui-ci a souffert et qu'il souffre encore, comme vous. Sa défense en est la preuve. N'oubliez pas non plus que, si vous parvenez à rester dans votre intention unificatrice, c'est un merveilleux cadeau que vous vous faites, à vous et à celui qui est en face de vous. On ne perd jamais rien à lever le voile des illusions qui nous empêchent de nous contempler, les uns et les autres, tels que nous sommes. Même si c'est douloureux. Car tout ce que l'on découvre, aussi violent et brutal que cela puisse nous paraître, c'est de l'Amour.

Un plan pour la route

Un de mes amis, un ingénieur un peu rigide, m'a demandé quelle était la recette du bonheur. Je lui ai tendu un stylo et une feuille de papier et je lui ai dicté la petite liste qui suit[1].

— Clarifier son intention d'unifier toutes les parties de soi en les faisant apparaître à la surface de la conscience ;
— s'identifier à l'Observateur qui voit tout et ne juge rien en pratiquant un bilan quotidien, en tenant un journal et en prenant le temps de méditer (à l'aide d'une pratique spécifique ou à toutes les occasions de la vie quotidienne) ;
— reconnaître les pensées et les actes qui participent à l'harmonie ou, au contraire, entraînent de la dysharmonie ;
— accepter de vivre l'inconfort et la douleur ;
— abandonner notre image parfaite du monde ;
— reconnaître et accepter l'existence de nos Masques et de notre Séparateur ;
— repérer nos conclusions erronées et nos croyances dualistes ;
— comprendre le lien entre les blessures de l'enfant qui vit en nous et l'élaboration de nos croyances ;
— énoncer clairement nos croyances et les cercles vicieux qui recréent le passé dans notre présent ;
— cesser de s'identifier à l'image idéalisée de nous-mêmes (nos masques) ;

---

1. Cette liste est inspirée par celle proposée par Susan Thesenga dans son livre *The Undefended Self. Living the Pathwork of Spiritual Wholeness*, *op. cit.*

— ressentir et libérer la colère de l'enfant qui vit en nous ;

— expérimenter la peur, l'orgueil et l'égoïsme du Séparateur en nous, comprendre l'origine de nos plaisirs négatifs ;

— reconnaître l'existence de l'Unificateur en nous ;

— repérer nos résistances à abandonner nos masques, comprendre notre refus de renoncer à nos plaisirs négatifs ;

— comprendre l'implication de nos plaisirs négatifs dans notre insatisfaction et nos comportements compulsifs ;

— expérimenter la douleur d'être son propre ennemi ;

— clarifier son intention de s'autoriser l'accès au véritable plaisir ;

— accepter la responsabilité de notre pouvoir de création ;

— créer sa vie dans l'unification de toutes les parties de soi et avec les autres ;

— se voir dans l'autre (notre miroir), reconnaître sa place dans l'Univers ;

— ne pas oublier que la vie est une expérience, il n'y a donc que dans l'expérience que nous pouvons espérer la transformer (la théorie ne suffit pas !) ;

— évaluer notre progression dans notre travail psycho-spirituel en fonction de notre capacité à transformer de plus en plus rapidement des états de séparation en des états d'unification (ne pas bloquer notre respiration psycho-spirituelle) ;

— ne pas se décourager, accepter les contractions, renoncer à tout vouloir contrôler, comprendre que notre perfectionnisme est l'obstacle à notre bonheur, admirer notre imperfection, savoir que le travail n'est

jamais terminé, réaliser que notre vie est un ensemble de symboles, l'expression de qui nous sommes dans l'instant, un rêve éveillé ;
— garder le sens de l'humour ;
— et, surtout, se donner beaucoup d'Amour.

Nous savons, au fond de nous, que nous sommes les créateurs de notre vie. Ce pouvoir nous effraie. Tant que nous refusons de l'exercer, nous sommes les victimes d'une hallucination qui nous projette dans un monde hostile, cruel et douloureux. Pour y survivre, nous décidons que l'hostilité, la cruauté et la douleur nous apportent du plaisir. Jusqu'au jour où, épuisés par tant de difficultés, nous commençons à nous rappeler qu'il existe une autre vérité. Cependant, nous avons peur de partir à sa recherche car nous pressentons que tout risque de changer dans notre vie. Nous redoutons l'inconnu. Nous résistons. Nous refusons de reprendre notre véritable pouvoir. Mais la vie devient de plus en plus difficile à supporter et ce qui nous paraissait être du plaisir ne nous satisfait même plus. Nous tentons désespérément de recréer les situations susceptibles de nous procurer une nouvelle fois la sensation de ce plaisir mais... nous ne ressentons plus de joie. En avons-nous seulement ressenti un jour ? Qui sommes-nous ? Pourquoi sommes-nous là ? Qu'allons-nous devenir ? Quel est ce pouvoir dont nous avons un vague souvenir, une douloureuse nostalgie ? Où se trouve caché son secret ?

Le chemin qui conduit au lieu du secret est long et difficile. L'emprunter nous oblige à marcher à tâtons à travers des corridors obscurs qui nous mènent vers des chambres plus lumineuses. D'une chambre à l'autre, la lumière devient de plus en plus intense.

Où sommes-nous ? Pourquoi les chambres se succèdent-elles les unes après les autres ? Existe-t-il une fin ?

Le chemin n'a pas de fin. Il plonge vers l'infini, au cœur de la plus merveilleuse des créations de l'Univers. Une création sans cesse renouvelée. Arrêtons-nous un instant. Écoutons. Nous percevons, au loin, les bruits de son mouvement. Expansion, contraction. Séparation et union. C'est nous !

REMERCIEMENTS

Je souhaite remercier
François Marcq, pour l'amour inconditionnel qu'il a offert à ce projet,
Émile Mahy, pour l'énergie qui a rendu possible mon travail,
les hommes et les femmes que j'ai eu le privilège d'accompagner dans leur évolution psychologique et spirituelle, pour m'avoir, tous, révélé une partie de moi-même,
Daniel Frachon, pour l'espace de silence et de liberté qu'il m'a offert, chez lui, à Château-d'Œx, au cœur des Alpes suisses,
les fleurs, les arbres, les montagnes, les torrents et le ciel de la vallée de Château-d'Œx où ce livre est venu au monde,
Abel Gerschenfeld, mon éditeur, pour son accueil et sa confiance,
Dominique Thommen, pour sa lecture attentive du manuscrit,
Jean-Philippe de Tonnac, pour son amitié enthousiaste et ses encouragements,
Valérie Lelièvre, pour son amitié complice,
Geneviève Fink, pour son amitié initiatrice,

Brigitte Forissier, pour son amitié révélatrice,

Marc Maréchal, pour avoir été un compagnon serein face à mes tempêtes intérieures,

Michele Zanzi, pour avoir été un miroir très réfléchissant, du New Jersey à la Floride en passant par la Suisse, tout au long de la préparation de ce livre,

Alexandre Luyckx, pour son écoute jungienne,

Barbara Ann Brennan, pour la beauté et la force de son enseignement,

Rebecca Ellens, Laurie Thorp, Jane Starn, Laurie Keene, Kate MacPherson, Christine Donohue, Kate Pernice, Dean Ramsden, Patricia White Buffalo et les amis (ils se reconnaîtront) avec qui j'ai travaillé à la Barbara Brennan School of Healing,

Susan Thesenga, pour m'avoir permis de découvrir le travail d'Eva Broch Pierrakos,

Théodore Monod, qui a quitté la réalité physique pendant l'écriture de cet ouvrage, pour l'expérience du jeûne au cours duquel le projet de ce livre a germé dans mon esprit,

Carl Gustav Jung, Alexander Lowen, John Pierrakos et tous ceux dont les noms apparaissent dans la bibliographie ci-après. La clarté de leurs visions, le courage de leurs affirmations et l'humilité de leur démarche furent une immense source d'inspiration pour ce livre qui, je l'espère, ne trahira pas les fondements de leur pensée.

BIBLIOGRAPHIE

ANGEL, Sylvie et Pierre, *Comment bien choisir son psy*, Paris, Robert Laffont, coll. « Réponses », 1999.

BERNE, Éric, *Des jeux et des hommes*, Paris, Stock, 1966.

BERNE, Éric, *Analyse transactionnelle et psychothérapie*, Paris, Payot, 1971.

BLY, Robert, *A Little Book on the Human Shadow*, San Francisco, Harper and Row, 1988.

BORYSENKO, John, *Minding the Body, Mending the Mind*, New York, Bantam, 1988.

BRENNAN, Barbara Ann, *Le Pouvoir bénéfique des mains*, Paris, Tchou, coll. « Le corps à vivre », 1993.

BRENNAN, Barbara Ann, *Guérir par la lumière*, Paris, Tchou, coll. « Le corps à vivre », 1993.

CASTELLO, Martine et ZARTARIAN, Vahé, *Nos pensées créent le monde*, Paris, Robert Laffont, coll. « Nouvelles Énigmes », 1994.

CORNEAU, Guy, *La Guérison du cœur*, Paris, Robert Laffont, coll. « Réponses », 2000.

CYRULNIK, Boris, *L'Ensorcellement du monde*, Paris, Odile Jacob, 1997.

—, *Un merveilleux malheur*, Paris, Odile Jacob, 1999.

DALAÏ-LAMA, Sa Sainteté et CUTLER, Howard, *L'Art du bonheur*, Paris, Robert Laffont, coll. « Aider la vie », 1998.

DROUOT, Patrick, *Des vies antérieures aux vies futures*, Monaco, Le Rocher, 1993.

DUTHEIL, Régis et Brigitte, *L'Homme superlumineux*, Paris, Sand, coll. « Recherches », 1990.

—, *La Médecine superlumineuse*, Paris, Sand, coll. « Recherches », 1992.

FERGUSON, Marilyn, *Les Enfants du Verseau*, Paris, Calmann-Lévy, 1981.

—, *La Révolution du cerveau*, Paris, Calmann-Lévy, 1986.

FRAWLEY, David, *Ayurveda and the Mind. The Healing of Consciousness*, Twin Lakes, Lotus Press, 1997.

FREUD, Sigmund, *Introduction à la psychanalyse*, Paris, Payot, 1973.

—, *L'Interprétation des rêves*, Paris, Presses universitaires de France, 1967.

GAWAIN, Shakti, *Creative Visualization. Use the Power of your Imagination to Create what you Want in your Life*, San Rafael, New World Library, 1978.

GÉRARD-LANDRY, Chantal, *Hopi, peuple de paix et d'harmonie*, Paris, Albin Michel, 1995.

GROF, Stanislav, *Au-delà de la mort : les portes de la conscience*, Paris, Le Seuil, 1991.

HENNEZEL, Marie de, *La Mort intime*, Paris, Robert Laffont, coll. « Aider la vie », 1995 ; Pocket n° 10102.

HOPCKE, Robert, *Il n'y a pas de hasard*, Paris, Robert Laffont, coll. « Réponses », 2000.

JANOV, Arthur, *Le corps se souvient. Guérir en revivant sa souffrance*, Monaco, Le Rocher, 1997.

JUNG, Carl Gustav, *L'Énergétique psychique*, Genève, Librairie de l'Université, et Paris, Buchet-Chastel, 1956.

—, *Les Types psychologiques*, Genève, Librairie de l'Université, Georg & Cie, SA, 1968.

—, *Dialectique du moi et de l'inconscient*, Paris, Gallimard, coll. « Folio/Essais » n° 46, 1973.

—, *Modern Man in Search of a Soul*, New York, A Harvest Book, 1969.

—, *et al.*, *Man and his Symbols*, New York, Dell Publishing, 1968.

—, *Synchronicity. A Causal Connecting Principle*, the collected works of C. G. Jung, vol. 8, Bollingen Series XX, Princeton, Princeton University Press, Princeton/Bollingen Paperback éd., 1973.

KAPLAN, Louise J., *Oneness and Separateness*, New York, Touchstone Simon & Schuster, 1978.

KRISHNAMURTI, *La Révolution du silence*, Paris, Stock, 1971.

KÜBLER-ROSS, Elisabeth, *La Mort, dernière étape de la croissance*, Monaco, éd. du Rocher, 1985 ; Pocket n° 4773.

LABORIT, Henri, *L'Éloge de la fuite*, Paris, Robert Laffont, 1976.

LACAN, Jacques, *Écrits*, Paris, Le Seuil, 1966.

LAO-TSEU, *Tao Tö King*, Paris, Gallimard, coll. « Idées », 1967.

LEITES, Andre, *The Modifiers*, New York, Institute for the New Age, 1977.

—, « Psychopathy, part I », in *Energy and Consciousness, International Journal of Core Energetics*, volume 1, New York, 1991.

—, « Psychopathy, part II », in *Energy and Consciousness, International Journal of Core Energetics*, volume 2, New York, 1992.

LÉVY-MORENO, Jacob, *Psychothérapie de groupe et psychodrame*, Paris, Presses universitaires de France, 1959.

LEWIS, Dennis, *The Tao of Natural Breathing*, Delhi, Full Circle, 1999.

LOWEN, Alexander, *The Language of the Body*, New York, Macmillan Publishing Company, 1958.

—, *Bioenergetics*, New York, Penguin Books, 1975.

MILLER, Alice, *L'Avenir du drame de l'enfant doué*, Paris, Presses universitaires de France, coll. « Le Fil rouge », 1996.

MONBOURQUETTE, Jean, *Apprivoiser son ombre. Le côté mal aimé de soi*, Outremont, Québec, Bayard Éditions/Novalis, 1997.

MONOD, Théodore, *Révérence à la vie. Conversations avec Jean-Philippe de Tonnac*, Paris, Grasset, 1999.

MOODY, Raymond, *Voyages dans les vies antérieures. Une autre thérapie : le retour dans le passé par l'hypnose*, Paris, Robert Laffont, coll. « Les Énigmes de l'Univers », 1990.

MYSS, Caroline, *Anatomie de l'esprit*, Outremont, Québec, Arianes Éditions, 1998.

ORNISH, Dean, *Love and Survival. Eight Pathways Toward Intimacy*, New York, Harper Perrenial, 1999.

PEAT, David, *Synchronicité. Le pont entre l'esprit et la matière*, Le Rocher/Le Mail, Monaco, 1988.

PERLS, Frédéric, *et al.*, *Gestalt-thérapie*, Paris, Stanké, 1979.

PIERRAKOS, John, *Core Energetics*, New York, Life Rhythm Pulications, 1987.

REICH, Wilhelm, *Character Analysis*, Londres, Vision Press, 1950.

REUTER, Liliane, *Votre esprit est votre meilleur médecin. Préserver votre santé, favoriser l'autoguérison grâce à la médecine holistique*, Paris, Robert Laffont, coll. « Réponses », 1999.

REVEL, Jean-François et RICARD, Matthieu, *Le Moine et le Philosophe. Le bouddhisme aujourd'hui*, Paris, NiL, 1997 ; Pocket n° 10346.

RICHO, David, *How to Be an Adult. A Handbook on Psychological and Spiritual Integration*, New York, Paulist Press, 1991.

RINPOCHÉ, Sogyal, *Le Livre tibétain de la vie et de la mort*, Paris, La Table Ronde, coll. « Les Chemins de la sagesse », 1992.

SHELDRAKE, Rupert, *La Mémoire de l'Univers*, Monaco, Le Rocher, 1990.

SIEGEL, Bernie S., *L'Amour, la médecine et les miracles*, Paris, Robert Laffont, 1989.

—, *Messages de vie*, Paris, Robert Laffont, 1991.

TALBOT, Michael, *L'Univers est un hologramme*, Paris, Pocket, 1994.

THESENGA, Susan, *The Undefended Self. Living the Pathwork of Spiritual Wholeness*, Del Mar, Pathwork Press, 1994.

VAN EERSEL, Patrice, *La Source noire, révélations aux portes de la mort*, Paris, Grasset, 1986.

—, *Le Cinquième Rêve, le dauphin, l'homme, l'évolution*, Paris, Grasset, 1993.

WEIL, Andrew, *Le Corps médecin*, Paris, Jean-Claude Lattès, 1997.

WINNICOTT, Donald Woods, *Processus de maturation chez l'enfant*, Paris, Payot, 1974.

ZWEIG, Connie et ABRAMS, Jeremiah, *Meeting the Shadow. The Hidden Power of the Dark Side of Human Nature*, New York, Jeremy P. Tarcher/Penguin Putnam, 1991.

TABLE DES MATIÈRES

Avant-propos 11

1. Et si la vie était une pulsation… 19

2. La nécessité d'un modèle 23
   Tout est croyance 23
   Un outil de travail 27
      Le Masque 28
      Le Séparateur 28
      L'Unificateur 29
      L'Observateur 29
      Et l'Ego ? 30
   Faire preuve de discernement
      (le travail de Rosa) 31

3. La découverte du monde
   de la dualité 35
   Quitter le monde de l'unité 35
   La définition du plaisir et la naissance
      du jugement 41
   La création du Masque
      et le remplissage du Sac à déchets 43

Oublier l'enfant en soi (le travail d'Henri)	44
Nos conclusions erronées	48
Nos cercles vicieux négatifs (le travail de Bernard)	50
Nos trois masques	53
Le Masque de l'amour	54
Le Masque du pouvoir	55
Le Masque de la sérénité	56
Nos idéaux contradictoires	57
4. La création du monde de l'unité	59
L'utopie du Séparateur	59
Écouter notre inconfort (le travail de Marie)	61
Notre idée du bonheur	64
La perte de l'estime du « faux soi »	65
À chacun sa réalité	68
Les messages de notre inconscient (le rêve de Béatrice)	72
Le travail de l'Observateur	74
Tout voir (le travail de l'honnêteté totale avec soi)	75
Ne rien juger (le travail de l'acceptation totale de soi)	76
Détecter notre perfectionnisme	77
Détecter nos conclusions erronées	79
Devenir la conscience de nous-mêmes	81
Accéder à l'amour véritable	81
L'ouverture du Sac à déchets de notre inconscient	82
Nous sommes tout ce que nous ne montrons pas	82

*Décrypter la symbolique de nos jeux
et de nos rêves* 83
L'autre est notre miroir (le rêve de Thierry).. 85
Notre passé au présent.................................... 93
Le véritable humour.. 96

Vivre ici et maintenant 98

S'arrêter (le choix de Thierry)....................... 99
Avoir confiance (le travail de Lionel)............ 101
Faire un choix.. 106
Respirer (la méditation de la liberté) 111
*Le fleuve de la vie
(une métaphore née au bord du Nil)* 112

La transformation 113

*Le Masque, le Séparateur et l'Unificateur :
trois expressions différentes
des mêmes qualités* 114
Reconnaître l'Unificateur en nous................. 116
*Reconnaître notre attachement
au plaisir négatif (le travail de Georges)*.. 120
Redéfinir le plaisir 124
*Apprivoiser notre sadisme
et notre masochisme (le travail d'Antoine)* 125
*Revivre les sensations de l'enfant en nous
(le silence de Julia, la véritable culpabilité
de Guillaume)*.. 130
*Entrer en contact avec la peur
qui se cache derrière notre négativité*....... 138
S'identifier à l'Unificateur 142

S'aimer et se remercier pour le travail accompli 143

Laisser jouer l'enfant qui est en nous............ 143
La pratique de l'amour de soi tout entier...... 145

5. Cinq blessures, cinq peurs, cinq défenses,
cinq occasions d'apprendre 149

Grandir est une aventure terrifiante 150
  Le rejet 151
  L'abandon 152
  L'humiliation 152
  La trahison 153
  L'interdiction d'être soi 155

Notre personnalité est unique 156

Croire que l'on est rejeté, connaître la peur
  de ne pas avoir le droit d'exister et s'enfuir 157

  « *Laissez-moi rêver !* »
  (la réalité de Jérémy) 160
  S'incarner 164

Croire que l'on est abandonné, connaître la peur
  de ne pas pouvoir survivre par soi-même
  et voir les autres comme de la nourriture 166

  « *Je n'y arriverai jamais toute seule !* »
  (l'angoisse de Madeleine) 168
  Se nourrir de l'intérieur de soi 170

Croire que l'on est humilié, connaître la peur d'être
  envahi et se cacher 172

  « *Je veux vivre ma vie !* »
  (la colère de Rebecca) 175
  Montrer qui l'on est 177

Croire que l'on est trompé,
  connaître la peur d'être trahi et contrôler 179

  « *Si je ne m'en charge pas, personne ne sera
  capable de le faire à ma place !* »
  *(la justification de Rosa, Henri, Bernard,
  Marie, Lionel, Louise et Georges)* 182
  Accepter de faire confiance 185

Croire que l'on ne peut être authentique, connaître
  la peur d'être imparfait et se rigidifier 186

  « Je l'aime et pourtant… »
   (le drame de Vincent) 190
  Aimer 192

 De la névrose à la psychose 194

6. C'est l'intention qui compte 199

 Ce que nous faisons n'a pas d'importance
  (la question d'Hélène) 199

 « Je pense », « Je sens », « Je veux » 202

  Sentir, c'est choisir, penser, c'est décider 202
  Écouter et regarder 204

 Le diapason de l'intention 206

  Une information plus puissante que les mots
   (l'étonnement d'Hélène) 206
  Le magnétisme de l'intention
   (le travail de Patricia) 208
  Au-delà des frontières
   (une leçon téléphonique) 211

 Les quatre niveaux de l'existence 212

  Un autre outil de travail 212
  L'essence dont nous sommes
   et que nous sommes 213
  L'intention, expression de notre essence 214
  La psyché, lieu de perception du bonheur 216
  Le corps physique, matérialisation
   de l'intention (le cancer de M. Jacques G.) ... 217

7. Et si la vie avait un sens… 223

 La quête du sens 224

  La solution est dans l'inconscient 224
  Chaman, prêtre ou psychothérapeute ? 226
  L'enfance de l'humanité 229

Personne n'est coupable 232

   Une personnalité pour apprendre 232
   Nous sommes des transformateurs d'énergie . 234
   Le plus beau métier du monde 236
   Le travail collectif
      (une conversation dans le métro) 238
   « Cueillir une fleur dérange une étoile »
      (le credo de Théodore Monod) 241
   Les jouets du destin 243

Mourir unifié 244

   Une pulsation sans fin 244
   Se réincarner ? 247
   Le pouvoir de tout changer
   jusqu'au dernier jour (le cadeau d'Yvan) 251

8. Et si la vie était un rêve… 257

Le symbolisme de nos rêves 259

   Mettre au monde un enfant
      (les angoisses de Thierry) 260
   Redevenir un enfant
      (le jugement d'Élisabeth) 262
   Il n'y a pas de hasard 265

Tout est nécessaire, rien n'est important 268

   Les illusions de l'amour 269
   Les prétextes du sexe 274
   La confusion du masculin et du féminin 278
   La relativité du temps 281
   La valeur de l'argent 285
   La faute de la société 287

La condition humaine 289

   Vivre et apprendre 289
   Naître et mourir 293

Une énergie que l'on pourrait appeler Amour	295
9. Connaître le chemin ne suffit pas, il faut l'emprunter	297
Tout a déjà été dit, depuis longtemps	297
Une erreur d'interprétation	297
Une vision moins imagée	300
Devenir un maître pour soi-même	301
Un ami sur l'épaule	301
Le piège de notre perfectionnisme	303
Le respect de la pulsation vitale	304
Garder son pouvoir	306
Se réconcilier	311
Un plan pour la route	315
Remerciements	319
Bibliographie	321

pca
cmb
édition pré-presse
livres numériques

44400 Rezé

Imprimé en France par CPI
en juin 2020
N° d'impression : 3037521

S30075/01